SAGGISTICA 33

CIRCOLAZIONE DI PERSONE E DI IDEE
Integrazione ed esclusione tra Europa e Americhe

CIRCOLAZIONE DI PERSONE E DI IDEE
Integrazione ed esclusione tra Europa e Americhe

A cura di
Susanna Nanni e Sabrina Vellucci

BORDIGHERA PRESS

Library of Congress Control Number: 2019952144

This volume is published with the sponsorship of the Dipartimento di Lingue, Letterature e Culture Straniere dell'Università degli Studi Roma Tre.

COVER ART
Ralph Fasanella
Subway Riders, 1950
Oil on canvas, 28 x 60 in.
American Folk Art Museum, New York
© Estate of Ralph Fasanella

Printed in the United States.

Published by
BORDIGHERA PRESS
John D. Calandra Italian American Institute
25 West 43rd Street, 17th Floor
New York, NY 10036

SAGGISTICA 33
ISBN 978-1-59954-155-6

INDICE

Sabrina Vellucci, "Introduzione: Nuove culture della circolazione tra Europa, Americhe, e oltre" (ix)

I PARTE – Identità

Culture transnazionali

Anthony Julian Tamburri, "The Semiotics of Labeling. 'Italian' to 'American,' 'Non-white' to 'White,' and Other Privileges of Choosing" (5)

Camilla Cattarulla, "Donna, migrante, ebrea: Eugenia Sacerdote de Lustig, una scienziata in Argentina" (23)

María del Socorro Castañeda Díaz, "La gastronomía mexicana como elemento identitario en territorio extranjero. Estudio de caso: mexicanos en Italia" (35)

Barbara Miceli, "Peace, Freedom, and Cooperation through the Atlantic Crossing in Colum McCann's *TransAtlantic*" (53)

Culture urbane

Mario Cerasoli, "Città e migranti: narrative urbane in America Latina" (69)

Maria Anita Stefanelli, "L'*Irish Hunger Memorial* di Manhattan" (84)

II PARTE – Narrazioni

Memoria

Angela Di Matteo, "*Estar hecho de orillas*: memoria, frontiera e migrazione nella scrittura anfibia di Andrés Neuman" (105)

Ana María González Luna, "El viaje migratorio de los centro-americanos por México entre crónica y ficción literaria" (119)

Michele Russo, "Mapping Mental and Linguistic Geography in Nabokov's Autobiographical Texts" (133)

Esilio

Marianna Dell'Aversana, "L'esodo di Mariel attraverso la testimonianza di Reinaldo Arenas" (151)

Susanna Nanni, "La polisemica erranza di Daniel Tarnopolsky tra ricerca mistica e dovere testimoniale" (165)

III PARTE – [E/im]migrazioni

Andate e ritorni
Sebastiano Marco Cicciò, "Emigrazione, trasporti e compagnie di navigazione. L'impresa della Sicula Americana" (187)
Luís Fernando Beneduzi, "Fra italianità e brasilianità: il dilemma degli italo-brasiliani nell'immigrazione di 'ritorno'" (202)
Ana Sagi-Vela González, "Viaje a Italia: reencuentros y desencuentros de jóvenes migrantes" (218)

Migrazioni intellettuali
Laura Piccolo, "L'emigrazione russa in Sudamerica: itinerari geografici e coreutici" (239)
Angelo Capasso, "L'aria della Grande Mela" (256)

Susanna Nanni • "Postfazione" (275)

INDICE DEI NOMI (285)

Introduzione

NUOVE CULTURE DELLA CIRCOLAZIONE
TRA EUROPA, AMERICHE E OLTRE

Sabrina Vellucci
UNIVERSITÀ DEGLI STUDI ROMA TRE

Gli studi letterari e culturali degli ultimi decenni hanno progressivamente abbracciato una concezione transnazionale dello spazio basata su paradigmi di diffusione e mobilità. Strettamente legata a tali nozioni è l'idea di "circolazione", che trova applicazione in molteplici ambiti. Nelle questioni relative alla diffusione della cultura e dell'informazione nell'età moderna, per esempio, un tema rilevante è evidentemente rappresentato dalla circolazione di libri, giornali e testi scritti di varia natura. Come è noto, soprattutto nei secoli passati, questi oggetti si muovevano lungo percorsi complicati, che ne condizionavano sia la produzione sia la ricezione, prima di giungere nelle mani dei lettori. Studi recenti su questo tipo di circolazione testuale hanno mostrato come l'interpretazione di un testo sia spesso inscindibile dai mezzi e dalle modalità attraverso cui si verifica l'incontro con il lettore.[1] La circolazione di libri e altre tipologie di testi a livello transnazionale è, inoltre, legata alla traduzione, un'altra componente centrale nel paradigma della circolazione per il suo interrogare le forme dell'identità nazionale da uno stato di perenne "homelessness" (Kutzinski 2012, 223) — il "rimpatrio", o il ritorno a casa, è notoriamente fuori discussione per il testo tradotto così come per tutte le letterature che hanno molteplici punti d'origine nazionale (o che forse non ne hanno alcuno). Una formula accettabile sarebbe allora quella di una "letteratura senza fissa dimora", una definizione "ospitale e teoricamente produttiva perché attraversa impunemente il confine tra letteratura nazionale e letteratura mondiale, senza farsi imprigionare dalla logica esclusiva ed escludente

---

[1] A questo proposito si veda Pottroff (621).

dell'una o dell'altra" (Ette, 14).[2] Qualunque definizione di letteratura dovrebbe perciò tenere in considerazione le condizioni di migranza reale e simbolica, o linguistica,[3] e di *homelessness* culturale, che caratterizzano molte scritture contemporanee, tralasciando le abusate nozioni di 'esilio' o 'ibridità/ibridismo'.

La rilevanza del tema non si limita, tuttavia, al dominio testuale. In quanto categoria critica, la circolazione è fondamentale quando si consideri l'adattamento e la rimediazione delle idee attraverso media ed epoche diverse. Coniugando fenomeni sia materiali che immateriali, il termine 'circolazione' è fortemente inclusivo e può riferirsi tanto ai movimenti minimi di un singolo testo quanto alla lunga durata di un'idea in contesti sociali differenti. La categoria di circolazione è pertanto ritenuta cruciale da studiosi di varie discipline per comprendere le molte forme di collettività e associazione che si creano attraverso lo scambio di informazioni.

Il concetto riveste chiaramente un ruolo primario nella definizione delle società globali, cosiddette post-nazionali, sempre più mobili e interconnesse. All'inizio del ventunesimo secolo, Benjamin Lee e Edward LiPuma osservavano come la velocità, l'intensità e l'estensione delle trasformazioni globali rendessero inutilizzabili gli assunti che avevano guidato l'analisi culturale dei decenni precedenti. A dispetto di studi fondamentali come *Le strutture elementari della parentela* (*Les structures élémentaires de la parenté*, 1949) di Claude Lévi-Strauss, che avrebbe inaugurato la cosiddetta "svolta linguistica" applicando le teorie della Scuola di Praga all'analisi della circolazione e dello scambio nelle società pre-capitalistiche, le discipline economiche sembravano avere compreso prima e meglio delle scienze antropologiche e sociali che le dinamiche della circolazione guidano i processi della globalizzazione, mettendo in discussione i tradizionali concetti di lingua, cultura e nazione (Lee and LiPuma, 191).

Se la centralità della circolazione è un dato acquisito nelle analisi della globalizzazione del capitalismo, in ambito filosofico (post-strutturalista), dove resta centrale la questione della creazione del signifi-

---

[2] Cit. in Kutzinski (2012, 223), traduzione mia.
[3] Si veda, ad esempio, Chambers.

cato, "la circolazione e lo scambio sono stati considerati come processi che *trasmettono* significati, piuttosto che come atti costitutivi a sé stanti" (Lee and LiPuma, 192).[4] Al fine di superare l'improduttiva biforcazione tra senso e modalità di trasmissione del senso sarebbe stato perciò necessario ripensare la circolazione in quanto fenomeno culturale, ovvero iniziare a esaminare ciò che i due studiosi definivano, con una opportuna declinazione plurale, le *culture della circolazione*. Un approccio adeguato a tale oggetto di studio, dunque, non può che profilarsi come eminentemente interdisciplinare e soprattutto deve presupporre l'esistenza di comunità interpretative, le quali fondano specifiche istituzioni e stabiliscono norme in base a dinamiche interne proprie.

L'auspicio non è rimasto inascoltato perché, soprattutto negli ultimi due decenni, il concetto di circolazione è divenuto oggetto di studio in sé e per sé per molte discipline — nell'ambito urbanistico, ad esempio, ma anche nel campo della retorica, della scrittura e della comunicazione (soprattutto, evidentemente, nell'era digitale di Internet), mentre valide applicazioni sono state messe in luce, tra l'altro, nei campi dell'ecologia, del pensiero femminista transnazionale e delle *digital humanities* (Gries, 4). Dato il precipuo interesse per i modi in cui corpi, artefatti, parole, immagini e altri oggetti fluiscono all'interno e attraverso le culture producendo cambiamenti, i cosiddetti *circulation studies* (secondo la dizione anglofona) possono essere considerati parte del più ampio progetto transdisciplinare noto come *mobility studies* (Gries, 7).[5] In tutte queste accezioni, la circolazione non è mai concepita come trasmissione passiva di idee, immagini o informazioni, quanto piuttosto come un principio costitutivo e organizzativo delle stesse aree di studio, un processo culturale e retorico/discorsivo nodale. È attraverso la circolazione di idee che si costituiscono le comunità e il pubblico di lettori/spettatori,[6] si creano interpretazioni o discorsi più o meno dominanti, si formano le identità.

---

[4] Traduzione mia. Nella loro definizione di "culture della circolazione", gli autori riconoscono l'influenza determinante dei lavori di Anderson, Habermas, Appadurai, tra gli altri.

[5] Questo vasto campo di studi abbraccia tematiche di tipo sociologico legate, per esempio, alla formazione delle collettività, questioni spazio-temporali relative a scale e flussi, temi che riguardano la materia e la *agency*, e questioni culturali che hanno a che fare con le immagini, le rappresentazioni e la soggettività. Si vedano anche Greenblatt, Sheller.

[6] Si veda, a esempio, Warner.

Nell'accezione di "concetto soglia emergente" proposta da Gries (6), l'idea di circolazione rivela pertanto una forte valenza euristica. Nella sua funzione di "porta concettuale" capace di dare accesso a modalità di pensiero inaccessibili in precedenza, tale nozione appare in grado di favorire, a sua volta, lo sviluppo di nuove idee e l'approfondimento delle conoscenze nel determinato ambito a cui venga applicata. Nei testi letterari, come scrive Ette, i movimenti multidirezionali attraverso luoghi e temporalità percepite come diverse creano "spazi vettoriali" (Kutzinski 2016) che insegnano a vedersi in più dimensioni e a leggere e interpretare i testi in questa modalità inizialmente disorientante.

Se gli ultimi decenni hanno conosciuto un proliferare di nozioni legate alla spazialità, ciò che sembra ancora mancare è una terminologia sufficientemente esatta per definire concetti legati al movimento, alla dinamica e alla mobilità. Ovvero mancano "modi per rendere in modo più preciso concettualmente le relazioni tra cultura e lingua, spazio e tempo, medium e disciplina" (Ette, 18).[7] Il movimento, d'altra parte, è ciò che (re)introduce la dimensione umana nelle numerose mappature e cartografie formulate nelle diverse analisi che, negli ultimi due o tre decenni, hanno guidato le varie svolte transatlantiche, transnazionali, emisferiche, e così via, nello studio delle Americhe. Le persone si muovono nel tempo e nello spazio, spesso in maniera imprevedibile e non ordinata. Su queste circolazioni inter- e intra-culturali, sui meccanismi di integrazione ed esclusione che pure esse talora generano, si concentrano le indagini contenute nel presente volume, caratterizzate da una prospettiva emisferica che dalle Americhe si estende all'Europa e oltre. In questo senso, l'approccio che accomuna i diversi contributi mette in luce come l'"America emisferica" sia "un'eterotopia costituita da un'ampia varietà di movimenti simultanei che convergono e divergono nel corso del tempo" (Kutzinski 2012, 236) e altresì come sia opportuno aggregare i diversi modelli prodotti dalle molteplici interazioni umane in quest'area e metterli in relazione con altre parti del mondo.

ళ

---

[7] Cit. in Kutzinski (2012, 223).

Nell'ambito di ciò che abbiamo definito "culture transnazionali", il saggio di Anthony Tamburri punta l'attenzione sulle spinose questioni definitorie che per decenni hanno segnato l'esperienza degli immigrati italiani negli Stati Uniti, così come di altri gruppi provenienti dall'Europa del Sud. Complicando prospettive interpretative ancora oggi diffuse, Tamburri scorge il rischio di un'eccessiva semplificazione rispetto alla molteplicità sussunta da concetti quali "ethnicity" e "whiteness". Interrogare la storia migratoria italiana, ancora in gran parte rimossa, con il suo corollario di razzializzazione sul suolo statunitense attraverso la lingua e le immagini stereotipate, è un prerequisito indispensabile alla comprensione dei fenomeni migratori che vedono il nostro paese — e non solo — come destinazione di nuove emigrazioni. Spostandoci a sud del continente americano, restiamo sulle questioni identitarie relative a una particolare tipologia migratoria che ha avuto di nuovo l'Italia come punto di origine, quella di una scienziata emigrata in Argentina, Eugenia Sacerdote de Lustig (1910-2011). Camilla Cattarulla contestualizza il percorso di questa intellettuale di origini ebraiche in una mini-diaspora, che si distingue dalla grande ondata migratoria e che ha avuto come protagonisti ebrei italiani costretti dalle Leggi razziali ad abbandonare l'Italia. Il forte legame con l'Italia, instauratosi a partire dallo spazio di produzione culturale transnazionale generato dagli studiosi italiani accolti nelle Università argentine, ha alimentato i rapporti culturali tra Italia e Argentina mantenendoli vivi anche dopo i ritorni nel paese di origine con la fine della Seconda guerra mondiale.

L'indagine della questione identitaria nelle culture transnazionali prosegue nel saggio di María del Socorro Castañeda Díaz, che individua nel cibo un veicolo fondamentale attraverso cui si manifestano, da un lato, le trasformazioni dell'identità emigrante a contatto con la nuova realtà del paese di arrivo e, dall'altro, l'attaccamento per la cultura d'origine. Un'esperienza legata alla rappresentazione della gastronomia messicana in Italia, nonché le difficoltà di realizzazione e di trasmissione di questa tradizione culinaria, è analizzata attraverso le pagine di un famoso social network, nelle quali vengono decostruiti stereotipi e percezioni errate da parte della cultura italiana. Ripetuti passaggi dell'oceano tra Irlanda e Stati Uniti caratterizzano, invece, le vicende narrate in *TransAtlantic*, il romanzo dello scrittore irlandese Colum McCann, indagato da Barbara Miceli, che individua nella figura dell'attraversamento la chiave di lettura delle vicende di una famiglia di origini irlandesi sullo sfondo di tre episodi che, nell'arco di oltre un secolo, hanno segnato la storia delle relazioni tra i due paesi.

Di questioni identitarie si occupa anche il saggio di Mario Cerasoli, che offre una ricognizione storica del fenomeno insediativo in America Latina e affronta il tema della relazione tra città e comunità nelle successive trasformazioni generate dai fenomeni migratori interni ed esterni al continente americano. Il "Diritto alla Città" (Lefebvre) dei migranti contemporanei, afferma Cerasoli, passa attraverso la necessaria e auspicata ricostruzione di un senso di comunità urbana, fondata sull'inclusione sociale e sulla riduzione delle diseguaglianze, "in un contesto che deve (ri)costruire la sua unità a partire proprio dalle differenze" (82). Restiamo nell'ambito della relazione fondamentale tra identità migranti e culture urbane con lo studio che Maria Anita Stefanelli dedica all'*Irish Hunger Memorial* di Brian Tolle, il monumento commemorativo del genocidio causato dalla Grande Carestia irlandese (1845-1851) situato nel cuore di New York City, vicino all'altro importante luogo di memoria di Ground Zero. Sottolineando la dinamicità di quest'opera d'arte, viva e in costante mutamento, in perfetta armonia con l'ecosistema in cui è immersa, Stefanelli ne mette in luce la capacità di richiamare l'attenzione sulle carestie globali ancora irrisolte, alimentando "uno spazio critico dedicato alla mobilità di genti che si avviavano, e ancora si avviano nel mondo globalizzato, alla diaspora" (86).

Nella sezione dedicata alle Narrazioni, il tema della memoria assume di nuovo una rilevanza sostanziale nel saggio di Angela di Matteo dedicato all'esperienza personale e letteraria di Andrés Neuman. Partito dall'Argentina per approdare in Europa, Neuman rappresenta il paradigma di una generazione de-localizzata, costantemente dentro e fuori da una territorialità di non-patria" (105). Nella figura della frontiera, l'autrice individua pertanto la cifra di una scrittura "anfibia", propria di chi, nella frattura della migrazione, tocca tanti luoghi senza abitarne nessuno. Si muove, invece, tra cronaca (di drammatica attualità) e finzione il saggio di Ana María González Luna, che affronta la migrazione centroamericana (in particolare da El Salvador e Honduras) diretta verso gli USA attraverso il Messico. La resa letteraria, sia narrativa che saggistica, di questa esperienza ne mette in luce la violenza e al contempo offre un necessario strumento di resistenza attraverso un immaginario poetico che sfida l'indicibile. Su una rotta diversa ma sempre articolata in tappe successive — dalla Russia agli USA, passando per l'Europa occidentale — Michele Russo traccia le geografie mentali e linguistiche che, nei testi autobiografici di Vladimir Nabokov, costruiscono la nuova identità culturale dell'autore. Facendo ricorso agli strumenti delle neuroscienze, Russo analizza il multilinguismo di Nabokov e i confini che separano aree cognitive diverse nelle sue opere, le quali perciò possono essere lette anche come mappe translinguistiche caratterizzate da una pluralità semantica, frutto dell'incontro tra mondi diversi.

Di nuovo gli Stati Uniti sono la destinazione degli esuli cubani di Mariel a Miami nel 1980. L'esperienza di questa generazione, difficile da collocare terminologicamente per la sua diversità rispetto alle altre ondate migratorie, è indagata da Marianna Dell'Aversana attraverso l'opera dello scrittore dissidente Reinaldo Arenas. Si tratta di un'esperienza particolarmente sofferta, a causa delle difficoltà d'integrazione non solo con la cultura statunitense di arrivo, ma anche con gli esuli cubani delle precedenti generazioni già residenti nella città. In questo contesto, la testimonianza dell'autore assume una "valenza epistemologica imprescindibile" (154), che mira a ricomporre la frattura dell'esilio e a costruire un'identità condivisa nella comunità *marielita*.

Un ritorno verso l'Europa è al centro dell'indagine che Susanna Nanni conduce sulla scrittura autobiografica di Daniel Tarnopolsky, autore argentino di origini ebraiche. Per narrare la dolorosa esperienza dei *desaparecidos* argentini, lo scrittore fa ricorso a una forma ibrida, adatta a esplorare i molteplici confini tra "la presenza e l'assenza, l'appartenenza e l'esclusione, la vita e la morte, la solidarietà e l'eterna solitudine della condizione di esule" (166). Lo status di esiliato e di errante comporta, tuttavia, non solo "decostruzione e frammentazione", ma anche un "cambio radicale del punto di osservazione, una messa a fuoco della realtà" (170) dall'esterno e dalla distanza, che diventa cifra della sua vitale testimonianza.

Nella terza parte del volume il tema della [e/im]migrazione è esplorato dal punto di vista del viaggio — le andate e i ritorni — tra le due sponde dell'oceano. Si inizia dal mezzo che per molto tempo è stato unico protagonista della traversata, il transatlantico, vettore delle grandi ondate migratorie che, all'inizio del ventesimo secolo, partivano dall'Italia dirette verso gli USA e che qui è indagato da Marco Cicciò attraverso il caso della compagnia di navigazione Sicula Americana (divenuta in seguito Transoceanica). Il saggio mette in luce il ruolo decisivo dello sviluppo della navigazione a vapore nella ridefinizione dei progetti e delle destinazioni delle migrazioni e delle stesse identità degli emigranti. Il viaggio per mare era per molti di loro "un'esperienza unica e straordinaria", tale da rappresentare "il momento originario" (198) della loro esistenza.

Il fenomeno dei ritorni e i dilemmi identitari degli italiano-brasiliani sono analizzati da Luís Fernando Beneduzi attraverso il caso dei gruppi provenienti dal Triveneto e dalla Lombardia che, sin dalla seconda metà del diciannovesimo secolo, si sono insediati in Brasile. Questi hanno dato vita a comunità fortemente segnate dalla cultura dei paesi di provenienza e hanno mantenuto una memoria condivisa dell'esperienza migratoria che ha prodotto una percezione dello spostamento come "condizione familiare atemporale" cui consegue un fenomeno di "presentificazione dell'esperienza migratoria" (204). Beneduzi concentra quindi la sua indagine sul processo di rielaborazione del passato, di costruzione della memoria del gruppo etnico e sulle dinamiche del ricordo in quanto "collante" tra il vissuto migratorio dei pionieri e dei loro discendenti di terza e quarta generazione. Un altro viaggio compiuto verso l'Italia è al centro della riflessione che Ana Sagi-Vela González dedica alle giovani generazioni migranti ispano-americane che, nell'ultimo quarto di secolo, hanno scelto l'Italia come paese di destinazione. Attraverso l'analisi dei discorsi di un campione rappresentativo di questo gruppo, nei quali viene rielaborato il percorso migratorio in tutti i suoi aspetti paradigmatici, il saggio identifica i fattori determinanti nella formazione identitaria dei soggetti presi in esame.

Alle migrazioni intellettuali è dedicata l'ultima sezione del volume, che si apre con il contributo di Laura Piccolo sull'arte coreutica russa, che vede nell'America Latina la destinazione di un altro tipo di circolazione, quella delle *tournée* transoceaniche delle compagnie liriche e ballettistiche della prima metà del ventesimo secolo. L'analisi si concentra su due figure poco conosciute, i danzatori Ileana Leonidoff e Dimitri Rostoff, e sul loro ruolo nello sviluppo dell'arte coreutica sudamericana, in un'area che si estende dall'Argentina al Perù, dalla Bolivia all'Ecuador, dopo alcuni passaggi significativi in Italia. Rimanendo nel campo delle arti visive e performative, il saggio di Angelo Capasso conclude il volume con una riflessione sulle migrazioni e i variegati fenomeni di transculturazione tra Italia e Stati Uniti nel campo delle avanguardie artistiche della New York degli anni Cinquanta. Gli esiti di queste diverse forme di trasferimento, evidenti nelle opere degli artisti come nei loro rispettivi contesti d'elezione, sono analizzati in relazione alle diverse stagioni sociali, politiche e culturali che si alternano sulle due sponde dell'Atlantico. Fino ad arrivare all'epoca contemporanea, nel momento in cui "l'aria della Grande Mela" non si respira più nelle strade e nel mondo underground ma nel non luogo rappresentato dal video, mentre, spostandosi a ovest, la nuova meta degli artisti diventa Los Angeles.

I saggi che seguono sono stati scritti nel periodo immediatamente precedente quella che è stata definita una nuova era. La pandemia diffusasi nel 2020 a livello globale ci pone di fronte a un cambiamento di episteme dalle conseguenze difficili da prevedere e non generalizzabili per impatto sulla popolazione, ripercussioni economiche e risposta dei governi nelle diverse aree geografiche, socio-politiche e culturali. È notoriamente rischioso ricondurre alla contingenza presente una riflessione nata su altre premesse e in condizioni diverse, eppure il tema scelto per il convegno internazionale organizzato nel 2018 dal CRISA (il Centro di Ricerca Interdipartimentale di Studi Americani dell'Università Roma Tre) ci interpella oggi, se possibile, in maniera ancora più urgente. Quali saranno le condizioni future della circolazione di persone e di idee attraverso confini reali e simbolici, di varia natura e dimensione, e in che modo le mutate condizioni incideranno sui flussi migratori e sulle varie forme di mobilità che caratterizzano l'epoca contemporanea? Le questioni poste dai saggi contenuti nelle tre sezioni che compongono questa raccolta — Identità, Narrazioni, Migrazioni — offrono in questa prospettiva elementi fondamentali per orientarsi e riflettere, pure nel profondo cambiamento che stiamo attraversando, sul futuro delle circolazioni multidirezionali e multivettoriali che hanno come meta o come punto di origine il continente americano.

OPERE CITATE

Anderson, Benedict. *Imagined Communities: Reflections on the Origin and Spread of Nationalism*. London: Verso, 1991.

Appadurai, Arjun. *Modernity at Large: Cultural Dimensions of Globalization*. Minneapolis, MN: University of Minnesota Press, 1996.

Chambers, Iain. *Migrancy, Culture, Identity*. New York: Routledge, 1994.

Ette, Ottmar. *ZwischenWeltenSchreiben: Literaturen ohne festen Wohnsitz*. Berlin: Kulturverlag Kadmos, 2005.

Greenblatt, Stephen. "A Mobility Studies Manifesto." *Cultural Mobility: A Manifesto*. Cambridge, MA: Cambridge University Press, 2010. 250-253.

Gries, Laurie E. "Circulation as an Emergent Threshold Concept." *Circulation, Writing, and Rhetoric*, eds. Laurie E. Gries and Collin Gifford Brooke. Boulder-Salt Lake City: University Press of Colorado; Utah State University Press, 2018. 3-24.

Habermas, Jürgen. *The Structural Transformation of the Public Sphere: An Inquiry into a Category of Bourgeois Society*. Cambridge, MA: MIT Press, 1989.

Kutzinski, Vera M. "Afterword," *The Worlds of Langston Hughes. Modernism and Translation in the Americas*. Ithaca and London: Cornell University Press, 2012.

_____. "Translator's Introduction. Literary Studies as Life Studies." *Writing-Between-Worlds. Transarea Studies and the Literatures-without-a-Fixed-Abode* by Ottmar Ette. Berlin and Boston: De Gruyter, 2016. n.p.

Lee, Benjamin and Edward LiPuma, "Cultures of Circulation: The Imaginations of Modernity," *Public Culture*, vol. 14, n. 1 (Winter 2002): 191-213.

Pottroff, Christy. "Circulation," *Early American Studies*, vol. 16, n. 4 (Fall 2018): 621-627.

Sheller, Mimi. "Mobility." *Sociopedia.isa*. 2011. DOI: 10.1177/205684601163.

Warner, Michael. *Publics and Counterpublics*. Brooklyn, NY: Zone Books, 2002.

I Parte

Identità

Culture transnazionali

THE SEMIOTICS OF LABELING
"Italian" to "American," "Non-white" to "White," and Other Privileges of Choosing

Anthony Julian Tamburri
JOHN D. CALANDRA ITALIAN AMERICAN INSTITUTE

When we approach notions of "Italian," "American," and/or "whiteness," we find ourselves on a most slippery slope. This is not to discourage the study of such subject matter. On the contrary, immigrants of southern European origins have not always been considered white, and as a result, those of the great migration from Italy who hailed from below the "Linea Spezia" were in fact placed into a non-white category for a period of time. Let us remember that Italians were sometimes clustered with blacks in excluding them from employment.[1]

More intriguing in this history of the racialized Italian is the appeal of Rollins vs. State in Alabama. An African American, Jim Rollins had engaged in a relationship with an Italian/American woman. Given the anti-miscegenation laws of the time, Rollins was tried for and found guilty of race mixing: "The defendant was convicted of miscegenation under an indictment which charges that Edith Labue, a white person, and Jim Rollins alias, etc., a negro or descendant of a negro, did intermarry or live in adultery or fornication with each other, etc."[2] Rollins appealed, and a year later the court decided in his favor. However, in granting his appeal, the Court stated:

> There was no competent evidence to show that the woman in question, Edith Labue, was a white woman, or that she did not have negro blood in her veins and was not the descendant of a negro. This

---

[1] For more on whiteness and ethnics in the U.S., see David Roediger and Matthew Jacobson.
[2] Accessed 6 February 2019: https://casetext.com/case/rollins-v-state-120.

fact was essential to a conviction in this case, and, like any other material ingredient of the offense must be proven by the evidence beyond a reasonable doubt and to a moral certainty. The mere fact that the testimony showed this woman came from Sicily can in no sense be taken as conclusive that she was therefore a white woman, or that she was not a negro or a descendant of a negro.[3]

A southern Italian, indeed a Sicilian woman, emphatically underscores the dominant culture's perceived non-whiteness of Edith Labue, as determined by the 1922 Court of Appeals of Alabama; thus, "in no sense," we read above, could she be considered "a *white* woman," or would one conclude "that she was not a *negro* or a *descendant of a negro*" (my emphasis). The decisiveness of the re-adjudication is evident; and hence, according to such legal determination, the Italian of this era could not enjoy the privilege of whiteness. Indeed, such laws appeared in the statues of most states until the U.S. Supreme Court struck them down in 1967 (Haney López, esp. 82-85).[4]

All this to say that our obligation to negotiate said slippery slope seems inevitable, it is a commitment for both the scholar and the community leader, as we re-interrogate the racial and social history of the Italian immigrants in our respective host countries.[5] Undoubtedly, if we understand more fully our own migratory history and its challenges, we could better understand the current phenomena associated with immigration today. In deciding to engage in such discussions one inevitably runs the risk of falling into a trap of flat, superficial analysis that ultimately eschews the complexities of both ethnicity and "whiteness," or any other term under examination. As a result, the multi-strata characteristic, for example, of any "white" ethnic group fades out and an incomplete portrait of the group results. In order to avoid

---

[3] Accessed 6 February 2019: https://casetext.com/case/rollins-v-state-120.

[4] During this same period, Robert F. Forester wrote: "Contempt, or at best contemptuous tolerance, prompts the vernacular epithets 'Wop,' 'Guinea,' and 'Dago.' In a country where yet the distinction between white man and black is intended as a distinction of value as well as in ethnography it is no compliment to the Italian to deny him his whiteness, but that actually happens with considerable frequency" (408).

[5] The United States is not alone in its history of racial strife and Italians. One example is Australia and its determination to remain a "white" country, especially during the years of turmoil of the early 1960s.

this, we must let go of some of our traditional historical-thematic per-spectives that reign still among certain dominant culturalists, or within what are now nicely bleached, "white" ethnic communities.[6]

What I shall do in what follows is to explore some labels ascribed to Italian immigrants and their progeny and examine such terminolo-gy with regard to any consequences such labels might signify.

THE DEHUMANIZATION OF THE "OTHER"

In early fall 2015, Laura Boldrini, then president of Italy's Cham-ber of Deputies, visited the Consulate General of Italy in New York City, and stated that over 60 million people were "in flux" through-out the world. "In flux," as we all know, is a recently coined phrase that refers, here, to the current world-wide migration that we all wit-ness to some degree or another on a daily basis. What we see for the most part in the news concerns the more recent deluge of an exodus that occurs throughout the Mediterranean; a flow of human beings that in recent history truly has no equal, especially in the dynamics of the voyage they undergo.

A significant number of these "migrants" are coming from middle-eastern and/or Mediterranean, war-torn countries, where previous governments — despotic for sure — have been crushed and their leaders subsequently eliminated through incarceration if not swift exe-cution. Unfortunately, what remains in those countries is a series of weak national governments that exist only because they have the pro-tection of the military. In addition, these countries may also have the support of one or any of the major powers in the world. Of course, for the current situation in the Middle East — specifically, Iraq, Egypt, Libya, Syria, and the like — we also need to re-examine the United States decision to overthrow Saddam Hussein in 2003, an act of ag-gression that has had long-term reverberations throughout.[7]

---

[6] With regard to whiteness and Italian Americans, see, first and foremost, Jennifer Guglielmo and Salvatore Salerno's *Are Italians White?* This collection is a most convenient locale to see where we have been and, as well, where we might go. Other works to consult include: Anag-nostou (2009), Di Prima, Gambino, Gardaphé (2004), Vecoli.

[7] On George W. Bush's failed Middle East strategy post-9/11, see, Pressman.

The bulk of these populations, from working- to middle-class, is left to fend for themselves. Where, in addition, religion has come into play — indeed, in no small part — no one perceived to be of the opposite faith is spared. It becomes for many, in a literal sense, a question of life and death. So much so is this the case, that those who do leave, do so in an abjectly desperate attempt to save theirs and their family's lives in spite of the tremendous gamble involved. Sadly, as we witnessed in the press four years ago, Aylan Kurdi, the three-year-old boy in the photo seen around the world, and his brother, Galip, whose bodies washed up on shore, drowned, never to see another day.[8]

Like the infamously tragic events of the past caught in photos — the Kent State shooting of September 1970 to the naked Vietnamese girl of June 1972, and other photos chronicling subsequent tragedies perpetrated by and on humans — many indeed hoped that the photo of Aylan's lifeless body would serve as the wake-up call it should surely be (for Europe and for the rest of the world, the U.S. included), so that we might finally do something to end such senseless loss of life.

In our desire to end such senseless loss of life, I submit at this juncture that we need to be keenly aware of the power of the linguistic and the visual. What do I mean? At the beginning of this essay, I used the phrase "in flux" instead of emigration, immigration, or — perhaps more desirable of the three in current times — migration, a term more frequently used among public officials and scholars these days.[9] But that term, as well as the previous two, may have its negative effect. It may readily call to mind, as I believe it often does, the notion of one's stereotypical image of the so-called "illegal" immigrant, that undesirable individual who enters a country in the most clandestine of manners, and (1) steals jobs from the local citizens, and (2) engages in violent acts against those same local citizens.

---

[8] See Saphora Smith's online essay of the aftermath two years later.
[9] For more on labeling, see Tamburri (2017b).

We know, instead, that recent figures in the United States debunk such biases and prejudices.[10] Thus, the demystification of such stereotypes lies in both a new awareness of the situation at hand — that immigrants have a lower crime rate — as well as in the language we use. We need to be better aware of the power of language and how, in an attempt to be cute, if not seriously clever, we might engage willy-nilly in a linguistic dehumanization of our brethren, especially those who are forced into a life-saving, and at the same time life-threatening, exodus from their homeland.

What do I mean by linguistic and visual dehumanization? There are numerous examples from the past century of verbal descriptions and visual images in which Italian immigrants were presented in a most dehumanizing manner: They were either disposed of by being placed in a cage and dunked into a river, as we see in the image above, or, more insidious, they were represented as creatures with human heads and rodent bodies, as we now see in the following image from *Judge* magazine:

---

[10] See Charles Ingraham.

9

This, one might say, is of the past. For sure, I am speaking of written and visual representations of the late nineteenth and early twentieth century.

So, then, allow me to use a more recent example, one that has its origins in the 2016 presidential campaign of New York's neighboring state's former governor and then presidential candidate Chris Christie. In what can only be considered a patently xenophobic quest, Christie stated that "[y]ou go on online and at any moment, FedEx can tell you where [your] package is. [...] Yet we let people come into this country with visas, and the minute they come in, we lose track of them." Christie went on to state that FedEx could surely advise the U.S. Immigration and Customs Enforcement (ICE) on how to set up a system for tracking people. Well, as I have quoted *ad nauseam* with regard to similar phenomena, this recalls the 1990 C+C Music Factory's disco hit, "Things That Make You Go Hmmm." That is to say, with his statement, Christie automatically reduced all visitors to the United States as packages, parcel post: things readily tracked in a continuum so we always know where they are.

When reported by the *New York Times*, we read, that "A FedEx spokeswoman declined to comment on Mr. Christie's remarks." The follow-up question, to be sure (and pardon my sarcasm), would be, "Is a signature required?" Of course, no one from FedEx would respond. The more serious question, to be sure, is, "Has Christie, an American of both Irish and Italian descent, forgotten his roots?" The dehumanization of such commentary by Christie reeks of the above-mentioned late nineteenth- and early twentieth-century nativism, when the Italians (and the Irish before them) were treated as the fundamentally indentured laborers they were — if not to be shunned altogether — and seen as a menace to U.S. values of the time, as we see here:

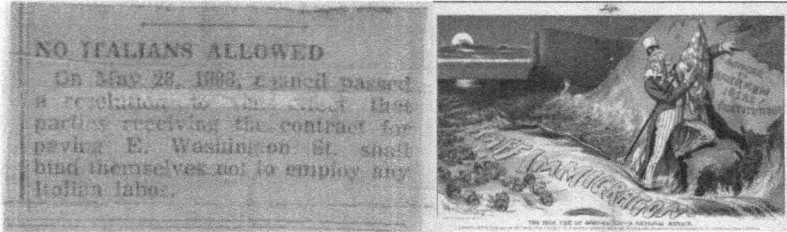

While what I have outlined above are examples of anti-Italian bigoted ads and other announcements that have appeared in the earlier part of the twentieth century, sadly, such vituperative commercials occasionally pop up their ugly heads even today. I have in mind Eataly of Chicago, which ran an ad campaign for truffles. Using an oversized banner, the commercial blurred the lines, at the very least, between what some might consider the strong odor of the plant to the stereotypical lack of hygiene ascribed to the Italian, as now evidenced here:

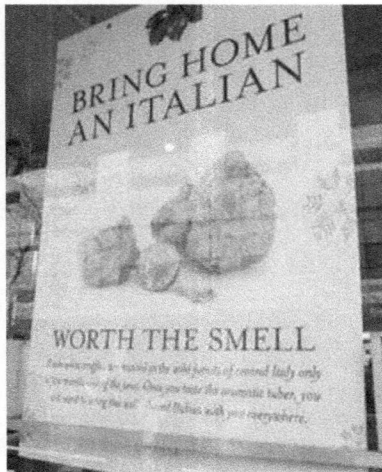

The referents here can be multiple: First, there is the stereotype of the Italian immigrant; for many Americans, "Italy was becoming the distrusted source of the hundreds of thousands of picturesque, but dirty and menacing, Italian peasants pouring into a New York City ill equipped to handle, absorb, or assimilate them" (Cosco, 23). Second, it references willy-nilly a more general physical description of Italians as Jacab Riis so infamously described them: "Whenever the back of the sanitary police is turned, he will make his home in the filthy burrows where he works by day, sleeping and eating his meals under the dump, on the edge of slimy depths and amid surroundings full of unutterable horror" (52). Third, the phrase, "Bring home an Italian," has an implicit ring of objectification if not dehumanization, before passing on to the object at hand, the odorous truffle.

One question that arises is: How have we arrived at this moment in our history, especially those of us from southern Europe, given the tragedies of the Nazi and Fascist European regimes of the *ventennio nero* as well as, happily so, the more progressive social and gender changes of the 1960s and 1970s both in the United States and abroad? We in the U.S. are a nation of immigrants; we are children, grandchildren, and great-grandchildren of those who have built, indeed rebuilt, the nation, especially after the civil war of 1860.[11] Yet, somewhere along the line, a notion of "pure" Americanism — whatever that may be — has risen its ugly head, obscuring, especially with regard to those of southern European ancestry (read, Italians), the prejudiced history in the late nineteenth and early twentieth century toward the European immigrant who came here and dug the mines, paved the roads, and built the bridges: work that "Americans" of that time left to the so-called "swarthy" immigrants from places like Italy, for example, places, at that time, that would qualify for Donald Trump's 2018 categorization of "shit-hole" countries.

---

[11] While this is not the proper place for such a discussion, this statement must be contextualized in that before the onslaught of mass immigration to the U.S. in the second half of the nineteenth century, there were the tragedies of Native American genocide and institutionalized African slavery.

THE HYPHEN AND ITS DISCONTENTS

I dealt with the question of the hyphen thirty years ago in an essay published in a non-academic journal (Tamburri 1989). At that early juncture, I wanted to shed light on the use of the prefix "Italo-" more than the hyphen itself. But in that writing, it became clear to me that the hyphen, as well as the prefix "Italo-," were each problematic in its own right.[12] I always felt that the use of a truncated term was questionable. Why, I thought, can people not say Italian instead of Italo-? What was it that prompted them to ignore the word in its entirety and, hence, to use a truncated form. And I underscore my use of the adjective "truncated" as opposed to "abbreviated," given the nuance of a potentially violent elimination in the first adjective set against a simple shortening in the second adjective. This difference is significant, to be sure; it underscores in the first instance an act of removal as opposed to an act of simplification in length.

Grammatically speaking, the problematics of the hyphen date back to Strunk and White.[13] Within literary criticism, however, we can start with Daniel Aaron's essay, "The Hyphenate Writer and American Letters" (1964). For him, the hyphen initially represented older North Americans' hesitation to accept the new/comer; it was their way, in Aaron's words to "hold him at 'hyphen's length,'" so to speak, from the established community." It further "signifies a tentative but unmistakable withdrawal" on the user's part, so that "mere geographical proximity" denies the newly arrived "full and unqualified national membership despite [...] legal qualifications and [...] official disclaimers to the contrary."

Speaking in terms of a passage from "hyphenation' to 'dehyphenation'," Aaron sets up three stages through which a non Anglo/American writer might pass.[14] The first stage writer is the "pioneer spokes-

---

[12] Lest we ignore the more popular hyphenated phrase, *Italo-American*, where the first term is undoubtedly a violation of the adjective, *Italian*. in this regard, Victoria J.R. DeMara has brought up in conversation the notion of such violation as, virtually, an act of *castration*.

[13] See their manual, *Elements of Style*.

[14] It should also be pointed out that Daniel Aaron's three stages of the hyphenate writer have their analogues in the different generations that Joseph Lopreato and Paul Campisi each describe and analyze: i.e., "peasant," "first-,"second-," and third-generation." With regard to this fourth generation" — Lopreato's and Campisi's "third generation" — I would state here, brief-

man for the [...] unspoken-for" ethnic, racial, or cultural group — the marginalized. This person writes about his/her co-others with the goal of dislodging and debunking negative stereotypes ensconced in the dominant culture's mindset. In so doing, this writer may actually create characters possessing some of the very same stereotypes, with the specific goals, however, of 1) winning over the sympathies of the suspicious members of the dominant group, and 2) humanizing the stereotyped figure and thus "dissipating prejudice." Successful or not, this writer engages in placating his/her reader by employing recognizable features the dominant culture associates with specific ethnic, racial or cultural groups.

Aaron considers this first-stage writer abjectly conciliatory toward the dominant group. He states: "It was as if he were saying to his suspicious and opinionated audience: 'Look, we have customs and manners that may seem bizarre and uncouth, but we are respectable people nevertheless and our presence adds flavor and variety to American life. Let me convince you that our oddities — no matter how quaint and amusing you find then — do not disqualify us from membership in the national family'."

What this writer seems to do, however, is engage in a type of game, a bartering system of sorts which ignores the injustices set forth by the dominant group, asking, or hoping, instead, that the very same dominant group might attempt to change its ideas while, at the same time, it accepts the writer's offerings as its final chance to enjoy the stereotype. The danger, of course, is, metaphorically speaking, of adding fuel to the fire, since there is no guarantee that such a strategy may convince the dominant culture to abandon its negative preconceptions and stereotypes.

Less willing to please, the second-stage writer, instead, abandons the use of preconceived ideas in an attempt to demystify negative stereotypes. Whereas the first-stage writer might have adopted some preconceived notions popular among members of the dominant vulture, this writer, instead, presents characters who have already stuck "roots

---

ly, that I see the writer of this generation subsequent to Aaron's "third-stage writer," who eventually returns to his/her ethnicity through the process of re(dis)covery.

into the native soil." By no means therefore as conciliatory as the first-stage writer, this person readily indicated the disparity and, in some cases, may even engage in militant criticism of the perceived restrictions and oppression set forth by the dominant group. In so doing, according to Aaron, this writer runs the risk of "double criticism": from the dominant culture offended by the "unflattering or even 'un-American' image of American life," as also from other members of his/her own marginalized group, who might feel misrepresented, having preferred a more "genteel and uncantankerous spokesman."

The third-stage writer, in turn, travels from the margin to the mainstream "viewing it no less critically, perhaps, but more knowingly." Having appropriated the dominant group's culture and tools necessary to succeed in that culture — the greater skill of manipulating, for instance, a language acceptable to the dominant group — and more strongly than his/her predecessors, this writer feels entitled to the intellectual and cultural heritage of the dominant group. As such, s/he can also, from a personal viewpoint, 'speak out uninhibitedly as an American.'"[15] This writer, however, as Aaron reminds us, does not renounce or abandon the cultural heritage of his/her marginalized group. Instead, s/he transcends "a mere parochial allegiance" in order to transport "into the province of the [general] imagination," personal experiences which for the first-stage ("local colorist") and second stage ("militant protestor") writer comprised "the very stuff of their literary material."

One caveat with regard to this neat, linear classification of writers should not go unnoticed. There undoubtedly exist a clear distinction between the first-stage writer, and especially that between the second- and third-stage writer, may at times seem blurred.[16] This becomes apparent when one discusses works such as Mario Puzo's *The Godfather* or Helen Barolini's *Umbertina*. More significant is the fact that these various stages of hyphenation may actually manifest themselves along the

---

[15] There are undoubtedly other considerations regarding Aaron's three categories. He goes on to discuss them further, providing examples from the Jewish and Black contingents of American writers.

[16] In his rewrite, Aaron recognized the blurring of boundaries, as these "stages cannot be clearly demarcated" (1984-85: 13).

trajectory of one author's literary career. Helen Barolini, I would contend, manifests, to date, such a phenomenon. Her second novel, *Love in the Middle Ages*, revolves around a love story involving a middle-aged couple, whereas ethnicity and cultural origin serve chiefly as a backdrop. Further still, considering what Aaron states in his rewrite, and what seems to be of common opinion — that the respective experiences of Jews and Italians in the United States were similar in some ways — it should appear as no strange coincidence, then, that the ethnic backgrounds of the two main characters are, for the woman, Italian, and, for the man, Jewish.

THE SLIPPERY SLOPE OF WHITENESS:
OR A MEANS OF SELF-MANAGEMENT

This seems to bring us, I would suggest, to the slippery slope (a) of the notion of whiteness and/or (b) of the desire to be white. Being of southern European origins, we know that historically we have not always been considered white, and as a result, those of the great Italian emigration who hailed from below the above-mentioned "Linea Spezia" were in fact placed into a non-white category for a period of time. Hence, our obligation to negotiate said slippery slope seems thus inevitable; it is an obligation, I would underscore, for both the scholar and the (sometimes self-appointed) community leader. Said obligation calls for some form and/or manner of amalgamation of both sectors of Italian America. Unfortunately, the conjunction of the academy and society at large is woefully lacking among Italian Americans. This has come to the fore more recently during the fall 2017 campaign to save Columbus Day. Some organized groups have all but eschewed any input from the academy. Indeed, a few members, in their vigor to cancel out any possible discussion and/or collaboration between the two communities, have obfuscated positions of neutrality taken by some Italian/American organizations; they have defined said neutrality within the superficial thought process of "with us or against us" only.[17]

---

[17] For one instance, see my "The Columbus Controversy and the Politics of Omission" (2017c). I would be remiss not to mention the more nuanced position taken by then president of the National Italian American Foundation, John M. Viola, in his editorial to the *New York Times*: "We at the National Italian American Foundation strongly condemn the defacing

As I stated at the outset, one risk of such a discussion is to fall into a trap of flat, superficial analysis and thereby not consider the complexities of neither ethnicity nor "whiteness" as we know both concepts today. As a result, one may not recognize the multi-strata characteristic of any "white" ethnic group and therefore present an incomplete portrait of the group at hand. As I also stated at the outset, in order to avoid this, we must force ourselves to let go of some of our traditional historic-thematic perspectives that reign still among certain dominant culturalists, or within what are now nicely bleached, "white" ethnic communities. We need, instead, to open up conversations regarding all aspects of our communities.

A European ethnic group's essentialist identification with "whiteness" may prove counter-productive. Such identification may suffocate, indeed eliminate, the possibility of diverse characterizations of one's ethnicity. Especially if internal, such ethnicity would figure as an homogenous group of people who identify with mainstream (read, WASP), when, instead, we know very well that intra-ethnic tensions do indeed exist precisely because these groups prove not to be homogenous, and various occasions have provoked animated, internal dialogue in recent years. Further still, identification with WASPdom may very well lead to an exclusively "celebratory packaging of the past [which] often forgets [...] histories of oppression and intimidation," as Georgios Anagnostou stated (2009, 11). Such tensions were and continue to be evident in a number of European ethnicities. We see this in the various two-flagged, double-national hymned celebratory galas and other such events that, if not negotiated accordingly, may cause said ethnicity to stagnate; for it is by now common acceptance that ethnicity does indeed evolve to some degree from one generation to the next (Fischer, 195). If we do not recognize as much,

---

of historical monuments and expect elected officials and law enforcement to protect our public memorials from further damage so that a true conversation on their place in modern society can be organized. We believe Christopher Columbus represents the values of discovery and risk that are at the heart of the American dream, and that it is our job as the community most closely associated with his legacy to be at the forefront of a sensitive and engaging path forward, toward a solution that considers all sides."

then the consequence is that hegemonic past myths persist, and ethnic divisions — internal and external — arise.[18]

What I am discussing here is self-management of one's ethnicity, as I have already done elsewhere (Tamburri 1991; Tamburri 2014). As we know, the southern European has the option — indeed, the privilege — to identify as an Italian in one situation and as an American (read, "white") in another. This is, in fact, the privilege of the "white ethnic," which is also the conundrum of those who engage in any sort of ethnic discourse, be that discourse academic or more broadly public. The combination of and/or the shifting *to and fro* between "Italian" and "American" have, on occasion, excluded from its identification some arbitrarily undesirable historic components that may actually continue to co-buttress said ethnicity — something that is characteristic of a certain component of the Italian community in the States.[19]

In eschewing said past histories, we can readily get caught up in a situation of diachronic amnesia for which any lack of knowledge of our ancestors' trials and tribulations during the proverbial four-decade period of 1880-1924 adumbrates such past challenges.[20] As a consequence, we may fall into a state of synchronicity for which current phenomena reign and all connections to the past are lost precisely because, as a result of socio-economic progress and all that it may signify to those "moving on up," we erroneously adopt the assumption that

---

[18] In not recognizing the evolution of ethnicity we risk not acknowledging the difference of how one generation may articulate its ethnicity vis-à-vis another. Among Italian Americans, this came home to roost with the 2010 debut of the reality show *Jersey Shore*. I point out the following discussions that appeared at the time: Cappelli, Del Raso, Gardaphé (2010), and Tricarico.

[19] In addition to the collection of essays edited by William Connell and Fred Gardaphé (*Anti-Italianism*), I would point the reader to Helene Stapinski's *New York Times* editorial, "When America Barred Italians," for a more succinct history of U.S. discrimination against Italians.

[20] Documented and anecdotal, some of the past challenges include: "No colored or Italians need apply!": employment ads at the end of the 19th and at the beginning of the 20th century; Cesare Lombroso's theories adopted by USA in order to justify the exclusion of [southern] Italians; *The Skyscrapers of New York* (1905/06), includes the first appearance of the Italian on the silver screen: "Dago Pete"; 1911 New Orleans lynching of Italians after having been absolved in court of the murder of chief of police David Hennessy; Arturo Giovannitti on trial for murder after the Bread and Roses Strike (1912); Sacco and Vanzetti execution (1927); Executive Order 9066, February 19, 1942; the internment of approx. 3,000 Italian citizens/residents in the USA and close to 700,000 registered as enemy aliens; Mario Cuomo finished first in his law school graduation (1953) but could not get a job in a top-notch law firm in Manhattan (New York).

southern European immigrants and their progeny have assimilated into mainstream America.

What we have witnessed elsewhere, instead, is that such assumptions often prove false. What we also know from some research is that "ethnicity is a process of inter-reference between two or more cultural traditions" (Fischer, 195) — i.e., different ethnic cultures — and, I would add, between two or more generations of the same ethnic group. The consequence of such amnesia may, in fact, be an inability to recognize affinities between the above-mentioned trials and tribulations of our ancestors and our immigrant ethnics today, all of which may result in a willy-nilly insensitivity toward current day immigration to the United States as well as to other places elsewhere. Indeed, we might argue the same for Italy. Namely, if the collective consciousness of Italy were more in tune with its emigration history of the late nineteenth and early twentieth century, one might witness a more accepting attitude to the immigrants living in Italy today. An analogous discussion might be had for the aesthetic world of migration from and to Italy (See Tamburri 2017a).

What we thus need to do is to dismantle those long-held notions of "whiteness" and its power that aggregates various groups into one vast cluster of, in our case, seemingly assimilated southern Europeans. Further still, we need to destabilize "white ethnicity as a bounded category" with the specific goal of "affirm[ing] commonalities and confirm[ing] differences" in order to promote, in the end, "a network of scholarly entanglements instead of isolated nodes of inquiry" (Anagnostou 2013, 122). A first step would require a greater awareness of the histories of other ethnic groups, especially those of Latinx and Africans, for example. Second, we need to create a platform in which we can all meet and discuss both the differences and the commonalities. Third, we need to calibrate our own suffering against the backdrop of, especially, African Americans, Jews, and Women. "Whiteness" surely remains within the general conversation of ethnic discourse, but it undergoes, along the way, a series of interrogations and analyses that eventually underscore its malleability of signification. In some corners, the ignorance of such histories, unfortunately, seems still to clamor oh so loudly.

WORKS CITED

Aaron, Daniel. "The Hyphenate Writer and American Letters." *Smith Alumni Quarterly* (July 1964): 213-17; now in *Rivista di studi anglo-americani* 3.4-5 (1984-85): 11-28.

Anagnostou, Georgios. *Contours of White Ethnicity: Popular Ethnography and the Making of Usable Pasts in Greek America.* The Ohio State UP, 2009.

_____. "White Ethnicity: A Reappraisal." *Italian American Review* 3.2 (2013): 99–128.

Campisi, Paul. "Ethnic Family Patterns: The Italian Family in the United States". *The American Journal of Sociology* 53.6 (May 1948).

Cappelli, Ottorino. "Guido: A Generational Rebellion. Interview with Donna M. Chirico." i-Italy,org, February 5, 2010; http://www.iitaly.org/magazine/focus/facts-stories/article/guido-generational-rebellion-interview-donna-m-chirico.

Connell, William J. and Fred Gardaphé (eds.). *Anti-Italianism: Essays on a Prejudice.* New York: Palgrave Macmillan, 2010.

Cosco, Joseph. *Imagining Italians: The Clash of Romance and Race in American Perceptions, 1880-1910.* New York: SUNY P, 2003.

Del Raso, Joseph. "National Italian American Foundation Official Statement: MTV's 'Jersey Shore'" i-Italy.org, February 9, 2010; http://www.iitaly.org/magazine/focus/facts-stories/article/national-italian-american-foundation-official-statement-mtvs.

Di Prima, Diane. "'Don't Solidify the Adversary': A Response to Rudolph Vecoli," in *Through the Looking Glass: Italian & Italian/American Images in the Media.* Mary Jo Bona and Anthony Julian Tamburri (eds.). New York: AIHA, 1996.

Di Salvo, Margherita. "Expat, espatriati, migranti: conflitti semantici e identitari." *Studi Emigrazione* LIV, n. 207 (2017): 451-465.

Fischer, Michael M. J. "Ethnicity and the Post-modern Arts of Memory," in *Writing Culture: The Poetics and Politics of Ethnography.* James Clifford and George E. Marcus (eds.). U California P, 1986.

Forester, Robert F. *The Italian Emigration of Our Times.* Cambridge: Harvard UP, 1919.

Gambino, Richard. "Some Proposals in Answer to Professor Vecoli's Question," in *Through the Looking Glass: Italian & Italian/American Images in the Media.* Mary Jo Bona and Anthony Julian Tamburri (eds.). New York: AIHA, 1996.

Gardaphé, Fred. "Organized Crime." i-Italy,org, February 9, 2010; http://www.iitaly.org/magazine/focus/op-eds/article/organized-culture.

_____. "We weren't always white: Race and ethnicity in Italian American literature." LIT: *Literature, Interpretation, Theory* 13.3 (2002): 185-99.

Guglielmo, Jennifer and Salvatore Salerno (eds.). *Are Italians White? How Race is*

Made in America. New York: Routledge, 2003.

Haney López, Ian F. *White by Law: The Legal Construction of Race*. New York: New York University Press. 2nd edition, 2006.

Ingraham, Christopher. "Two charts demolish the notion that immigrants here illegally commit more crime" in *The Washington Post*, June 19, 2018. Accessed online February, 12.

Jacobson, Matthew. *Whiteness of a Different Color: European Immigrants and the Alchemy of Race*. Cambridge, MA: Harvard UP, 1998.

Lopreato, Joseph. *Italian Americans*. New York: Random House, 1970.

Pressman, Jeremy. "Power without Influence: The Bush Administration's Foreign Policy Failure in the Middle East," *International Security* 33.4 (2009): 149-79.

Riis, Jacob A. *How The Other Half Lives: Studies Among the Tenements of New York*. New York: Charles Scribner's Sons, 1890.

Roediger, David R. *Working Toward Whiteness: How America's Immigrants Became White: The Strange Journey from Ellis Island to the Suburbs*. New York: Basic Books, 2005.

Skyscrapers of New York. Dir. F. A. Dobson. American Mutoscope and Biograph Company. 1906.

Smith, Saphora. "Aylan Kurdi Death: 2 Years Later, Mediteranea Is Still Deadly" (2017)   https://www.nbcnews.com/storyline/europes-border-crisis/aylan-kurdi-death-2-years-later-mediterranean-still-deadly-n797731.

Stapinski, Helene. "When America Barred Italians." *New York Times*, June 2, 2017; https://www.nytimes.com/06/02/opinion/illegal-immigration-italian-americans.html.

Strunk Jr., William and E. B. White. *The Elements of Style*. New York: Macmillan, 1959.

Tamburri, Anthony Julian. "The Coincidence of Italian Cultural Hegemonic Privilege and the Historical Amnesia of Italian Diaspora Articulations," in *Re-Mapping Italian America. Places, Cultures, Identities*, Sabrina Vellucci and Carla Francellini (eds.). New York: Bordighera, 2017a. 53-76.

_____. "Re-thinking Labels: The 'Italian' Writer as Exemplar, or Distinct Categories as Quixotic" (afterword) in *New Italian Migrations to the United States, Vol. 2: Art and Culture Since 1945*. Edited by Laura Ruberto and Joseph Sciorra. Urbana-Champiagn: University of Illinois Press, 2017b. 193-202.

_____. "The Columbus Controversy and the Politics of Omission." *La Voce di New York*, December 17, 2017c; https://www.lavocedinewyork.com/en /new-york/2017/12/17/the-columbus-controversy-and-the-politics-of-omission.

_____. *Re-reading Italian Americana: Generalities and Specificities on Literature and Criti-*

cism. Madison, NJ: Fairleigh Dickinson UP, 2014. 3-25.

————. *To Hyphenate or not to Hyphenate: the Italian/American Writer: Or, An* Other *American?* Guernica Editions, 1991.

————. "To Hyphenate or not to Hyphenate: The Italian/Ameri-can Writer and *Italianità," Italian Journal* (The Italian Academy) 3.5 (1989): 37-42.

Tricarico, Donald. "Guidos on MTV: Tangled Up in the Feedback Loop." i-Italy,org, February 5, 2010; http://www.iitaly.org/magazine/focus/art-culture/ article/guidos-mtv-tangled-in-feedback-loop.

Vecoli, Rudolph. 1996. "Are Italian Americans Just White Folks?," in *Through the Looking Glass: Italian & Italian/American Images in the Media.* Mary Jo Bona and Anthony Julian Tamburri (eds.). New York: AIHA. 3-17.

Viola, John M. "Tearing Down Statues of Columbus Also Tears Down My History." *New York Times,* October 9, 2017; https://www.nytimes.com/2017/10/09/ opinion/christopher-columbus-day-statue.html.

Donna, migrante, ebrea
Eugenia Sacerdote de Lustig, una scienziata in Argentina*

Camilla Cattarulla
UNIVERSITÀ DEGLI STUDI "ROMA TRE"

Parlare della vita e dei successi scientifici di Eugenia Sacerdote de Lustig (1910-2011) significa innanzitutto parlare di una tipologia di migrazione poco studiata come tale per una difficoltà di classificazione e per avere più differenze che analogie con quella di massa che, soprattutto tra il 1880 e il 1890, ha coinvolto oltre un milione di italiani diretti in Argentina.[1] Eugenia, invece, è parte di un fenomeno che vede ebrei italiani (docenti universitari, liberi professionisti, funzionari pubblici, industriali, diplomatici, militari e commercianti) obbligati ad abbandonare i loro posti di lavoro dalle Leggi razziali volute da Mussolini e promulgate con Regio Decreto il 17 novembre 1938, poi convertito nella legge del 5 gennaio 1939 n. 274.[2] Si tratta di una mini diaspora di famiglie emigrate a partire dal 1939 e orientativamente fino al 1942 (poi, come si sa, l'Italia ha subito l'invasione tedesca), e dirette in Inghilterra, in Palestina, in Egitto, in Australia, negli Stati Uniti o nei paesi latinoamericani (oltre all'Argentina, il Perù, il Messico, l'Uruguay, il Guatemala, l'Ecuador e il Brasile): in totale circa 5000 persone (di cui due migliaia in Argentina) su una popolazione italiana ebrea che superava di poco le 37.000 unità, a

---

* Il saggio è uno dei risultati della ricerca "Leggi razziali e intellettuali migranti: discriminazioni e nuove opportunità/Leyes raciales e intelectuales migrantes: discriminaciones y nuevas oportunidades", finanziato in base ad un accordo bilaterale CUIA/CONICET per il periodo 2018-2020.
[1] Per una storia dell'emigrazione italiana in Argentina si veda Devoto 2000.
[2] L'analogia è costituita dalle catene migratorie. Quanto alle differenze, nel caso degli emigrati ebrei italiani ci troviamo di fronte ad una migrazione famigliare con parità di numeri fra uomini e donne ed un'età media più elevata. Inoltre, si tratta di una migrazione proveniente dalla classe borghese dell'Italia centro-settentrionale e composta da intellettuali o professionisti che vanno a insediarsi nelle zone urbane.

cui andavano aggiunti i circa 9.500 ebrei non italiani residenti nel nostro paese.[3]

Le loro caratteristiche erano molto diverse da quelle degli ebrei provenienti dall'Europa orientale che pure, già dalla fine del XIX secolo, avevano trovato rifugio in Argentina: gli italiani non parlavano yiddish o giudeo-spagnolo, non erano particolarmente osservanti e neanche molto informati sulla loro origine sefardita o askenazita. Inoltre, erano perfettamente integrati nella realtà sociale e culturale italiana. Insomma, si può dire che la loro è una migrazione dettata, oltre che dalle difficoltà psicologiche ed esistenziali provocate dalle Leggi razziali,[4] anche dall'esigenza di continuare a esercitare le proprie attività professionali in un contesto straniero e di permettere ai figli di proseguire gli studi. Tanto più che alla fine degli anni '30 la deportazione e il genocidio subito poi dagli ebrei non era ancora prevedibile, perlomeno fino agli inizi del 1940, anche se notizie in questo senso erano arrivate, in particolare dagli ebrei tedeschi che dal 1933 si erano rifugiati in Italia.[5]

Eugenia Sacerdote è tra le prime donne italiane a frequentare la Facoltà di Medicina a Torino, dove studia con la cugina di primo grado Rita Levi Montalcini, futuro premio Nobel. Laureata con una tesi in istologia nel 1937, Eugenia arriva in Argentina nel 1939 con il marito Maurizio de Lustig, ingegnere della Pirelli, mandato oltreoceano proprio per aiutarlo a sfuggire alla situazione di discriminazione venutasi a creare in Italia. Dopo un anno e mezzo trascorso a San Paolo, dove raggiunge il marito temporaneamente trasferito lì in attesa dell'arrivo

---

[3] Se volessimo paragonare la diaspora degli ebrei italiani ad altri fenomeni migratori, sebbene per essi non si possa parlare di cause politiche (molti erano fascisti e occupavano incarichi di rilievo al servizio del regime), quella più vicina per tipologia e risultati conseguiti è la migrazione degli esiliati italiani del periodo risorgimentale contrattati negli anni '20 dell'Ottocento da Bernardino Rivadavia (governatore di Buenos Aires) per portare l'Argentina allo status di nazione moderna e progredita.

[4] Come ricorda Calimani (2015, 520): "Pesarono su tutti i perseguitati l'emarginazione, la necessità di ricorrere a sotterfugi per lavorare di nascosto, per sopravvivere. Il futuro incerto, le retrocessioni professionali, le umiliazioni, l'indifferenza, in molti casi, dei vecchi amici e conoscenti, un'ansia profonda per l'avvenire dei figli, l'idea di andarsene, un'angoscia continua, i capricci della burocrazia."

[5] A ciò va aggiunto anche il fatto che, storicamente, gli ebrei italiani non avevano mai subito persecuzioni, aspetto che aumentava la sorpresa per questa improvvisa discriminazione.

dei macchinari in Argentina, Eugenia torna a Buenos Aires. Consigliata da Renato Segre, suo professore a Torino anche lui emigrato in Argentina per via delle Leggi razziali, contatta Eduardo de Robertis che le offre di frequentare la sua cattedra di Istologia presso l'Università di Buenos Aires. Ma con l'avvento di Perón, è costretta a lasciare la Facoltà per non essere in possesso di un titolo di studio argentino e anche perché il laboratorio dove lavora viene abbandonato da tutti i professori solidali con Bernardo Houssay (premio Nobel per la Medicina nel 1947), cacciato per le sue idee politiche. Così Eugenia trasferisce le proprie ricerche presso l'Instituto de Oncología "Angel Roffo", dove si dedica alla coltura delle cellule cancerose. Nel 1951 le viene offerto di lavorare presso l'Instituto de Microbiología Malbrán, dove in breve assume la funzione di capo del dipartimento di virologia. In quegli stessi anni, l'Organizzazione Mondiale per la Sanità la invia negli Stati Uniti e in Canada come membro di una commissione di ricercatori impegnata a lavorare sul vaccino Salk (da usare contro la poliomielite) che si stava sperimentando sulle scimmie. Questo periodo di studio le sarà molto utile quando, nel 1955 e fino ai primi mesi del 1956, l'Argentina verrà colpita da una grave epidemia di poliomielite ed Eugenia sperimenterà il vaccino su se stessa e sui propri figli. Come lei stessa racconta:

> dopo essermi consultata con Dulbecco, già mio compagno di studi a Torino,[6] mi assunsi l'enorme responsabilità di raccomandare al ministro la vaccinazione massiva sulle persone. Per dare l'esempio e rassicurare l'opinione pubblica, io stessa mi vaccinai insieme ai miei figli. La notizia ebbe grande risalto sui giornali argentini ed ottenemmo l'effetto voluto: la gente si recò volontariamente per sottoporsi alla vaccinazione, che da quel momento divenne obbligatoria per tutti. (Maragó 2009, 5)[7]

---

[6] Si riferisce a Renato Dulbecco, che, così come Salvatore Luria, pure suo compagno di studi a Torino, otterrà il premio Nobel per la Medicina.
[7] Rita Levi Montalcini considera la vicenda di Eugenia e del vaccino Salk paragonabile a quella di Mary Montague, che nel Settecento si adoperò per diffondere il vaccino contro il vaiolo. Cfr. Levi Montalcini, Tripodi 2008, 124.

Successivamente, in Argentina si aprono le porte universitarie anche agli stranieri ed Eugenia vince il concorso per la cattedra di Biologia Cellulare presso l'Università di Buenos Aires. Poiché si trattava di un concorso internazionale, le viene riconosciuta la laurea italiana. All'università rimane fino al 29 luglio 1966 quando, per un caso fortuito, sfugge alla retata portata a termine dalla polizia contro studenti e professori antiperonisti della Facultad de Ciencias Exactas y Naturales e di altre quattro facoltà occupate per opporsi all'ingerenza nell'università del governo militare di Juan Carlos Onganía.[8] Eugenia, quindi, torna all'Istituto Roffo dove vince un concorso appena indetto rimanendovi fino al pensionamento. È forse anche la prima donna a entrare a far parte del Conicet argentino come ricercatrice, chiamata da Bernardo Houssay che ne fu presidente dal 1958 al 1971. Nel corso della sua lunga carriera scientifica, Eugenia Sacerdote de Lustig pubblica centinaia di articoli internazionalmente noti e un testo che è un classico dell'istologia, il *Manual de cultivo de tejidos* (1980). Negli ultimi anni delle sue ricerche in laboratorio si dedica alla crescita delle cellule nervose coinvolte nei processi del morbo di Alzheimer.[9] Per i suoi studi ha ricevuto numerosi premi e riconoscimenti. Eccone alcuni: Premio Mujer del Año de Ciencias (1967), Premio N. Noceti e A Tiscornia de la Academia Nacional de Medicina (1977), Premio Benjamín Ceriani de la Sociedad de Cirugía Torácica (1978), Premio de la Sociedad de Citología (1979), Diploma al Merito en Genética y Citología della Fundación Konex (1983), Premio Alicia Moreau de Justo (1988), Premio Trébol de Plata del Rotary Internacional (1991), Premio Hipócrates a la Medicina de la Academia Nacional de Medicina de Buenos Aires (1992), Ciudadana Ilustre de la Ciudad de Buenos Aires (2004).

Eugenia Sacerdote de Lustig, in *De los Alpes al Río de la Plata. Recuerdos para mis nietos* (2005), racconta la propria vita, dall'infanzia fino agli anni in cui si consolida la sua ricerca scientifica in Argentina. L'autobiografia costituisce un documento che si inserisce, oltre che nella storia della mini diaspora ebrea in Argentina, anche in quella delle

---

[8] Si tratta della cosiddetta "Noche de los bastone largos" per l'uso dei manganelli da parte della polizia.
[9] Per la biografia di Eugenia Sacerdote de Lustig si vedano: Rozenberg 1992; Smolensky, Vigevani Jarach 2018, 197-205; Etcheverry 2008; Simili 2010, 55-60; Montiel 2011.

donne al di qua e al di là dell'oceano in rapporto alle loro ambizioni professionali. Eugenia ricorda le difficoltà incontrate in Italia dalle donne per iscriversi alle facoltà scientifiche negli anni del fascismo:

> Cuando terminé la primaria nos mandaron a la escuela magistral inferior y luego a un Liceo femenino que había creado el Ministro de Educación, Gentile, que no servía para mucho. Se estudiaba literatura, historia del arte, la lengua francesa y un poco de ciencias naturales pero ninguna materia científica. [...] Estas escuelas fueron creadas por consejo de Mussolini que pensaba que las mujeres servían solo para procrear futuros soldados para la patria y que no necesitaban ser instruídas. (Sacerdote de Lustig 2005, 19)

Eugenia e la cugina Rita studiano un anno privatamente (latino, greco, matematica e fisica) e riescono ad ottenere il diploma di Liceo Classico che permette loro l'accesso alla Facoltà di Medicina, dove si trovano con solo altre due ragazze. A questo proposito, Eugenia nota la diversità con la situazione argentina dove, invece, facoltà come Biochimica e Farmacia (e in minor numero anche Medicina) erano frequentate da molte donne senza alcun tipo di discriminazione.[10] Per tali ragioni, una volta a Buenos Aires non incontra particolari difficoltà per cominciare a lavorare in un laboratorio universitario, potendosi avvalere anche della sua rete di conoscenze nel mondo intellettuale e scientifico ebraico e, a livello famigliare, dell'aiuto della cognata per accudire i figli. Forse proprio per essere stata facilitata nella ricerca scientifica dalla presenza della cognata, afferma di aver

---

[10] In una intervista Eugenia ricorda anche le difficoltà incontrate dopo la laurea nel breve periodo di praticantato esercitato a Roma prima dell'esilio argentino: "Alcanzó a trabajar muy poco en la clínica médica: apenas las prácticas en el ambulatorio del hospital. Un día entró un ciclista que se había caído y lastimado, la miró y le dijo: "¿Puede llamar a un médico de verdad?"
–No podía creer que yo fuese médica. Así era la idea pública de la mujer. Era una mentalidad muy difícil de vencer. La guerra cambió todo: cuando se dieron cuenta de que las mujeres debían ocupar el lugar de los hombres vieron la importancia que podían tener. Antes era una sociedad completamente masculina, todo estaba hecho para los hombres." (Ferrari 2006).

formado muchas más mujeres que hombres. Supongo que lo hice porque conocía los problemas de las mujeres que tienen chicos. Yo tenía un viejo sillón en mi escritorio y cuando mis alumnas tenían que ir a buscar sus chicos a la guardería y no habían terminado de investigar, yo les decía:
"Ustedes vayan a terminar los que tienen que hacer que yo les cuido los chicos." Si eran chiquitos, los ponía a dormir en el sofá. Si eran más grandecitos, tenía siempre un cuaderno y una caja de lápices de colores y les decía: "Haceme un dibujito lindo, así estudiamos juntos. Yo voy a estudiar acá, en este escritorio." Y se quedaban hasta que la madre terminaba el experimento. (Sacerdote de Lustig 2005, 71-72)

Inoltre, ricorda come la sua cultura classica fosse migliore di quella argentina, aspetto che l'ha favorita nel lavoro, nonostante non conoscesse lo spagnolo e neppure l'inglese, proibito dal fascismo. Pochi i riferimenti alla sua identità religiosa. Come quasi tutti i ragazzi di famiglie ebree italiane, Eugenia studia nelle scuole pubbliche. Così ricorda l'impressione che le causò il crocifisso al vederlo il primo giorno di scuola nell'Istituto Giosuè Carducci di Torino:

El primer día de clase, entrando al aula, quedé muy impresionada al ver un crucifijo sangrante en la pared, que para mí era algo completamente desconocido y apenas me senté mi compañera de banco, pegándome un codazo, me obligó a levantarme y a rezar el Padrenuestro, que después aprendí muy bien. (Sacerdote de Lustig 2005, 12)

Dell'educazione religiosa, ricorda solo quando a tredici anni i genitori la mandarono a imparare l'ebreo con un rabbino perché fosse pronta per il Bat Mitzvah, che lei definisce la Comunione ebraica, quando in realtà è più paragonabile alla Cresima, in quanto si tratta di un rito iniziatico che permette l'entrata nella maturità personale di fronte alla comunità.[11]

Nell'autobiografia di Eugenia non c'è alcun riferimento alla persecuzione nazista, se non per ricordare la sua preoccupazione per non sapere dove si trova la famiglia (rifugiatasi prima in Francia e poi negli Stati Uniti) o, ancora, per sottolineare il fastidio che le provocava la presenza di un tedesco, segretario della cattedra di Istologia nel periodo del suo primo impiego presso l'Università di Buenos Aires:

> Había sólo una persona en la Cátedra, que me fastidiaba. Era el secretario de cátedra, que siendo alemán, se entretenía poniéndome sobre la mesa todas las mañanas, un mapa de Europa, con banderitas alemanas, para mostrarme hasta donde había llegado Hitler. (Sacerdote de Lustig 2005, 51)

Racconta, invece, del periodo successivo all'emanazione delle Leggi razziali, ricordando alcuni casi di persone a lei vicine, come quello della cugina Rita, costretta inizialmente a rifugiarsi sotto falso nome con la famiglia in una pensione di Firenze, e del figlio del professor Giuseppe Levi, già dal 1937 mandato al confino per le sue dichiarazioni antifasciste. Soprattutto, ricorda la sorpresa e la disperazione di molti per le conseguenze delle Leggi razziali:

> Ha sido espantoso porque no pensabámos que Mussolini llegara a ese punto dado que no había demostrado, antes de aliarse con Hitler, ese nivel de antisemitismo. No parecía estar en contra de ninguna religión en particular; por otra parte, había tenido varios colaboradores judíos además de su amante, Margherita Sarfatti. (Sacerdote de Lustig 2005, 31)

---

[11] Maggiori riferimenti alle proprie origini ebraiche e all'educazione non ortodossa ricevuta dai genitori, Eugenia li esprime nel breve testo autobiografico pubblicato in Levinsky 2005, 66-71.

Pochi sono i ricordi relativi ai problemi della politica argentina, che in almeno due circostanze l'hanno ostacolata, costringendola ad abbandonare l'Università di Buenos Aires, ma senza impedirle comunque di andare avanti nelle ricerche. Su questo aspetto, un certo riserbo sembra caratterizzare la sua autobiografia, forse per il timore di essere espulsa, essendo arrivata in un momento in cui in Argentina, oltre a un diffuso antisemitismo, erano vigenti politiche sull'immigrazione più restrittive, soprattutto nei confronti dei rifugiati ebrei provenienti dall'Europa orientale.[12] E questo timore deve averla a lungo condizionata. Scrive Eugenia:

> Todos me decían: "Cuidado que usted es extranjera, pertenece a otro país, así que no haga ninguna declaración, ninguna manifestación de solidaridad, porque pueden echarla del país también". Yo sentí, otra vez, el peso del fascismo cuando echaron a todos los profesores de la cátedra. Sentí que había aquí otra imagen del fascismo. La historia se repetía. (Sacerdote de Lustig 2005, 52)

Ma nelle autobiografie i silenzi possono essere più esplicativi delle parole. Ciò che l'autobiografo omette o sfuma è segno di un preciso progetto di scrittura che può modificare l'identità del soggetto anche in rapporto al destinatario del testo. Nel caso di Eugenia Sacerdote de Lustig le discriminazioni razziali (ebrea), sociali (migrante) o di genere (donna) sono diluite nelle poche considerazioni e ricordi che offre ai nipoti (gli espliciti destinatari dell'autobiografia). Eppure tracce più evidenti dei tre fattori segnalati si riscontrano in un'intervista rilasciata da Eugenia all'antropologa Eleonora María Smolensky, che ce ne offre un'analisi in un saggio in cui ricostruisce i suoi incontri con la scienziata in vista di un intervento tenuto a Buenos Aires al congresso dell'associazione nazionale delle Mujeres Italo-Argentinas (12-13 novembre 1991). Per esempio, proprio a proposito del già citato segretario di Istologia tedesco, nell'intervista Eugenia lo collega al fatto che "siempre

---

[12] Sulla legislazione migratoria argentina fra il 1933 e il 1945 cfr. Avni 2005, 305-381; sull'antisemitismo nell'ambiente culturale argentino si veda Gramuglio 2001, 331-381.

hay alguna experiencia que nos recuerda que el racismo y el antisemitismo son parte intrinseca, a veces, de la naturaleza humana" (Smolensky 1992, 136), una riflessione che nell'autobiografia è scomparsa. Così come non appare l'indignazione per la presenza, nel 1950, di un giovane medico inviato dal ministro della Sanità nel suo laboratorio. Nell'intervista Eugenia ricorda come ben presto si fosse resa conto che il giovane aveva esercitato la professione in un campo di concentramento ma, nonostante ciò e malgrado fosse straniero, in Argentina gli era stata riconosciuta la laurea, cosa che a lei veniva ancora negata, segno, a suo parere, di una discriminazione razziale e forse anche di genere. Ma nell'autobiografia il riferimento al campo nazista non appare e solo vi è uno sfumato cenno al mancato riconoscimento del titolo di studio. In effetti, la stessa Smolensky evidenzia come la trascrizione della sua intervista, sottoposta al controllo dell'intervistata, aveva subito alcuni cambiamenti riferiti proprio al tema delle discriminazioni in quanto donna ed ebrea. In entrambi i casi Eugenia aveva messo in evidenza i successi suoi e di altre donne che occupavano incarichi di rilievo, relegando le disparità di trattamento nel passato, per sottolineare come attualmente la situazione fosse molto cambiata, oppure sostituendole con aneddoti che, ad esempio, sfumavano l'operato negativo delle istituzioni. E anche nell'autobiografia, come si è detto, non appaiono grandi riferimenti alle discriminazioni subite in Argentina. È evidente qui un atteggiamento tipico delle autobiografie di migranti, i cui autori tendono ad individuare un destinatario più o meno ampio, ma sempre "ben preciso, il più delle volte appartenente alla cerchia famigliare o rappresentante una categoria di persone solidale con le esperienze da lui vissute" (Cattarulla 2003, 39), con l'obiettivo, esplicitato o meno, di lasciare un insegnamento morale. Nel caso di Eugenia, i suoi ricordi sono rivolti ai nipoti e, forse, incidentalmente, anche alle donne per le quali vuole essere di esempio e di sprone per il conseguimento di affermazioni professionali.

Sempre in quest'ottica, un altro aspetto è messo in evidenza sia nell'autobiografia sia nell'intervista: la capacità di Eugenia di muoversi sola, e donna, in un ambiente maschile e anche in situazioni di disagio lavorativo dovuto alle cattive condizioni dei laboratori, spesso ai limiti dell'agibilità e dell'igiene.[13] Va detto, però, che questa sua solitudine è supportata dall'aver mantenuto rapporti con colleghi ed ex compagni di studio italiani (fra questi il già citato Renato Dulbecco), che fin dal primo periodo migratorio la consigliano sui passi da muovere. La sua, quindi, è una rete scientifica transnazionale che pure l'ha agevolata nella ricerca, contrapponendosi allo scarso appoggio istituzionale che in quegli anni caratterizzava il governo argentino nei riguardi degli studi scientifici. Questo sembra essere uno degli aspetti più interessanti della vita di Eugenia Sacerdote de Lustig: i legami con altri scienziati, in Italia, come in Argentina, in Brasile o negli Stati Uniti, testimoniano la presenza di un gruppo di professionisti attivi e solidali tra loro. Inoltre, per alcune delle figure citate nel testo è possibile ricostruire parte dei loro percorsi nelle terre dell'esilio, fornendo così nuove informazioni sulla mini diaspora ebrea di quegli anni e sui suoi successi dall'altra parte dell'oceano.[14] Non bisogna dimenticare, infatti, che i docenti italiani arrivati in Argentina lavoreranno nelle università di La Plata, Mendoza, Rosario, Córdoba, Tucumán e, in misura minore, di Buenos Aires. In molti casi, saranno i contatti con studiosi e politici argentini ad agevolare loro l'entrata nel paese e gli incarichi universitari in anni, come già si è detto, di leggi migratorie molto rigide, per cui l'invito a tenere conferenze o seminari era fondamentale. Nelle università argentine, i professori ebrei italiani (tra essi Rodolfo Mondolfo, Renato Treves, Benvenuto e Alessandro Terracini, Beppo Levi, Amedeo Herlitzka, solo per citare i più noti) seppero creare un clima intellettuale e di senso critico di alto livello e grande apertura – ognuno nella propria disciplina – determinando spesso la nascita di vere scuole di pensiero e ricerca scientifica, e creando uno spazio di produzione culturale

---

[13] Ecco come ricorda il suo primo contatto con la sede della cattedra di Istologia dell'Università di Buenos Aires, in un edificio che paragona ai *conventillos* abitati dagli immigranti: "Al entrar en ese conventillo me sentí desvanecer por lo horrible que era. Yo conservaba en mi memoria la hermosísima Universidad de Turín, en Via Po, universidad del año 1200, que junto a la de Bologna y la de París son las más antiguas de Europa. Y aquí me encontraba en un edificio en el que había un patio en medio, donde caía agua cada vez que llovía, y otros dos pequeños laboratorios, uno a cada lado del patio. Un paisaje realmente deprimente" (Sacerdote de Lustig 2005, 48-49).

[14] Fra i contatti di Eugenia vi sono anche studiosi, vittime della diaspora, arrivati in Argentina da altri paesi europei, come i polacchi Sepzenvol e Wiktor Nowinsky (cfr. Sacerdote de Lustig 2005, 50).

transnazionale che però, tanto in Italia come nella regione rioplatense, non ha ancora goduto, come doveva, di studi critici approfonditi.[15] Inoltre, i professori ebrei italiani hanno alimentato i rapporti culturali tra Italia e Argentina mantenuti vivi anche quando, terminato il conflitto mondiale e abolite le Leggi razziali, molti di essi hanno ripreso i loro incarichi nelle università italiane, spinti al ritorno anche dal clima contrario all'autonomia universitaria instauratosi con il peronismo. Con questi professori Eugenia Sacerdote de Lustig condivide, oltre ai successi professionali, anche l'aver educato intere generazioni ad uno stile di vita attraverso gli studi tanto che, al termine della sua autobiografia, è felice per aver sparso semi (i suoi alunni) che hanno dato buoni frutti. E aggiunge: "Pienso que he ayudado a muchos jóvenes a encontrar el camino, a decir las cosas libremente y a defender las propias ideas, si creen que son justas. La ciencia tiene una fuerza propia independiente de cualquier otra influencia." (Sacerdote de Lustig 2005, 74)

OPERE CITATE

Avni, Haim. *Argentina y las migraciones judías: de la inquisición al holocausto y después*. Buenos Aires: Milá, 2005.

Calimani, Riccardo. *Storia degli ebrei italiani nel XIX e nel XX secolo*. Milano: Mondadori, 2015, vol. III.

Cattarulla, Camilla. *Di proprio pugno. Autobiografie di emigranti italiani in Argentina e in Brasile*. Reggio Emilia: Diabasis, 2003.

_____. "Le Leggi Razziali (1938) e gli ebrei italiani emigrati in Argentina: discriminazioni e nuove opportunità." *Confluenze. Rivista di Studi Iberoamericani* 10.2 (2018): 316-331.

Devoto, Fernando. *Historia de la inmigración italiana en la Argentina*. Buenos Aires: Biblos, 2000.

Etcheverry, Catriel. *Eugenia Sacerdote de Lustig. Si pudiera ver seguir*. Buenos Aires: CI, 2008.

Ferrari, Andrea. "Las luces de Eugenia," *Pagina/12* (30 de abril de 2006).

---

[15] Sulle lacune storiografiche e le possibilità di analisi ancora inesplorate sulla presenza di emigrati ebrei italiani in Argentina cfr. Cattarulla 2018.

Gramuglio, María Teresa. "Posiciones, transformaciones y debates en la literatura," in Cattaruzza A. (dir.), *Nueva historia argentina. Crisis económica, avance del Estado e incertidumbre política (1930-1943)*. Buenos Aires: Sudamericana, 2001, vol. VII.

Levi Montalcini, Rita, Tripodi, Giuseppina. *Le tue antenate. Donne pioniere nella società e nella scienza dall'antichità ai giorni nostri*. Roma: Gallucci Editore, 2008.

Levinsky, Roxana. *Herencias de la inmigración judía en la Argentina: cincuenta figuras de la creación intelectual*. Buenos Aires: Prometeo Libros, 2005.

Maragó, José Rodolfo. "Eugenia Sacerdote Montalcini. Una vita al servizio della scienza. Dalle persecuzioni razziali alla passione per la ricerca: la storia di una donna straordinaria," *La voce di Sant'Onofrio* (gennaio 2009): 4-5.

Montiel, Inés. "Eugenia Sacerdote de Lustig," in Lorenzano C. (ed.), *Historias de la ciencia argentina*. Buenos Aires: EDUNTREF, 2011, vol. IV.

Rozenberg, Laura. *Eugenia Sacerdote de Lustig: una pionera de la ciencia en la Argentina*. Buenos Aires: Asociación Dante Alighieri, 1992.

Sacerdote de Lustig, Eugenia. *De los Alpes al Río de la Plata. Recuerdos para mis nietos*. Buenos Aires: Leviatán, 2005.

Simili, Raffaella. *Sotto falso nome. Scienziate italiane ebree (1938-1945)*. Bologna: Edizioni Pendragon, 2010.

Smolensky, Eleonora María. "Una mujer ítalo argentina: un relato de vida," en Chirico M. (estudio preliminar y compilación), *Los relatos de vida. El retorno a lo biográfico*. Buenos Aires: CEAL, 1992.

Smolensky, Eleonora María, Vigevani Jarach, Vera. *Tantas voces una historia. Italianos judíos en la Argentina, 1938-1948*. Villa María: Eduvim, 2018.

La gastronomía mexicana como elemento identitario en territorio extranjero
Estudio de caso: mexicanos en Italia

María del Socorro Castañeda Díaz
Universidad Autónoma del Estado de México

Introducción

Uno de los elementos culturales más importantes que una gran parte de las personas migrantes busca mantener, a pesar de la distancia de su país de origen, es su gastronomía. El modo de alimentarnos es una forma particular de interpretar el mundo, porque representa la manera en que nuestros antepasados lograron transformar y adaptar los ingredientes que la naturaleza puso a su disposición, no solamente para cubrir una necesidad biológica, sino como una experiencia de socialización, y como satisfactor de sus necesidades psicológicas e incluso espirituales.

Sin embargo, la alimentación propia de la región de origen puede convertirse en una barrera intangible que las mismas personas migrantes — conscientemente o no — establecen para diferenciarse, distinguirse e incluso marcar una distancia definitiva e infranqueable con los habitantes del territorio que las acoge.

Las personas migrantes defienden sus hábitos alimenticios, los preservan y los enaltecen. Al hacerlo, establecen una frontera, muchas veces insuperable de por vida, ante las costumbres del país receptor. No se trata de una acción positiva o negativa, sino más bien de una realidad que se vive durante el proceso migratorio.

El objetivo principal de este trabajo reside en detectar, a través de un estudio de caso, el modo en que la gastronomía mexicana puede ser, al mismo tiempo que un factor de fuerte identidad entre las personas migrantes, una frontera intangible entre ellas y quienes habitan en el país receptor.

Desde un punto de vista metodológico, el caso de estudio se refiere a un grupo de personas migrantes de origen mexicano en Italia. La investigación se realizó en un grupo cerrado de *Facebook*, registrado en la categoría "clubes" de dicha red social desde el año 2006. El grupo, cuyo nombre se mantendrá anónimo, cuenta con 2457 miembros, de los cuales, alrededor de 2300 son efectivamente migrantes mexicanos que radican en Italia, mientras que otros lo fueron, y esto quiere decir que, del total de los migrantes reportados, alrededor de 93 por ciento pertenece al grupo objeto de estudio de esta investigación.

Una etapa de la investigación consistió en el análisis de algunos de los contenidos publicados por personas inscritas en la página de Facebook. Esta parte del trabajo se realizó aplicando la técnica denominada netnografía, una metodología de investigación cualitativa que adapta técnicas de investigación etnográficas al estudio de culturas y comunidades emergentes a través de la comunicación mediada por ordenador. (Belz & Baumbach, 2010; Jupp, 2006). Con base en esta técnica fueron contabilizadas las publicaciones de la página cuyo tema es la comida, compartidas por las personas migrantes entre el 23 y el 30 de diciembre de 2017. En total, durante esa semana las y los integrantes del grupo publicaron 252 contenidos, de los cuales 62, es decir, 32.6% fueron dedicados a hablar de gastronomía.

Las personas migrantes que forman parte de la investigación habitan en muchos de los puntos de las 20 regiones en que está dividido el territorio italiano, y la investigadora en México, y justamente uno de los puntos más enriquecedores del trabajo realizado fue iniciar el contacto, primero, buscando la presencia de los mexicanos en la red social y luego, iniciando el diálogo con uno de los administradores de la página, que se encargó de solicitar la participación de sus integrantes para responder un cuestionario.

Mexicanos en Italia

La migración mexicana se ha dirigido tradicionalmente hacia Estados Unidos, donde, de acuerdo con el Instituto de los Mexicanos en el Exterior (IME, 2017), habita 97.33% del total de mexicanos en el extranjero, cuya cifra hasta diciembre de 2016 ascendía a 12 millones 027,320.

En el país vecino, las personas migrantes han logrado mantener un alto nivel de conservación de la propia cultura, posiblemente porque, a través del tiempo, pudieron darse cuenta de que "la norteamericanización implicaba una pérdida de valores culturales mexicanos; es decir, un auto etnocidio que tampoco conducía a la aceptación total por parte de la sociedad anglosajona dominante" (Ramírez 2008).

Excluyendo Estados Unidos, en otros países del mundo radican 312, 820 personas originarias de México (IME, 2017. Según el ISTAT, citado en TuttoItalia (2019), hasta el 1 de enero de 2018 había en el territorio italiano 4 mil 354 mexicanos registrados, que representaban 0.08 por ciento del total de inmigrantes presentes en la península.

En realidad, no hay una alta presencia de mexicanos en Italia, sobre todo si se compara con otras comunidades de migrantes. México, según información oficial de los ayuntamientos de Italia, publicada en el sitio Comuni Italiani (2019) y proveniente del ISTAT (Instituto Nacional de Estadística italiano) en el año 2016 ocupaba el lugar 71 de 195 por el número de ciudadanos mexicanos que entonces habitaban regular-mente en aquel país.

De acuerdo con el IME (2017), dependiente de la Secretaría de Gobernación, la edad promedio de los mexicanos que radican en Italia es de 40 años. De ellos, 73 por ciento son mujeres y 27 por ciento son hombres.

Durante la investigación realizada, fue posible averiguar que, gracias al uso de las Tecnologías de Información y Comunicación (TIC), una buena parte de los mexicanos migrantes en Italia estableció contacto una vez que llegó al territorio de destino, principalmente utilizando las redes sociales virtuales y en particular valiéndose de la citada página organizada por mexicanos en Italia.

Uno de los temas que las personas migrantes tienen en común y que transmiten a la comunidad de paisanos con quienes tienen contacto aunque en ocasiones sea sólo virtual, es la gastronomía, que según Iturriaga (2010) debe ser definida como el "conjunto de saberes y prácticas alrededor del hecho de alimentarse cuya finalidad es obtener el máximo placer de los cinco sentidos y el intelecto". Con base en tal definición, gastronomía, es, pues, sinónimo de cultura y de socialización, y en el caso que nos ocupa, es tema y pretexto para la comunicación en la red de redes.

Elegir migrantes mexicanos que habitan en Italia entre las muchas otras posibilidades de estudio de caso, tiene que ver con el planteamiento del objetivo, que es resultado de dos principales preguntas de investigación. La primera, que cuestiona si la gastronomía es un factor de fuerte identidad entre las y los mexicanos que migran, y la segunda, que tiene la intención de descubrir si al preservar e incluso defender esa identidad relacionada con las tradiciones culinarias, se crea una frontera intangible entre quienes migraron y quienes viven en el país receptor, sean o no nativos de la península.

Realizar la investigación entre mexicanos que viven en Italia tiene que ver también con el hecho de que justamente el país de destino es uno de los que tienen mayor presencia y prestigio gastronómico en el mundo, y por lo mismo, se podría suponer que tal vez el hecho de conocer de cerca la tradición culinaria de la península, sobre todo en los casos en que se forma una familia con personas oriundas de ésta, podría ser un factor para que prefirieran adaptarse a la cocina italiana en lugar de buscar preservar su propio modo de alimentarse.

La lejanía geográfica hace también interesante indagar acerca de la manera en que las personas originarias de México, gracias al acceso a las Tecnologías de Información y Comunicación se relacionan entre sí en el país de destino, haciendo comunidad en el mundo virtual, en este caso a través de Facebook, que les sirve, entre otras cosas, para encontrar en un lugar tan lejano los ingredientes necesarios para preparar sus recetas, pero además, como se verá más adelante, representa para ellas la posibilidad de compartir los temas gastronómicos como parte de un orgullo nacional que no sólo preservan, sino además fomentan.

Asimismo, analizar el comportamiento de las personas migrantes en la red tiene que ver con la necesidad de abrir un espacio en la academia para comprender cómo las TIC están contribuyendo a modificar la forma de vivir el proceso migratorio, pues al mantenerse conectadas, las personas no solamente mantienen los lazos con el país de origen, sino que, en este caso a través del uso de la red social Facebook, amplían sus redes y crean comunidades virtuales con sus connacionales.

Cabe mencionar, además, que no existe hasta ahora literatura abundante acerca del comportamiento de las personas migrantes en la red social Facebook, y a pesar de que basta hacer una búsqueda rápida para descubrir que hay muchas páginas dedicadas a que los paisanos puedan organizarse y reunirse, no se cuenta todavía con estudios suficientes sobre los modos en que se ocurre la socialización de connacionales que habitan en países diversos a su origen en la citada red social virtual, que, sin embargo, merece ser considerada como objeto de estudio porque "es un sitio que permite la construcción de la afectividad y de la emoción a través de la articulación de varios lenguajes: el visual, el auditivo, el textual" (Ricaute 2010).

Por su parte, la importancia de la gastronomía, entendida en su sentido más amplio y considerando su peso sociocultural, lleva a investigar acerca de aquello que la cocina mexicana puede representar como elemento identitario, pero también como frontera intangible para los migrantes originarios de dicho país que viven en Italia, sobre todo considerando que muy probablemente, ellos, como sus paisanos que habitan en Estados Unidos, tampoco tienen la intención de cometer un "auto etnocidio" y por el contrario, su forma de vivir la mexicanidad en otro territorio, mucho más lejano que el estadunidense, se parece más al "síndrome del hijo pródigo, un cambio de actitud que conlleva una toma de conciencia, una revalorización de la imagen étnica y un reforzamiento de la cultura materna" (Ramírez 2008).

En el grupo de Facebook en el que se realizó la investigación, que fue elegido entre otros por ser el que mayor número de integrantes reúne, los mexicanos que habitan en Italia se unen y comparten contenidos que consideran de interés para sus paisanos. Abundan los reportajes que hablan de México o de los logros de paisanos en el extranjero, las recetas de cocina o las curiosidades que tienen que ver con aspectos culturales que refuerzan un sentido de identidad nacional.

Algunos contenidos que los miembros del grupo publican buscan obtener sugerencias de alojamiento u orientación sobre trámites burocráticos. Pero el lugar que las personas migrantes mexicanas en Italia dan a los contenidos que hablan de su gastronomía es especial. Rodolfo Kusch (1978) reflexionando acerca de la esencialidad o la identidad del ser americano sostenía que "[...] un hombre no sólo es su cuerpo, sino su manera de comer". Aquí es necesario subrayar que parte de la identidad cultural de los oriundos de un territorio es la gastronomía, pero en el caso de México, la importancia de este elemento se amplifica a partir de que, en noviembre de 2010, la cocina mexicana fue la primera reco-nocida por la Organización de Naciones Unidas para la Educación, la Ciencia y la Cultura (UNESCO) como Patrimonio cultural inmaterial de la Humanidad. De acuerdo con el gobierno mexicano "La Cocina Mexicana es un factor fundamental de identidad cultural, cohesión social, y un factor de desarrollo comunitario" (Presidencia de la República 2015).

En el extranjero, particularmente en países lejanos al de origen, la comida adquiere para los migrantes un valor exacerbado por la representación simbólica que adquiere, porque está cargada de elementos emotivos que remiten a los mexicanos a sus raíces más profundas.

La comida para el mexicano, y particularmente para aquel que radica en el extranjero, adquiere una cierta sacralidad. Al identificarse con su cocina y buscar agradar a los demás mostrando las bondades de sus platillos, y aunque también consume la gastronomía local y trata de no compararla con la suya, deja claro que da a los productos alimenticios de su país un valor superior a cualquier otro y con ello, establece una barrera respecto al resto de la comida, que en realidad, es un obstáculo que permanecerá incluso de por vida, porque el migrante continuará, en la medida de lo posible, comiendo como siempre lo hizo en su país natal.

ITALIANIZANDO UN TAMAL

Para los migrantes la gastronomía es una parte muy importante de su identidad, de "la imagen diferencial que se percibe desde afuera, lo que cada miembro de una comunidad siente como propio y distintivo" (Torres *et al.* 2004).

Cada platillo tiene para la persona migrante un significado que le trae también reminiscencias de sus raíces históricas y culturales, que incluso se vuelven parte de una especie de mitología personal y colectiva de la cual está orgullosa. En este sentido, es necesario considerar que, como señala Della Puppa (2018) la experiencia migratoria representa un cambio "no sólo de la vida íntima y relacional, sino incluso de la vida sensorial", porque, insiste, representa "el abandono de un determinado panorama sensorial y el enfrentamiento con un ambiente diferente y nuevo". Por ello es que para las personas que viven lejos de su lugar de origen resulta necesario mantener en la medida de lo posible su tradición gastronómica.

El tamal, cuyo nombre tiene su origen en la voz náhuatl "tamalli", que significa "envuelto" es una especialidad gastronómica presente en toda Mesoamérica, que en sí misma representa una particular dificultad de preparación, por lo que se volvió tema de controversia a partir de la publicación en línea de la adaptación italiana de su receta tradicional.

"Las tortillas eran el alimento básico de las comidas cotidianas, mas los tamales representaban el símbolo de los banquetes festivos. [...] puede habérselos consumido alrededor de las pirámides del Sol y la Luna en Teotihuacán, en el valle central (250 a.C.-750 a.C.)" cuenta Plitcher (2001).

El chef Simone Rugiati, a propósito del estreno de la película *Coco*, cuya temática gira alrededor de algunas tradiciones mexicanas, decidió, aparentemente a petición de *Pixar*, la compañía productora del filme, proponer a su público a través de internet, una versión libre y personal del citado platillo (Facebook 2017). En su exposición, el cocinero dice que es una receta "replicable", porque está hecha con ingredientes que se encuentran en Italia y es, además, vegetariana. Prepara la masa con harina de maíz blanco, caldo vegetal, cilantro y limón y la rellena con una mezcla de verduras (zanahorias, col negra, coliflor) que saltea en una sartén con aceite de oliva, sal y pimienta. Emplea para envolver la masa hojas de banano, y le agrega frijoles "rojos" que, dice, son "muy mexicanos" y poro, para dar "más consistencia" a unos cilindros que, en efecto, distan mucho de la forma tradicional de cualquier tamal, pero que luego aplasta para acomodarlos en la vaporera. El chef, además, rechaza usar hierbas aromáticas "para no abandonar lo mexicano". El platillo finalmente es presentado muy al estilo de la *nouvelle cuisine* y durante todo el video se puede escuchar una música que pretende ser mexicana.

A partir de la difusión del citado video en la página de mexicanos en Italia, se desató una polémica. Los comentarios hacia la propuesta del chef fueron, en su mayoría, desfavorables. Hay quien señala que "Con la facilidad que ofrece el internet para informarte de cualquier tema, es inaudito que un tipo tenga la osadía de mostrar esto como *Tamales Messicani*" y ante el argumento de que los italianos "podrían decir lo mismo de los 'espaguetis' ultracocidos que venden los restaurantes 'italianos' en Guadalajara", alguien responde que: "una cosa es desconocer o que no te guste la cocción *al dente* y otra darle en su *mothe*r a una receta milenaria ultrasagrada, *non plus ultra*".

En este tenor se desarrolla una discusión en la que algunos intentan defender al chef con argumentos como "a mí me llena de orgullo cada vez que hacen honor a la cocina mexicana" y otros (la mayoría) que definiti-vamente muestran su disgusto. Al hecho le dedican siete publicaciones en la página de Facebook, en los cuales los comentarios dejan ver una postura que tiende a hacer notar el abierto rechazo hacia un cocinero que, dando su propia versión de un platillo tradicional, trastoca pro-fundamente la sacralidad de la gastronomía mexicana.

El caso del tamal italianizado es una muestra de cómo los migrantes mexicanos, a partir de la costumbre de consumir un plato típico de prácticamente todas las regiones de Mesoamérica, logran una identificación nacional. El tamal parece un referente único (no obstante las variedades que existen de una zona a otra del país) que merece el respeto de los extranjeros y sobre todo, es inalterable.

Se trata de una identificación para ellos positiva que, además, hace que muestren el orgullo que representa un platillo de tradición milenaria que les recuerda su cercanía con el maíz, que es uno de los elementos esenciales de la cultura de la región. La exigencia de respeto hacia una receta tan antigua, parece que fomenta una especie de autoestima colectiva que, si bien se forma a partir de la gastronomía, pasa además por otros elementos culturales, principalmente prehispánicos, que son parte de una identidad nacional que los mexicanos gustan de mostrar al mundo.

Los mexicanos, sobre todo cuando viven fuera de su país, desarrollan una particular estimación por los elementos de la época prehispánica que consideran parte de su propia esencia, una especie de herencia de sus antepasados. De esta manera, no obstante que en la sociedad mexicana se evidencian continuamente actitudes racistas y clasistas muy marcadas hacia los actuales indígenas, que son alrededor de 12 millones 35 mil personas (INEE 2018) se cultiva y fomenta casi una devoción hacia las manifestaciones que tienen que ver con pueblos prehispánicos, que representan un pasado remoto que los mexicanos estiman como una parte fundamental de su identidad.

Así, las especialidades elaboradas con maíz, chile, calabaza y frijol, elementos considerados base de la gastronomía mexicana (Ruiz 2018), resultan aún más importantes que el resto, precisamente porque están ligadas a una parte de la historia nacional que los migrantes quieren conservar. En este sentido se expresan respecto a la posibilidad para ellos inconcebible de modificar una receta que tiene que ver con sus más profundas raíces indígenas y por eso rechazan y critican abiertamente lo que toman como una osadía de parte de un chef extranjero.

Contrariamente a lo que hacen otros colectivos de migrantes en distintas latitudes, los mexicanos en Italia marcan claramente los límites que ningún extranjero, así se trate de un ciudadano del país anfitrión, puede rebasar. La comida, que es parte de su cultura, y más aún, los platillos ancestrales, no deben ser modificados, porque hacerlo equivale a trastocar un elemento muy importante de la cultura y la identidad nacional.

Y es que para ese grupo de mexicanos que habita en la península, definitivamente no es lo mismo un tamal "italianizado", hecho en el modo y con los ingredientes que un chef cree que son realmente mexicanos, probablemente a partir de creencias o estereotipos, que un verdadero tamal, preparado con una masa especial hecha con maíz, caldo de pollo o res, manteca de cerdo y levadura, rellena de carne preparada con salsa roja o verde y cocida al vapor en hojas de maíz o de plátano. Tampoco es lo mismo ver a un cocinero extranjero preparar esa masa, que hacerlo en el ritual de la cocina mexicana, rigurosamente en total armonía, porque de otra manera, como reza la tradición, los tamales no se cocerán o tomarán un gusto agrio. Obviamente será difícil para un extranjero aprender el modo en que la masa se "amarra" y se da forma al tamal, cosa que en el video propuesto por el chef italiano queda en evidencia.

Claramente la propuesta del chef en nada corresponde a la sacralidad y a la tradición de aquello que los mexicanos consideran parte no solamente de su gastronomía, sino de su misma identidad, sobre todo para quienes son originarios del centro del país y que tienen una clara idea del momento y el modo adecuados para comer los tamales: como desayuno cotidiano de los oficinistas, en las fiestas patronales, en los bautizos, o como merienda, acompañados, claro está, con una bebida caliente de origen prehispánico llamada atole, que también se prepara con maíz y que es considerada como el dulce y natural complemento del tamal.

Al defender una especialidad gastronómica tan ligada a la tradición, que desde su punto de vista ha sido profanada por una persona nativa del país receptor, las personas migrantes están poniendo una barrera infranqueable ante cualquier esbozo de novedad que pudiera tener su receta milenaria, y con ello, tratan de reforzar los "elementos que conforman su identidad cultural, como una manera de reafirmarla en un medio extraño y como estrategia tendiente a atenuar los efectos del desarraigo" (Torres *et al.* 2004). Es decir, la mencionada barrera es el reflejo de su orgullo colectivo, que nada tiene en común con otros grupos que, tanto en Italia como en otros países, deben afrontar una realidad muy distinta, porque, como afirman Torres *et al* (2004) "cuando en la sociedad receptora existe prejuicio y discriminación hacia el migrante, éste prefiere mimetizarse en la sociedad de destino renunciando a ejercitar algunas de sus prácticas culturales, como la cocina".

LAS TIC Y LA GASTRONOMÍA EN LOS RECUERDOS DE LOS MIGRANTES

Los mexicanos en Italia, de acuerdo con la investigación realizada, a través de la cual se pudo observar una importante participación en la página de Facebook organizada por ellos mismos, entran perfectamente en la categoría de "migrante conectado", término acuñado por Dana Diminescu (2011), quien destaca cómo las tecnologías han transformado los modos de migrar tradicionales, porque permiten que el desarraigo se vuelva conexión, lo que contribuye a mantener los lazos y, además, hacen posible que se construyan redes transnacionales.

Migrar es un proceso psicológico y emocional y por ello, es importante considerar a las TIC como una posibilidad de sobrellevar ese duelo y a "mantener más fluidos los círculos afectivos y relativizar la ruptura nostálgica causada por la lejanía" (Melella 2016).

Boym (2001, citada por Mejía 2005) explica que la nostalgia puede comprenderse en dos sentidos, el primero, que denomina "nostalgia restauradora", es una reconstrucción del hogar perdido, mientras que el segundo, que define "nostalgia reflexiva", se entiende como "una meditación sobre el cambio, el paso del tiempo y la manera en que éste cubre con su pátina los objetos, volviéndolos obsoletos".

El uso de las TIC, sostiene Mejía (2005) tiene más que ver con una "nostalgia restauradora". También recuperar y mantener el uso de la gastronomía en el país de destino es una manera de ejercitar una "nostalgia restauradora" que, por una parte, hace a las personas migran-tes sobrellevar la vida en un país diametralmente opuesto al suyo y por otra, les da la posibilidad de levantar una barrera cultural e incluso emotiva que es infranqueable y que tiene que ver con sus raíces más profundas, materializadas en la comida que añoran y que reproducen en sus hogares que, además, en el caso de estudio, generalmente son biculturales, dado que la migración mexicana en Italia se conforma en buena parte (73 por ciento del total, según datos del IME 2017) por mujeres, la mayoría de las cuales han dejado México tras haber contraído matrimonio con italianos.

Pero, además, con base en esa "nostalgia restauradora", se está creando cada vez con mayor auge entre las personas oriundas de México que viven en Italia, una "industria nostálgica", que implica la creación de negocios (principalmente *online*) a través de los cuales ofrecen productos para preparar platillos tradicionales o incluso comercializan especialidades ya preparadas.

Durante la investigación, 26 mujeres migrantes que están inscritas en la página de Facebook dedicada a los mexicanos en Italia respondieron a un cuestionario de nueve preguntas, que fue *posteado* como un contenido más por uno de los administradores y las respuestas fueron voluntarias. El promedio de edad de las participantes fue de 36.7 años y han vivido en el país de destino un promedio de nueve años.

De las 26 entrevistadas, 23, es decir, 88 por ciento, declararon haber emigrado exclusivamente por matrimonio, tres, que representan 11.3 por ciento dijeron haberlo hecho para estudiar y "por amor"; dos, que son 7.6 por ciento, emigraron exclusivamente por trabajo y una, es decir, 3.8 por ciento, sólo para estudiar.

Resulta importante saber la frecuencia con que las personas migrantes consumen platillos típicos mexicanos, esto porque hay que tomar en cuenta que "muchas personas sólo son conscientes de que tenían una cocina, una forma específica de comer y unos gustos propios cuando salen de su propio país" (Contreras 1999).

La frecuencia de consumo de comida nacional es una muestra de cómo las personas migrantes han advertido que requieren preservar esa forma específica de alimentarse que tenían en su lugar de origen, que la aprecian y valoran, y, sobre todo, que se esfuerzan para mantenerla. En el caso de estudio, la frecuencia varía, de acuerdo con las respuestas, de la siguiente manera: cuatro personas preparan y consumen dos veces por semana, una lo hace cuatro veces por semana y otra más una sola vez por semana. Asimismo, tres personas preparan y consumen platillos mexicanos dos veces al mes, una lo hace cuatro veces al mes, tres dos veces al mes y otras tres lo hacen una vez al mes. Dos personas declararon cocinar y consumir platillos mexicanos diez y tres veces al año, respectivamente, mientras que hay dos casos extremos, el de una migrante que declara preparar y consumir comida de su país diariamente, y el de otra que asegura que en cuatro años de perma-nencia en Italia nunca ha preparado ni consumido una sola especialidad gastronómica de México. Seis personas más no especificaron la frecuencia en la preparación y consumo, pero dejaron claro que lo hacen cuando tienen "tiempo, dinero y ganas" para hacerlo.

Otro de los aspectos relevantes es saber de qué manera las migrantes mexicanas se procuran la materia prima para preparar sus alimentos tradicionales, Del total de personas que respondieron el cuestionario, 18, es decir 69 por ciento, dijo adquirir productos especiales para preparar la comida mexicana en negocios "étnicos", principalmente propiedad de emigrantes chinos o en supermercados que tienen departamentos especiales en los que distribuyen productos de todo el mundo. Asimismo, 16 personas, es decir, 61 por ciento, obtienen los productos de sus propios viajes a México, por visitas de sus familiares o envíos que reciben desde allá. Cuatro de las entrevistadas, que representan 15 por ciento del total, señalaron que consiguen los productos con redes y negocios de mexicanos en Italia y finalmente dos personas, 7.6 por ciento de quienes respondieron, es decir, dos personas, utilizan los tres medios para obtener productos de su país.

Es necesario aclarar que a la pregunta específica: "¿Has comprado con tus paisanos ingredientes para elaborar platillos mexicanos?" respondieron afirmativamente 20 de las 26 personas, lo que denota que, por una parte, no se han percatado de que existe en la práctica una red de venta de productos para elaborar comida mexicana, y por otra, que probablemente la "industria nostálgica" de la que se habló anterior-mente, está constituida por actividades informales que no son consi-deradas como negocios en toda forma.

Las mujeres que respondieron son, en su mayoría, parte de familias biculturales. Sus maridos son italianos y sus hijos ítalo-mexicanos, por lo que resulta interesante que, a las preguntas "¿Tu pareja aprecia, conoce y consume la comida mexicana?" y "¿Tus hijos conocen, consumen y aprecian la comida mexicana?" dieran respuestas como: "A mi esposo le encanta la comida mexicana, se empeña en buscar recetas, pedir *tip*s a mí o a mi familia y aprender a prepararla lo más parecido posible". De las 26 personas que respondieron el cuestionario, 23 afirmaron que su pareja y sus hijos aprecian, conocen y consumen la gastronomía mexicana. De acuerdo con las respuestas proporcionadas, se observa que las personas al parecer tienen claro que viven en un país que también tiene una riqueza gastronómica importante. A la pregunta "¿Comparas la comida mexicana con la italiana?" 16, que corresponden a 61 por ciento, respondieron que no, seis, es decir, 23 por ciento que sí y tres, es decir, 11 por ciento, que a veces.

Esta cualidad de mantener la gastronomía mexicana como parte de la vida familiar en el país de destino, es una estrategia intercultural que no puede pasar inobservada. En realidad, alternar ambas gastronomías (la mexicana y la italiana) en estos núcleos biculturales, es una muestra clara de que se está buscando (incluso tal vez inconscientemente) desarrollar competencias interculturales que, según García *et al* (2010) "[…] se manifiestan en la capacidad de superar el etnocentrismo del grupo propio". De acuerdo con la investigación, es importante observar que los hijos e hijas de estas parejas biculturales desarrollan una especie de "paladar intercultural" que es potencialmente el principio de una identidad que incluye a ambas naciones.

Al responder el cuestionario que les fue propuesto, las mexicanas residentes en Italia expresaron su percepción respecto a la gastronomía de su país, diciendo, por ejemplo: "más que un premio, para mí la comida mexicana es un orgullo" o "es una forma de sentirme en casa, de compartir México con el mundo y demostrar lo orgullosa que me siento de mis raíces"; "pienso que la comida es el argumento que más nos *acomuna*, y cocinar es como si presumiéramos un pequeño logro".

Según Torres *et al* (2004) "la alimentación o las "cocinas étnicas" o las "cocinas nacionales" constituyen un *pool* de conocimientos, sensaciones y emociones configuradas a través del tiempo", es decir, la gastronomía, además de identificar a las personas de un determinado grupo, les permite una introspección que posibilita recordar la vida que hacían en su país de origen y que obviamente, en ciertos momentos tenía que ver con la degustación de algún platillo en particular.

De ahí la importancia de algunas respuestas a la pregunta "¿Tienes algún recuerdo especial de tu vida en México que relaciones directamente con la comida?", porque en unas cuantas líneas y con sólo mencionar alguna especialidad gastronómica, las migrantes contaron una historia emotiva que muestra la importancia de la comida en la vida familiar.

"Mi recuerdo es al comer pozole. [...] No hay festejo sin pozole, rojo como mi familia apasionada", dice una de las migrantes, mientras que otra señala: "recuerdo a mi abuelita haciendo pan de muerto para la ofrenda y la enorme alegría de compartir ese pan con toda la familia junto a una buena taza de chocolate", o bien: "recuerdo las mañanas hacer *quecas* (quesadillas) con mi mamá y platicar en la cocina", o el relato de otra migrante que dice: "mi mamá me preparaba cochinita pibil en mis cumpleaños y ahora, cada que voy de visita; es lo más delicioso que he comido en el mundo", u otra que cuenta que la comida trae a su mente "las reuniones familiares en la mesa de mi bisabuela, la llegada de todos los parientes de todos lados al rancho", o bien una más que recuerda "Ir todos los domingos a desayunar una rica y deliciosa barbacoa con mi familia, hablar de todo lo sucedido en la semana, ¡reíamos y bromeábamos tanto!".

Cada una de estas frases es, sin duda, una muestra de que "el ser humano mediante el alimento se hace llegar subrogados de afecto asociados a lo que come y que metafóricamente también le nutren" (Santamaría *et al.* 2009).

Otro de los aspectos relevantes considerados en el cuestionario, es la difusión que las personas migrantes hacen de sus tradiciones gastronómicas. A la pregunta "¿Difundes entre tus conocidos italianos las bondades de la comida mexicana?", 23 de las 26 personas, es decir, 88 por ciento, respondió que sí y sus razones ilustran cómo la gastronomía constituye una parte de su orgullo nacional. Es evidente que así dan a conocer de alguna manera lo que consideran su esencia o sus raíces a sus conocidos italianos, y por ello les preparan algunas especialidades de México, para "hacerles probar la verdadera comida mexicana, tratando de modificar la idea que ellos tienen sobre ésta (tex-mex)".

No hay que olvidar que con la técnica de la netnografía fue posible apreciar que, durante sus viajes a la tierra de origen, muchas de las personas que participan en la página se dedican a publicar en ésta fotografías de lo que comen, y casi siempre las imágenes van acompañadas de frases como "no me odien", "¿se les antoja?" o "no es para que me envidien, pero…". Tal acción denota probablemente que una de las actividades favoritas de los migrantes que regresan a su país para vacacionar es comer lo que durante su estancia en el lugar de destino sólo soñaban y, sobre todo, con publicarlo para que sus compatriotas lo vean, situación que tal vez en el momento les da un cierto estatus frente a sus paisanos.

A MANERA DE CONCLUSIÓN

Citando a Torres et al (2004) "ese complejo que ha dado en llamarse 'cocina' encierra una serie de saberes y sabores aquilatados a lo largo de la historia de la humanidad", y representa un patrimonio personal y colectivo que los diferentes pueblos no pueden evitar llevar consigo cuando migran.

Al instalarse en el lugar de destino, la persona migrante busca, seguramente, satisfacer sus necesidades básicas, entre ellas, obviamente, la de alimentación. Sin embargo, conforme va conociendo su entorno y se va familiarizando con éste, comienza a buscar el modo para, de alguna manera, volver a sus orígenes, aunque sea sólo emotivamente. De esta forma, trata de reproducir su gastronomía, sabiendo que, aunque en algunos momentos le tocará improvisar y experimentar con lo que tiene disponible, podrá, de alguna manera, alimentarse como lo hacía desde la infancia y con ello evitará el desarraigo.

Más aún: el migrante no solamente buscará atender sus propias necesidades emocionales y tratará de conservar su tradición gastronómica, sino que, además, tratará que las personas oriundas del país de destino aprecien y se entusiasmen con ésta.

En el ejemplo ya expuesto, la migración, vista a través del modo en que se comunican las personas migrantes a través de una red social, permite detectar cuán importante resulta la gastronomía como elemento identitario, a partir de la frecuencia con que comparten contenidos dedicados a ésta y de lo que expresan al ser interrogados directamente acerca de la frecuencia con que consumen las especialidades de su país de origen, así como de los esfuerzos que hacen por prepararlas.

Además, el caso particular de los "tamales italianos" denota cómo las personas migrantes mexicanas que habitan en la península crean un frente común en el cual no hay cabida para una tergiversación de la esencia de sus platillos, particularmente si pertenecen a las más antiguas tradiciones y representan, de alguna manera, una referencia generalizada para los mexicanos, sin importar la entidad de origen de éstos.

En ese ejemplo, así como en los esfuerzos por preparar sus especialidades y hacer que las personas del país de destino también las adopten, es donde se percibe — a partir de la sacralidad atribuida a la gastronomía, y de la necesidad de que las especialidades de su país de origen sean aceptadas — que su cocina no solamente les permite identificarse, sino que, además, con base en el respeto y el fomento de sus hábitos de alimentación, las personas migrantes crean un límite intangible, una barrera que, en la mayoría de los casos no será derribada nunca, precisamente por la connotación social y afectiva que los alimentos representan para ellos, sobre todo por el nexo que tienen (o que les atribuyen) con la satisfactoria vida social y familiar que se quedó en el país que dejaron atrás.

BIBLIOGRAFÍA

Belz, Frank-Martin y Wenke Baumbach. "Netnography as a Method o LeadUser Identification." *Creativity and Innovation Management* 19. 3 (2010).

Comuni Italiani. *Stranieri in Italia per Nazionalità*, 2018. Disponible en: http://www.comuni-italiani.it/statistiche/stranieri/

Contreras Hernández, Jesús. "Tierra, cocina e identidad," en Garrido Aranda A. (comp.), *Los sabores de España y América*. Huesca: Ediciones La Val de Onsera, 1999.

Della Puppa, Francesco y Silvia Segalla. "'Come a casa mia': pratiche alimentari, intersezioni identitarie e attraversamenti urbani nell'esperienza dell'immigrazione." *Quaderni di Sociologia*, 76 (2018): 127-145. Disponible en https://journals.openedition.org/qds/1929

Diminescu, Dana. "El migrante conectado. Por un manifiesto epistemológico," en Hernández V., Mera C., Oteiza E., Meyer J. B. (comps.), *Circulación de saberes y movilidades internacionales: Perspectiva latinoamericana*. Buenos Aires: Biblos, 2011.

Instituto Nacional para la Evaluación de la Educación (INEE). "Breves del Panorama educativo de la Población Indígena." *RED, Revista de evaluación para Docentes y Directivos* (2018). Disponible en https://www.inee.edu.mx/index.php/publicaciones-micrositio/blog-revista-red/610-blog-revista-red-home/blog-revista-red-articulos/3247-cuanta-poblacion-indigena-hay-en-mexico

Instituto de los Mexicanos en el Exterior (IME). *Estadísticas de Mexicanos en el Exterior*, 2017. Disponible en http://www.ime.gob.mx/gob/estadisticas/2016/mundo/estadistica_poblacion.html

Iturriaga, Yuriria. "Reflexiones sobre la cocina tradicional mexicana y la UNESCO." *Archipiélago. Revista Cultural de Nuestra América* 19. 70 (2010): 57-59.

Jupp, Victor. *The SAGE Dictionary of Social Research Methods*. California: SAGE Publications Ltd. Thousand Oaks, 2006.

Mejía Estévez, Silvia. "Transnacionalismo a la ecuatoriana: migración, nostalgia y nuevas tecnologías," en *FLACSO, ESPOL, PUCE, Universidad de Cuenca, Contrato Social por la Educación y ODNA. La migración ecuatoriana: trans-nacionalismo, redes e identidades*. Ecuador: Flacso, 2005.

Melella, Cecilia. "El uso de las tecnologías de la información y comunicación (TIC) por los migrantes sudamericanos en la argentina y la conformación de redes sociales transnacionales." *REMHU — Revista Interdisciplinar da Mobilidade Humana* 46 (2016): 77-90.

Pilcher, Jeffrey M. *¡Vivan los tamales! La cocina y la construcción de la identidad mexicana*. México: Editorial Reina Roja, 2001.

Presidencia de la República. *La Cocina Mexicana: Patrimonio Cultural Inmaterial de la Humanidad. Blog* (2015). Disponible en https://www.gob.mx/presidencia/articulos/la-cocina-mexicana-patrimonio-cultural-inmaterial-de-la-humanidad

Ramírez, Axel. "Mexicanos y latinos en Estados Unidos: identidad cultural." *Revista Trabajo Social. Migración* 269 (2008): 269-282.

Ricaute Quijano, Paola y Enedina Ortega Gutiérrez. "Facebook o los nuevos rostros de la socialidad." *Virtualis. Revista de Cultura Digital* 1. 2. (2010): 72-85.

Rugiati, Simone. Facebook. Tamales_Cocoilfilm_Disney (2017). Disponible en https://www.facebook.com/simonerugiati/videos/1499986763390311/?v=1499986763390311

Ruiz Mantilla, Jesús. "La cocina mexicana defiende mestizaje frente a intolerancia." *Diario El País* (19 de enero de 2018). Disponible en https://elpais.com/cultura/2018/01/18/actualidad/1516308814_315104.html

Santamaría Suárez, Sergio, Jorge Gonzalo Escobar Torres, Verónica Rodríguez Contreras, Alfredo Tolentino Ruiz, Jorge Alberto Barranco Bravo, Gerardo Hurtado Arriaga y Leticia María Jiménez López. "Aspectos psicológicos del hombre y su alimento: transitando de la naturaleza a la biotecnología en pro de la calidad de vida." *Revista científica electrónica de psicología* 8 (2009): 40-54.

Torres, Graciela, Liliana Madrid de Zito Fontán y Mirta Elsa Santoni. "El alimento, la cocina étnica, la gastronomía nacional. Elemento patrimonial y un referente de la identidad cultural." *Scripta Ethnologica* 24 (2004): 55-66.

PEACE, FREEDOM, AND COOPERATION THROUGH THE ATLANTIC CROSSING IN COLUM MCCANN'S *TRANSATLANTIC*

Barbara Miceli
UNIVERSITY OF GDANSK

The myth of migration has been an essential part of Irish culture since the nineteenth-century Great Famine[1] that caused a mass diaspora towards America (Guissin and Stubbs 2016, 574). The "Irish condition," as it is defined by William Desmond (2008, 12), implies that Irish people are bound to feel citizens of two nations, and to possess a split identity, because "mobility is a constant of Irish political and economic life—whether under duress or by conscious choice" (Flannery 2011, 3).

There are several known cases of this state. Perhaps the Kennedys are the most striking example of a family that found complete integration within the host country (Smith 2013, 86), but similarly successful, in intellectual terms, are the stories of writers such as Maeve Brennan (1917-1993) and Frank McCourt (1930-2009), who chose the U.S. as their country and lived out their lives there.

Colum McCann followed the lead of Brennan and McCourt. The Irish writer, born in Dublin in 1965, was influenced as a teenager by the works of Jack Kerouac, Lawrence Ferlinghetti, and Richard Brautigan, which his father, a journalist, used to bring back from his travels in the States (Ingersoll and Ingersoll 2017, ix). He decided to move there in the 1980s; he currently lives in New York and teaches Creative Writing at Hunter College.

The above-mentioned examples might lead to believe that the exchanges, especially of people, between Ireland and the United States,

---

[1] The Great Famine, or Irish Potato Famine, occurred in the years 1845-49 and it was caused by the late blight, a disease that destroys the leaves and the edible roots of the potato plant.

are 'one-way' phenomena, since rare and not fully recorded are the stories of Americans who moved to Ireland.[2] Yet, the current tendency, according to Dermot Bolger, is that of abolishing the concept of permanent transfer and rather to use that of "commuting," because "exile and departure suggest an outdated degree of permanence" and "Irish writers no longer go into exile, they simply commute" (Bolger 1993, 7). It is an idea shared by McCann, who declared that he was "enamored of this idea of the sort of mongrel generation, the international mongrels, where you are fatherless in terms of a country, or you're motherless in terms of a country, so you make your country elsewhere" (Ingersoll and Ingersoll 2017, 6). This concept, related to people that crossed the Atlantic from the United States to Ireland, is the foundation of McCann's novel *TransAtlantic* (2013). The structure of this work merges two types of narratives: the historical and the fictional. This latter is the story that begins with Lily Duggan, a young maid who leaves Ireland during the Great Famine for the United States on a "floating boat of fever and loss" (McCann 2013, 147), starting her own family whose descendants will cross the Atlantic in both ways several times until present day. The stories of the members of her family intertwine with the historical part of the novel, directly interacting with actual historical characters, since, as Marie Mianowski claims, in McCann's works "place emerges at the intersection of multiple lifelines and it is alive with the criss-crossing of lives" (2014, 3). This family chronicle comes full circle with Hannah, the last descendant of Lily, who lives in Ireland at the time of Barack Obama's visit to Dublin on May 23, 2011 (Leone and Jenkins 2017, xix).

The three main stories, those based on factual and historical events, embody the concept of commuting from America to Ireland, in three distinct moments of the nineteenth-, twentieth- and twenty-first century. These journeys were made for different reasons, yet, their unifying feature is the quest for a contact between the two shores of the Atlantic that might bring advantages in political, intellectual, and

---

[2] A well-known case is represented by J.P. Donleavy (1926-2017). The writer, born in New York from Irish parents, decided to move to Ireland and became an effective Irish citizen in the 1960's.

peace-building terms, to both. The result, as history shows, was positive for all the people involved in these journeys, proving what Edward Said wrote in his essay "Traveling Theory": "cultural and intellectual life are usually nourished and often sustained by this circulation of ideas" (1982, 226).

What follows is an analysis of the ideas conveyed by the crossings mentioned in McCann's novel.

⁊

The first idea is that of peace, embodied by the journey from Terranova to Ireland that two English pilots, Jack Alcock and Teddy Brown, made between the 14th and 15th of June 1919, using a decommissioned bomber, a Vickers Vimy that had been used during the First World War (Sloan 1998, 2). It is not accidental that the object employed in the enterprise, the first transatlantic flight without stopovers, had been a death tool; the two men were "taking the war out of the plane, stripping the whole thing of its penchant for carnage" (McCann 2013, 12). The journey, which might seem a mere filler within the novel's plot, is actually a symbol of the creation of a "clean slate. The obliteration of memory. The creation of a new moment, raw, dynamic, warless" (McCann 2013, 12).

This accomplishment was saluted by Winston Churchill in this way: "the conquest of the Atlantic Ocean by air belongs to these two young British officers who were the first and for many years the only victors in that perilous struggle" (Alkon 2006, 58), and by the press of the time as proof that "anything was possible now. The world was made tiny" (McCann 2013, 13). The death tool, at the end of the pilots' journey, had really unified the two continents. Along with the memories and physical residues of the war, such as a bullet that had pierced Brown's thigh, a fragment the he carried "over the Atlantic towards a marriage, a second chance" (McCann 2013, 22).

Alcock and Brown landed from the "complicated Irish sky" (McCann 2013, 34), which was such because, as McCann writes, "there's always some sort of war going on in Ireland" (34). But the pilots were welcomed by people "in their Sunday best" (McCann 2013, 34), returning from mass. This accomplishment, according to

McCann, goes beyond the very concept of journey, and is related to the idea of "peace and decency," and the effort to "take the war out of the machine" (Flannery 2014, 203).

૭

The second idea conveyed by this novel is that of freedom. It is embodied by the tour of readings made by Frederick Douglass in Ireland and England between 1845 and 1847. His Atlantic crossing led to his liberty[3], though for his ancestors it led to the precise opposite[4] (Wright and Hutchings 2011, 111). His trip aboard the "Cambria" is seen as "a reconfiguring of the Atlantic Crossing from a historically enslaving experience into a literally liberating one" (O'Neill 2017, 42). Nonetheless, the journey, as reported in the novel, keeps all the features of a degrading one:

> He told them of his long travel from Boston to Dublin, how he was forced into steerage on the steamer Cambria even though he had tried to book first class. Six white men had protested his presence on the saloon deck. Threats of blood were urged against him. *Down with the nigger.* They had come within a whisker of blows. The captain stepped in, threatened to throw the white men overboard. Douglass had been allowed to walk the deck, even delivered a speech to the passengers. Still, at night, he had to sleep in the underbelly of the boat. (McCann 2013, 35-36)

The aim of the journey was not only to promote Douglass's autobiography, *Narrative of the Life of Frederick Douglass, an American Slave* (1845), and raise funds, but also to persuade people in Europe to commit to the abolitionist cause (Sweeney 2003, 123).

---

[3] At the time of his two-year journey to Ireland and England, Douglass was still a fugitive slave in danger of being captured and made slave again. The tour of lectures allowed him to raise funds to purchase his freedom and go back to the United States as a liberated man.

[4] The Atlantic slave trade was structured as a triangular trade in which millions of Africans were transported to the New World. Ships departed Europe for Africa with manufactured goods that were traded for slaves who were carried across the Atlantic and then sold or traded for raw materials, which would be shipped back to Europe to complete the journey.

Ideas and theories, as claims Said, "Travel, from person to person, from situation to situation" (1983, 226), and this land, Ireland, seems to be the ideal soil to plant the seed of abolitionism. Ireland, as seen through the eyes of the former slave Douglass, is a place of extreme poverty: "There was poverty everywhere, yes, but still he would take the poverty of a free man. No whips. No chains. No branding marks" (McCann 2013, 45). People there "were poor but not enslaved" (McCann 2013, 66). The paradox is that he finds "more freedom in a colonized State than in the supposed Land of the Free" (Leone and Jenkins 2017, xx).

According to Fionnghuala Sweeney, Douglass constructed a politico-literary mask that involved "the re-creation of Ireland as a space of social mobility that allowed the crystallization of the modern subjectivity that Douglass was so painstakingly constructing" (Sweeney 2003, 129). Moreover, as Stuart Hall claims, that of exile is always a "double conscience," not an accomplished fact, but something that evolves continuously (1994, 232). McCann interprets the construction of such subjectivity as a difficult process, something that requires a continuous quest for balance and perfection:

> [...] his life these days was much about having to inquire without exhibiting a lack of knowledge. He could not seem ignorant, yet he did not want to be strident either. A fine line. He was not sure where he could show weakness.
> The essence of intelligence was to know when, or if, to expose even the heart's deep need for instruction.
> If he showed a chink, they might shine a light through, stun him, maybe even blind him. He could not allow for a single mistake. (McCann 2013, 43)

Moreover, the Emerald island is seen by the man as a liminal and empowering space that "provided the context of his political and literary evolution" (Sweeney 2003, 129) as well as his human one. In Ireland, "he felt, for the first time ever maybe, that he could properly inhabit his skin" (McCann 2013, 45), hence he could fight not only against slavery, but against any kind of oppression. This struggle makes him a "transatlantic model" because "he broke the narrow vision of a slave revolt that was trapped in race and turned it into a revolt against all forms of slavery" (Leone and Jenkins 2017, xxix). His effort "turned the Atlantic crossing into a mixing bowl, not a one-way journey" (Leone and Jenkins 2017, xxxiii).

One form of oppression he fought in Ireland was that towards women (Leone and Jenkins 2017, xxxii). This element is emphasized by McCann through the fictional character of Lily Duggan, a young servant in the house where Douglass is hosted, who finds her own empowerment in his words, and decides to leave a poor and futureless land for America (McCann 2013, 69). But it is not only Lily who shows an interest in his ideas, since "many young ladies attend the events. Even one or two Catholics from good families. In the gardens of well-appointed houses the women spread their dresses on wooden benches and posed for portraits with him" (McCann 2013, 47). Martin Crawford and Alan J. Rice claim, indeed, that the response of women was rather enthusiastic, so much that their men began to worry, and one male reformer wondered how Douglass could "bear the sight of his wife, after all the petting he gets from beautiful, elegant and accomplished women" (Crawford and Rice 1999, 8). His wife, Anna Murray-Douglass (mentioned several times in the novel through the letters that he writes to her), was indeed an illiterate African-American woman relegated to the kitchen. When she died, in 1882, Douglass married Helen Pitts, a white woman from a middle-class family with a more prominent intellectual refinement, social skills and reform interests (Conyers *et al.* 2010, 46).

In the Emerald Island, Douglass notices that nobody is amazed seeing a well-dressed black man, a *fear gorm* in Irish (McCann 2013, 43), attending parties in the best social circles, and nobody addresses him in derogatory terms: "[…] he hadn't been called a *nigger* on Irish soil, not once, not yet anyway. He was hailed most everywhere he went" (McCann 2013, 45). Black abolitionist speakers, indeed, were welcomed as, again in Sweeney's words, "an emblem of the enlightened principles of the visitors' surrogate country" (130). The most important part of his journey, nonetheless, is the encounter with Daniel O'Connell (1775-1847), also known as "the Liberator," a politician who was fighting for the emancipation of Ireland[5]. President Obama, during his visit in Ireland in 2011, mentioned in his speech that O'Connell had addressed Douglass as "the black O'Connell of the United States" (Leone and Jenkins 2017, xix). The two men had shared the same stage, and McCann describes the influence of O'Connell on Douglas with these words: "But to have that command, thought Douglas. That charm. That energy. To be able to possess the stage in such an extraordinary way. To stir justice without violence. The way words seem to enter the very marrow of the people who still hung around the dockside [...]" (McCann 2013, 51).

This encounter shows how Irish people and African Americans had many things in common, so theirs, to a certain degree, was only partially the encounter with an "otherness." As McCann declared, "there is a particular identification between the Black and the Green [...] the idea of oppression. The idea of belonging. The idea of staking a claim to a piece of territory" (Garden 2014, 196), and this contact interblends and historicizes "the Irish experience with that of other marginal communities" (Flannery 2011, 7). Moreover, years later, towards the end of Douglass's life, he would support Charles Stewart Parnell (1846-1891) lobbying in Washington on behalf of Irish Home Rule[6] (Leone and Jenkins 2017, xx): another precious encounter between the two Countries, and a sign of what Douglass's experience of crossing had meant to him. As Peter O'Neill writes in *Famine Irish and the American Racial State*, Douglass came to Europe "as raw material of a great black figure; he would leave [...] the finished independent man [...] able to make his own decisions about the strategies and ideologies of the abolitionist movement" (42).

༄

---

[5] O'Connell campaigned for the Catholic emancipation and for the right for Catholics to sit in the Westminster Parliament. He also participated in the repeal of the Acts of Union, which joined Great Britain and Ireland.

[6] The Irish Home Rule was a movement that advocated for self-government for Ireland within the United Kingdom of Great Britain and Ireland. It was the dominant political movement of Irish nationalism from 1870 to the end of World War I.

The third idea expressed in McCann's novel is that of cooperation. It is represented by the long negotiations that produced the resolution of the troubles in Northern Ireland[7] through the "Good Friday Agreement" of April 10, 1998. The agreement established a democratically elected legislature in Belfast, the Northern Ireland Assembly, and gave Ireland and Northern Ireland joint responsibilities in areas such as tourism, transportation and environment. It also established a new consultative body, the Council of the Isles, that was composed of ministers from the British and Irish Parliaments and the assemblies of Northern Ireland, Scotland and Wales (Appleby 2000, 167). The accord was defined by William Hoge of the *New York Times* as "the most significant and comprehensive step ever taken to try to put an end to religious hatreds going back 300 years" (Appleby 2000, 167).

The point of view used by the writer to recount the troubled and long achievement of the treaty is that of George Mitchell,[8] the American Democrat Senator who was among its subscribers. The Senator travels between the United States and Belfast for twenty-two months. What McCann emphasizes is the human and private factor. Commuting becomes his new routine: a routine made of "two bodies, two wardrobes, two rooms, two clocks" (McCann 2013, 77), "a mobile wardrobe that accompanies him from place to place, a set of lurking ghost clothes" (McCann 2013, 99). The continuous "crossing" between the two shores of the Atlantic Ocean meant for him leaving "that other life" (McCann 2013, 77), the one he shared with his wife Heather and his newborn son Andrew. The Senator spends two years

---

[7] The Northern Ireland Conflict began in the late 1960s. A key issue of the conflict was the constitutional status of Northern Ireland, since Unionists (mostly Protestants) wanted Northern Ireland to remain within the United Kingdom, while Irish Nationalists (mostly Catholics) wanted it to leave the United Kingdom and join a United Ireland. The conflict began during a campaign to end discrimination against the Catholic minority by the Protestant government and police force. The main actors in the troubles were republican paramilitaries such as IRA (Provisional Irish Republican Army) and INLA (Irish National Liberation Army), UVF (Ulster Volunteer Force) and UDA (Ulster Defence Association), the British Army and the RUC (Royal Ulster Constabulary).

[8] George J. Mitchell (b. 1933) served as a United States senator from Maine from 1980 to 1995. After leaving the Senate, Mitchell was involved in negotiating a peace agreement in Northern Ireland and was awarded the Presidential Medal of Freedom. He returned to the Senate in 1999 to participate in the Leader's Lecture Series.

of his life in an in-between experience, where the two spaces he inhabits become one and almost indistinguishable: "Sometimes it feels as if there is no motion at all: thousands of miles in the decompression chamber, the same cup of tea in the same cup in the same airport lounge, the same city, the same neat car" (McCann 2013, 88). On his way to the New York airport, he notices a mural of Bobby Sands with the word *Saoirse* ("freedom") which he compares to the murals of John Fitzgerald Kennedy and Martin Luther King he had seen in the streets of Belfast (McCann 2013, 80). The murals show how the exchange of ideas and modes of protest between Ireland and America is something that had always existed, since, as McCann remembers, in Northern Ireland people went through the streets singing "We Shall Overcome," taking inspiration from the American Civil Rights Movement (Garden 2014, 196).

The in-between experience,[9] again in Mianowski's words, is hence "the fate of any exile, not only Irish, and of many people in a globalized world" (2014, 10). Such an experience, and a place, "is not a space to inhabit selfishly but to co-build in relation with others" (12). The Good Friday Agreement might be the symbol of a space of peace that was built in cooperation with others, a document made of "clauses and footnotes. Systems and subsystems. Visions and revisions. How many times has it all been written and rewritten? He and his team have allowed them to exhaust the language. Day after day, week after week, month after month" (McCann 2013, 83). It is a document produced by men who share the same condition of "commuters," who tell each other

> Their own war stories. Delayed flights. Forgotten anniversaries. A burst water pipe on Joy Street. A missed wedding in Newcastle-upon-Tyne. A flat tire on the road from Drogheda. A sick niece in Finland. Something in their separateness has bound them together.

---

[9] Homi Bhabha, in *The Location of Culture* (1994) defined the in-between spaces as those which "provide terrain for elaborating strategies of selfhood – singular or communal – that initiate new signs of identity, and innovative signs of collaboration and contestation, in the idea of defining the idea of society itself". Such experiences can be "antagonistic or affiliative" (1-2).

They are all entirely sick of the process, but the deadline has jolted
them awake. (McCann 2013, 97)

What happens later, "The true verdict, [...] will belong to history.
The ordinary people own it now. We could not have found peace unless the desire for it was already there. Nothing could have been
achieved unless it was, first, wanted. The collaboration was across the
board" (McCann 2013, 114).

The experience lived by the Senator, as it had happened to Frederick Douglass before, implies the construction of a new subjectivity
which is made, again, of balance and a scrupulous attention for his
choices, gestures and words:

> Later, at the press conference, he holds up his hands in a gesture of
> calm. He has practiced this. There is an art to it: keep the hands open
> enough not to frame the face, spread the fingers wide in a gesture of
> appeasement. The ability to deflect a question without swatting it
> away. He allows a long silence before answering. Speaks evenly,
> calmly. Moves his gaze around the room. Slowly. Judicially. He tries
> not to adjust his glasses on his nose. Too much a gesture of fabrica-
> tion. He already knows he will absorb the blame. (McCann 2013,
> 106)

The end of the peace process marks the return to the old subjectivity,
to "that other man on whom he is equally intent" (McCann 2013,
88), and to an ordinariness made of "other days of tedium and loss,
and the troubles will most likely crash into him from behind, when
he least expects it, but for now, for the very briefest moment, this
suspended instance, the impossible has happened" (McCann 2013,
113). Mitchell would remember this apparently impossible achievement in his memoir *The Negotiator* as "the realization of a dream that
sustained me for three and a half years, the longest, most difficult
years of my life" (Mitchell 2015, 248).

One way to read *TransAtlantic* is through the lens of the Atlantic
crossing, which, according to Paul Giles, in its presence or absence,

"has itself become an important factor in the cultural understanding of particular works" (quoted in Eckel 2016, 1). This kind of experience implies the creation of a transitive subject, the passage from one position to another, and the formation of a "provisional identity," which, as writes Debra Blake, is a "necessary stage, positional and performative of dynamic identities" (quoted in Bautz and Gray 2017, 3). That is the case especially of Douglass, who found a new voice and somehow "performed" in a role that was impossible for him to play in his country. Of course, the existence of this transitive subjectivity suggests, again in Blake's words, "that there is no such thing as a pure or absolute identity" (3), since transitive subjectivities are prone to be influenced and sometimes changed by the new space they are inhabiting, even if just momentarily. Their "migration," or commuting, represents a "break with the known, by which the writer seeks not to irrigate nostalgia for a lost Homeland but to grow through the encounter with Otherness" (Ingersoll and Ingersoll 2017, xi).

The three encounters, turned into part of a work of fiction by Colum McCann, are the embodiment of the writer's idea of what storytelling is: the most democratic of activities, the glue of a scattered people, and something that can actively promote peace (Ingersoll and Ingersoll 2017, x). As he wrote in the foreword of the collection of short stories *Eclipsing War, Fire & Forget*: "It is the job of literature to confront the terrible truths of what war has done and continues to do to us. It is also the job of literature to make sense of whatever small beauty we can rescue from the maelstrom" (Gallagher and Scranton 2013, vii).

WORKS CITED

Alkon, Paul K. *Winston Churchill's Imagination*. Cranbury: Rosemont Publishing and Printing Corp, 2006.

Appleby, R. Scott. *The Ambivalence of the Sacred: Religion, Violence and Reconciliation*. Lanham: Rowman & Littlefield, 2000.

Bautz, Annika and Gray, Kathryn N. (eds.). *Transatlantic Literature and Transitivity, 1780-1850: Subjects, Texts and Print Culture*. New York and London: Routledge, 2017.

Bhabha, Homi. *The Location of Culture*. New York and London: Routledge, 1994.

Bolger, Dermot. *Ireland in Exile: Irish Writers Abroad.* Stillorgan: New Island Books, 1993.

Conyers, James L., Dawson, Nancy J., Thompson, Lee E., and Thompson, Mary Joan. *The Frederick Douglass Encyclopedia.* Santa Barbara: Abc Clio, 2010.

Crawford, Martin and Rice, Alan J. *Liberating Sojourn: Frederick Douglass and Transatlantic Reform.* Athens: University of Georgia Press, 1999.

Desmond, William. *Being Between: Conditions of the Irish Thought.* Notre Dame: Leabhar Breac/Center for Irish Studies, 2008.

Eckel, Leslie. *Edinburgh Companion to Atlantic Literary Studies.* Edinburgh: Edinburgh University Press, 2016.

Flannery, Eoin. *Colum McCann and the Aesthetics of Redemption.* Newbridge: Irish Academic Press, 2011.

Gallagher, Matt and Scranton, Roy (eds.). *Eclipsing War, Fire and Forget: Short Stories from the Long War.* Boston: Da Capo Press, 2013.

Garden, Alison. "'Making It Up to Tell the Truth': An Interview with Colum McCann": *Symbiosis: A Journal of Anglo-American Literary Relations* Volume 18.1 (2014).

Guissin, Avshalom and Stubbs, Tara. "Irish-American Literature," in Straub, J. (eds.), *Handbook of Transatlantic North American Studies.* Berlin: De Gruyter, 2016: 572-586.

Hall, Stuart. "Cultural Identity and Diaspora," in Williams, Patrick and Chrisman, Laura (eds.), *Colonial Discourse and Post-Colonial Theory.* New York: Columbia University Press, 1994: 227-237.

Hutchings, Kevin and Wright, Julia M. *Transatlantic Literary Exchanges, 1790- 1870. Gender, Race, and Nation.* Farnham: Ashgate Publishing Limited, 2011.

Ingersoll, Earl G. and Ingersoll, Mary C. *Conversations with Colum McCann.* Jackson: University Press of Mississippi, 2017.

Leone, Mark P. and Jenkins, Lee. *Atlantic Crossings in the Wake of Frederick Douglass.* Leiden: Brill, 2017.

McCann, Colum. *TransAtlantic.* New York: Random House Inc., 2013.

Mianowski, Marie. "The Space In-Between in Colum McCann's Novel *TransAtlantic*": *The Imaginary of Space* 47 (2014).

Mitchell, George. *The Negotiator.* New York: Simon & Schuster, 2015.

O'Neill, Peter. *Famine Irish and the American Racial State.* New York: Routledge, 2017.

Said, Edward. *Traveling Theory in the World, the Text, the Critic.* Cambridge: Harvard University Press, 1982.

Sloan, Carolyn. *The Story of Alcock and Brown*. Englewood Cliffs: Silver Burdett Press, 1998.

Smith, Robert C. *John F. Kennedy, Barack Obama, and the Politics of Ethnic Incorporation and Avoidance*. Albany: SUNY Press, 2013.

Sweeney, Fionnghuala. "The Republic of Letters: Frederick Douglass, Ireland and the Irish Narratives," in Kenny, K. (ed.), *New Directions in Irish-American History*. Madison: University of Wisconsin Press, 2003: 123-143.

Culture urbane

Città e migranti
Narrative urbane in America Latina

Mario Cerasoli
UNIVERSITÀ DEGLI STUDI "ROMA TRE"

1. CITTÀ E COMUNITÀ: CRISI DI UN MODELLO?

In una intervista del 2003, Marcello Vittorini, uno dei più affermati urbanisti italiani del XX secolo, definiva la Città come quel luogo che esprime una Comunità, come tale caratterizzata da una fisionomia ben definita e immediatamente riconoscibile.

Una definizione che, legando strettamente la città alla comunità che essa rappresenta, sintetizza al meglio le differenze tra i due vocaboli utilizzati nella lingua latina per definire la "città": *urbs* e *civitas*.

Urbs indica la città nella sua configurazione fisica, ovvero l'insieme di infrastrutture e edifici, delimitati dal confine (sacro) definito dalle mura e circondati dal *pomerium*, la fascia di rispetto e di protezione immediatamente al suo esterno.

Civitas, invece, "nella concezione politica e giuridica latina, designava la città-stato, corrispondente alla πόλις dei Greci; indicava inoltre l'insieme dei cittadini".[1] *Civitas* è dunque la comunità. E la comunità, abbiamo visto, è alla base della città.

La storia della città ci narra di una continua evoluzione delle comunità insediate e delle culture urbane. È quella "complessità" che rappresenta il senso stesso della città e che è alla base della sua "qualità".

La relazione città-comunità è l'elemento che, pur variando, attraversa la storia e garantisce la sopravvivenza della città. È una relazione che si fonda sul senso di appartenenza e sul senso di identità, che costituiscono le basi della convivenza sociale. Il sociologo polacco Zygmunt Bauman ha sottolineato questo aspetto, affermando che "la comunità sopravvive nel locale, nell'ambito in cui si è nati e dove si mantengono

---

[1] Dal Vocabolario On Line della Lingua Italiana Treccani.

i legami forti, gli affetti, la cultura" (Bauman 2013, 15). E, ancora, che "il fatto che la comunità sia sempre presente ci fa sentire sicuri. Non è qualcosa di fluido, di liquido. Non ci abbandona mai; ogni qualvolta abbiamo bisogno di fare riferimento al luogo a cui apparteniamo, essa è sempre lì ad aspettarci e questo ci dà conforto" (*ibid*).

Le dinamiche socio-economiche che si sono messe in moto fin dalla Rivoluzione Industriale, già dal XIX secolo, e che hanno portato alla crescita impetuosa delle città — o meglio, delle aree urbane — , arrivando ad oggi, quando in esse si concentra la maggioranza della popolazione mondiale (ONU 2015), accompagnate dai processi di globalizzazione culturale, risalenti a solo pochi decenni fa (fin dalla metà del XX secolo), hanno però trasformato il concetto stesso di città e, di conseguenza, di comunità.

All'origine di tutto ciò troviamo da una parte il miglioramento delle condizioni medie di vita e di salute e quindi del benessere delle persone e, dall'altra, l'aumento della ricchezza pro capite che comporta una tendenza a vivere in spazi maggiori (o più esclusivi). La maggiore o minore disponibilità di risorse finanziarie è alla base della disponibilità di spazio.

Volendo semplificare al massimo, alcuni comportamenti sociali/insediativi possono ormai considerarsi "classici" (e incredibilmente globalizzati):

- le classi abbienti (i "ricchi") scelgono sempre i contesti abitativi "migliori" (per le loro esigenze e gusti, come esclusivi palazzi in centro oppure in grandi o grandissime estensioni suburbane);
- i ceti "medi" ambiscono a imitare i comportamenti dei "ricchi" e, come e quando possono, scelgono il contesto in cui vivere (condomini in centro oppure in piccole o piccolissime estensioni suburbane);
- i ceti meno abbienti (i "poveri") non possono mai scegliere il contesto in cui vivere — ma vorrebbero farlo — e si insediano dove possono o dove si consente loro di abitare.

Fra le classi c'è sicuramente una "permeabilità" informativa (non culturale), molto meno una "mobilità" sociale — che tuttavia si registra comunque ma che è sempre più verso il basso e molto meno verso l'alto.

Sotto un profilo meramente urbanistico, i contesti urbani coinvolti nelle dinamiche insediative e che hanno registrato (e in alcuni casi continuano a registrare) processi di degrado fisico e di conseguenza sociale sono:

- i centri storici delle città (che per loro natura sono costituiti da una prevalenza di edifici "poveri"), che non garantiscono (apparentemente) i "moderni" requisiti di confort ambientale;
- i quartieri di edilizia popolare (quasi sempre localizzati in periferia, quindi le periferie popolari), caratterizzati da costruzioni di bassa qualità, spesso privi di servizi, talvolta nati come arroganti "sperimentazioni architettoniche".

I fenomeni di spopolamento dei primi, nell'immediato Dopoguerra, e la stigmatizzazione dei secondi, tra gli Anni Sessanta e Settanta, sono causa e, al tempo stesso, effetto della trasformazione dei modelli insediativi che ha interessato trasversalmente il mondo intero e che, con gli opportuni distinguo, ha aperto la strada — a senso unico — verso la globalizzazione.

L'irrompere nel panorama globale di miti insediativi e di modelli di abitare e di vivere di chiara matrice nordamericana è stato l'effetto della diffusione dei nuovi mezzi di comunicazione di massa, primo fra tutti la televisione. La televisione è il mezzo di comunicazione di massa che, a partire dalla seconda metà degli Anni Cinquanta, si diffonde in molti stati dell'America Latina. Ma è singolare la coincidenza temporale con molti stati europei di cultura latina.[2]

Se analizziamo le curve di crescita demografica dal Dopoguerra ad oggi di varie città del mondo, possiamo facilmente notare come queste abbiano cominciato a crescere a dismisura, più o meno (in)capaci di accogliere le prime ondate migratorie interne. E, qualche decennio più tardi, anche quelle esterne.

---

[2] Trasmissioni regolari della televisione in Francia si hanno già dal 1945, in Italia dal 1954, in Spagna nel 1956, in Portogallo dal 1957 in Portogallo.

Persone che, in tutte le parti del mondo, inseguivano uno stesso sogno: una casa decorosa, possibilmente individuale e magari con un piccolo giardino, e un lavoro.

Si emigrava e si emigra ancora oggi per stare meglio.

Ma la distribuzione del lavoro e della ricchezza si è andata sempre più diversificando.

L'incremento esponenziale del fenomeno migratorio oggi non è più quello del cosiddetto "global North", che ha visto le popolazioni europee spostarsi nelle Americhe tra il XIX e il XX secolo; ma anche quello — forse ancora più intenso e drammatico — del "global South".

In questo contesto, la relazione città-comunità si è evidentemente trasformata. Se da una parte forse si è addirittura rafforzata, dall'altra è progressivamente mutata "geneticamente", incorporando molte e nuove contraddizioni che stanno conseguentemente trasformando la città, che da luogo di integrazione sociale e culturale stanno convertendosi in contesti di isolamento, volontario o forzato.

Nella città dei migranti del principio del Terzo Millennio, si mette in crisi l'essenza stessa del diritto alla città, fino alla produzione di fenomeni — sempre più diffusi e frequenti a diverse latitudini — di radicalizzazione.

2. LA COSTRUZIONE DELLA CITTÀ IN AMERICA LATINA

Quello delle Americhe è uno dei fenomeni insediativi più interessanti che si siano registrati nell'età moderna.

Come ben restituito dalla ricerca "El sueño de un orden. La ciudad hispanoamericana"[3] (CEHOPU 1992), quella degli Spagnoli in America, dalla Patagonia alla California, a partire dal 1492 è senza ombra di dubbio la più grande impresa di fondazione di città portata avanti da un solo popolo, nazione o impero. Si tratta di città caratterizzate nella maggioranza dei casi da strade rette e un tessuto ortogonale, isolati (*manzanas*) pressoché quadrati (da cui il termine *cuadras* per indicarli) con un sistema di parcellizzazione, regole di edificazione

---

[3] Il CEHOPU Centro de Estudios Históricos de Obras Públicas y Urbanismo è un organismo istituito nel 1983 dal Governo di Spagna.

e distribuzione degli usi ben precisi, il tutto disposto intorno a uno spazio pubblico rappresentativo, la Plaza Mayor (o anche Plaza de Armas), derivante dalla sottrazione di un isolato centrale.

Gli elementi strutturali che identificano il cosiddetto "modello classico" della città ispanoamericana di fondazione sono chiaramente indicati in due "norme", una Ordinanza di Carlos I di Spagna,[4] datata 1523, e una del suo diretto discendente Felipe II (1527-1598), datata 1573, che saranno poi la base per le cosiddette *Leyes des Indias*.[5]

L'Ordinanza di Carlos I contiene un paragrafo che specifica i caratteri della *cuadrícula* come elemento base della fondazione delle nuove città in America.

> Cuando hagan la planta del lugar, repártanlo por sus plazas, calles y solares a cordel y regla, comenzando desde la plaza mayor, y sacando desde ella calles a las puertas y caminos principales, y dexando tanto compás abierto, que aunque la población vaya en gran crecimiento, se pueda siempre proseguir y dilatar en la misma forma.[6]

L'Ordinanza di Felipe II del 1573, che ribadisce le stesse regole del 1523, aggiunge in realtà moltissime precisazioni formali, risultando un vero e moderno "manuale per la fondazione di città".

Il processo di fondazione arriverà poi fino alla fine del XVII secolo, con le ultime e tardive nuove città, facendo assumere all'universo ur-

---

[4] Carlos I di Spagna (1550-1558) era al tempo stesso Imperatore del Sacro Impero Romano Germanico con il nome di Carlos V.

[5] Le Leggi delle Indie (*Leyes des Indias*) costituiscono il *Corpus* legislativo emanato dalla Monarchia Spagnola per regolare vita politica, sociale ed economica nelle colonie delle Americhe e delle Filippine. In particolare, comprendevano tutte le leggi, i decreti e le singole normative emanate a partire dalla Scoperta delle Americhe. Tutte queste norme (quasi 6.400) furono riunite in un testo unitario solo a partire dal 1680, per volontà di Carlos II, che delegò il Consiglio delle Indie alla redazione della *Recopilación de las Leyes de los Reynos de Indias* in 9 volumi.

[6] "Quando disegnate la pianta del luogo, ripartitela con le sue piazze, strade e lotti in forma ortogonale, partendo dalla piazza principale, e tracciando da questa le strade per le porte e le direzioni principali, lasciando tanto spazio aperto, in modo che anche se la popolazione avesse una grande crescita, si possa sempre continuare ed espanderla allo stesso modo" (trad. dell'Autore). Da: "Que las nuevas poblaciones se funden con las calidades de esta Ley", Ordinanza firmata da Carlos V nel 1523 (Ley Primera del Título Séptimo del Libro Cuarto de la *Recopilación de Leyes de los Reynos de las Indias mandadas imprimir y publicar por la Magestad Católica del Rey don Carlos II nuestro señor*, 1681).

bano latinoamericano quei caratteri formali specifici che sono univer-salmente conosciuti.

In una prima fase, la crescita delle città fu piuttosto lenta, almeno fino alla metà del XIX secolo, quando però già quasi tutti territori ave-vano dichiarato la loro indipendenza dalla Corona Spagnola,[7] conser-vando in buona parte i caratteri che ad esse avevano dato i fondatori.

Un cambiamento significativo cominciò a prodursi allora, quando si cominciarono a diffondere anche in America Latina industria e fer-rovie, talvolta addirittura prima che in Spagna.[8]

È questo il periodo in cui, riproducendo a grande scala dinamiche che stavano interessando anche l'Europa, si assiste ad una trasforma-zione dell'economia, che progressivamente passa dall'agricoltura all'industria. Conseguenza diretta di tale trasformazione è la domanda di mano d'opera nelle industrie, prevalentemente localizzate in città, con lo spostamento di masse di lavoratori dalle campagne e soprattut-to con l'immigrazione dall'Europa.

L'America diviene fin da allora meta di flussi migratori, tempora-nei o permanenti, legati agli affari e al commercio ma anche e soprat-tutto alla sopravvivenza. Flussi che hanno interessato indifferente-mente sia il Sud che il Nord e che hanno caratterizzato l'intero conti-nente come una "terra promessa".

In America Latina, l'evoluzione urbana da allora attraversa diverse fasi, caratterizzate inizialmente dalla volontà di rottura con la Spagna all'insegna di una spinta alla discontinuità culturale e socioeconomica, operata da tecnici e professionisti inglesi, francesi, tedeschi e soprattut-to italiani. Vengono avviati programmi di ammodernamento e abbelli-mento delle città, con la trasformazione di parti anche centrali delle stesse, la realizzazione di *avenidas*, sempre più spesso in diagonale ri-spetto alla *cuadrícula* originaria, di giardini, parchi urbani, ma soprattutto delle reti tecnologiche (acquedotti, fognature, gas, energia elettrica,

---

[7] Tutti gli Stati si staccano dalla Spagna nella prima metà del XIX secolo. Dopo il 1850, so-lamente Repubblica Dominicana (nel 1865) e Cuba (nel 1868) dichiarano la loro indipenden-za.

[8] La prima ferrovia che entra in servizio nei territori delle Colonie (e in alcuni casi già ex co-lonie) è quella che collegava L'Avana a Bejucal a Cuba, nel 1837, mentre in Spagna la prima ferrovia è quella tra Barcellona e Mataró, nel 1848.

ecc.). Parallelamente, si realizzano nuovi edifici, sia residenziali che per servizi pubblici (primi tra tutti i teatri), che cambiano progressivamente il volto delle città coloniali, conferendo loro un aspetto sempre più europeista e cosmopolita. Tanto che la Buenos Aires di quegli anni era considerata la città più Europea dell'America Latina.

La sintesi di una *mixité* culturale e sociale che trova negli anni di fine XIX e inizio XX secolo la più alta espressione.

Ma, nei decenni seguenti, la continua crescita delle città, la diffusione del mito dell'emigrante che fa fortuna, fanno da sfondo alla diffusione di nuovi e drammatici fenomeni insediativi fino ad allora sostanzialmente sconosciuti e che hanno cambiato l'aspetto della maggioranza delle grandi città latinoamericane. E al lato della città formale si sviluppa una città informale, la "città dei poveri" (B. Secchi 2013).

3. EMIGRAZIONE E EMIGRAZIONI

Emigrare vuol dire "lasciare il territorio di origine, per andare a vivere, temporaneamente o stabilmente, altrove, soprattutto per ragioni di lavoro. Es.: *è emigrato dall'Italia in America*". Il Dizionario Treccani, per spiegare il significato del lemma "emigrare" utilizza un esempio quasi iconografico del fenomeno, sintetizzando in *America*, senza distinzione tra Nord e Sud, la destinazione primaria dell'emigrazione italiana.

L'emigrazione italiana è un fenomeno che si può far risalire all'inizio del XIX secolo e che sicuramente è strettamente connesso con gli effetti della Rivoluzione Industriale. O forse con i mancati effetti della Rivoluzione Industriale in Italia. Quello che è certo è che l'emigrazione è "italiana" da molto tempo prima che si possa parlare di Italia. Ed è prevalentemente orientata all'America.

La prima emigrazione italiana in America Latina è quella dei Genovesi, legati al mondo degli affari e del commercio — Valparaiso, principale porto del Cile, è stata denominata la "Genova del Pacifico".

Ma di lì a poco a questa si accompagna anche l'emigrazione per necessità, prevalentemente dal nord Italia, il cui serbatoio è rappresentato dalle campagne del Veneto e del Piemonte ed è legato alle prime grandi crisi dell'agricoltura connesse allo sviluppo, ancorché scarso e mal pianificato, dell'industria e dei trasporti.

Si partiva per necessità, esattamente come oggi.

Brasile, Argentina, Uruguay, Venezuela, USA e Canada sono stati le destinazioni principale dell'emigrazione italiana da allora ad oggi.

A metà Ottocento il flusso di emigranti italiani era così ingente che spinge alla costituzione di nuove compagnie di navigazione. Tra queste, merita una citazione la Compagnia Transatlantica di Navigazione a Vapore, fondata a Genova nel 1852, con il sostegno del governo del Regno di Sardegna e, in particolare, di Camillo Benso Conte di Cavour, all'epoca Ministro delle Finanze, il quale sosteneva la necessità di fornire un collegamento diretto tra l'Italia e le Americhe, Sud e Nord, per sostenere gli emigrati italiani che già le popolavano.

I numeri dell'emigrazione italiana continuarono ad aumentare. Se dapprima partivano prevalentemente contadini, progressivamente si cominciarono a spostare anche persone senza un mestiere, spesso incentivati dalle notizie — non sempre del tutto veritiere — delle grandi opportunità che le aspettavano all'arrivo Oltreoceano.

Le fasi dell'emigrazione in America Latina si accompagnano alle storie delle città. Rilevante, in tale senso, la presenza nell'Architettura.

L'architettura italiana in America Latina spazia dal neoclassicismo all'eclettismo, al liberty e alle tendenze futuriste dei primi decenni del XX secolo. Figure emblematiche ne sono Francesco Tamburini e Vittorio Meano, cui si deve il Teatro Colón di Buenos Aires; i fratelli Jannuzzi e Filinto Santoro, attivi in Brasile, dove però si ricordano, in fasi successive, anche Marcello Piacentini e Vittorio Morpurgo fino ai coniugi Pietro Maria Bardi e Lina Bo e a Clorindo Testa; per concludere, più recentemente, con Angiolo Mazzoni, rinomato architetto delle stazioni e degli uffici postali durante il Fascismo, che dopo la fine della Seconda Guerra Mondiale è costretto ad emigrare in Colombia, dove sarà attivo nell'Accademia e nelle opere pubbliche fino agli Anni Settanta; e con Vittorio Garatti e Roberto Gottardi, che, allora giovani architetti milanesi, negli Anni Cinquanta decidono di partire per l'America Latina, dove sono attivi dapprima in Venezuela, ma che legano la loro notorietà alla Scuola di Balletto e alla Scuola di Musica realizzate tra il 1961 e il 1965 nel complesso della Escuela Nacional de Arte della città de L'Avana a Cuba.

Della grande ondata migratoria che si è avuta tra la fine del XIX secolo e l'inizio del XX secolo, gli architetti costituiscono un caso minoritario di "immigrazione qualificata". Decisamente più numeroso è il numero di lavoratori e maestranze non qualificate approdate nel nuovo continente alla ricerca di un impiego nel settore edilizio, impegnati nella costruzione delle architetture e delle città. Semplici manovali in Italia si trasformano in imprenditori edili nelle terre di emigrazione.

Di primo piano è il ruolo ricoperto da imprese costruttrici costituite da emigrati italiani in Brasile all'alba del XX secolo nel definire la nuova immagine urbana della São Paulo e nel modernizzare l'allora capitale Rio de Janeiro in occasione dei grandi lavori di trasformazione urbana previsti dalla Riforma urbana "europeizzante" del 1903 del prefetto Francisco Pereira Passos.

L'influenza italiana nell'Architettura si accompagna inoltre anche al notevole quantitativo di decori, arredi e materiali per l'edilizia che dall'Italia "emigravano" nei grandi cantieri d'Oltreoceano.

In oltre un secolo e mezzo, la massiccia emigrazione italiana ha influenzato i luoghi di destinazione e a sua volta ne è stata influenzata, formando una comunità chiaramente identificabile e ben più coesa di quella che sembra esistere oggi nell'Italia stessa.

Ma l'emigrazione italiana ha sofferto delle stesse reazioni di diffidenza e paura che oggi sono riservate ai migranti contemporanei.

Nel corso dei decenni, si sono succedute le migrazioni del Nord verso il Sud del Mondo. Poi del Sud verso il Nord e, infine, del Sud verso il Sud (Nur 2014).

Se prima si partiva dall'Italia per andare a cercare fortuna — che non sempre arrivava — nel Nuovo Mondo, o se, ancora oggi, si cerca di varcare il confine degli Stati Uniti alla ricerca di un futuro, da almeno vent'anni sono sempre più frequenti le emigrazioni interne all'America Latina, favorite da una certa "elasticità" delle varie normative nazionali e dalla presenza, purtroppo un po' evanescente, del Mercosur. Dai paesi più poveri (Perù, Paraguay, ci si sposta in Argentina e Uruguay). La comunità invisibile e silenziosa dei Peruviani vive da anni nella Ciudad Vieja di Montevideo, occupando edifici abbandonati e lavorando nei lavori più umili. In Argentina, la comunità paraguaiana vede gli uomini impiegati nel settore delle costruzioni e le donne nei lavori domestici e nella cura dei più piccoli e dei più anziani. E a Buenos Aires, il "Barrio Rodrigo Bueno", una *villa miseria*, un insediamento informale, adiacente a Puerto Madero e abitato prevalentemente da peruviani, è da tempo al centro di un dibattito politico che nasce dall'attività dei suoi stessi abitanti.

La globalizzazione ha modificato ulteriormente le rotte dei flussi migratori. Nell'era della comunicazione istantanea, le rotte delle migrazioni divengono quasi "giornaliere" e legate alla variabilità delle condizioni economiche e politiche dei luoghi di destinazione.

È allora opportuno tornare al concetto di comunità e al suo legame diretto con la città.

L'immigrato è — da sempre? — visto non come una risorsa ma come una minaccia.

Ma la contrapposizione di comunità diverse nella stessa città, in luogo dell'integrazione sociale e culturale, mina alla base il concetto stesso di città.

O no?

4. TRASFORMAZIONI URBANE E DIRITTO ALLA CITTÀ

"Il Diritto alla Città si presenta come forma superiore dei diritti, come diritto alla libertà, all'individualizzazione nella socializzazione, all'habitat e all'abitare. Il diritto all'opera (all'attività partecipante) e il diritto alla fruizione (ben diverso dal diritto alla proprietà) sono impliciti nel diritto alla città" (Lefebvre 1986, 130). Quanto affermato dal sociologo Lefebvre nel lontano 1968 è ancora oggi di grandissima attualità.

Il diritto alla città, in un'ottica inclusiva, si fonda su due diritti fondamentali: il diritto di partecipazione e il diritto di appropriazione. La partecipazione consente di accedere alle decisioni che producono lo spazio urbano. L'appropriazione include il diritto di accesso, di occupazione e uso dello spazio, creando così un nuovo spazio in cui si esplicano i bisogni delle persone (Nur 2014).

Secondo Lefebvre, la città è pubblica, un luogo di interazione culturale, sociale ed economica. In quanto "pubblica" deve essere quindi un luogo complesso ed eterogeneo, dato che "la città è un luogo dove si intersecano le differenze" (Nur 2014).

In America Latina, durante il XX secolo, si sono andati concentrando e progressivamente consolidando i più alti al mondo di livelli di urbanizzazione ma al tempo stesso di diseguaglianza (Pasta 2018). Le grandi città del continente non sono riuscite ad "assorbire" la quantità di persone che sono arrivate alla ricerca di nuove opportunità, lasciando territori fragili (quasi sempre agricoli) e si sono trasformate anch'esse in territori "fragili".

L'effetto di tale fenomeno è stata la produzione, fin dagli anni Trenta, di "insediamenti informali".

Sono insediamenti dove si sono andati a concentrare gli esclusi dalla società, immigrati e non, e che sono la manifestazione più drammatica della negazione del Diritto alla Città.

L'approccio alla città informale ha visto l'evoluzione di metodi e approcci, a partire dalla consapevolezza che tra la *città dei ricchi* e la *città dei poveri* esistono legami forti e al tempo stesso conflittuali che nascono da una sorta di "separazione urbana" traducibile in termini sia di autoesclusione della elite della popolazione urbana come di (auto)segregazione delle fasce povere della stessa.

Negli Anni Cinquanta, in America Latina, il fenomeno è stato addirittura considerato come "male necessario", la faccia oscura dell'industrializzazione e dello sviluppo economico che portava masse di operai sottopagati ad insediarsi, in qualsiasi forma, attorno ai grandi poli produttivi e nelle città. Le dittature che negli Anni Settanta e Ottanta si sono succedute in molti dei paesi latinoamericani hanno affrontato la crescente imponenza del fenomeno informalità portando avanti politiche di sradicamento forzato degli abitanti e di abbattimento fisico degli insediamenti informali, spostando masse di famiglie nei grandi complessi popolari periferici o al di fuori delle città e lontane quindi dai servizi e dalle opportunità, producendo però ulteriore segregazione.

Nonostante ciò, gli insediamenti informali, al pari delle stesse città in cui erano sorti, continuavano la loro progressiva espansione fino a raggiungere dimensioni impressionanti: secondo le Nazioni Unite (2016), 106 milioni di persone che vivono in zone urbane in America

Latina risiedono in insediamenti informali, il 20% della popolazione totale.

L'abitare informale è considerabile ormai come una essenza della città latinoamericana contemporanea e da tempo varie discipline si stanno attivamente interessando alla questione.

Tra la fine degli Anni Settanta e gli Anni Novanta, vari Stati dell'America Latina (Brasile, Uruguay, Colombia) hanno avviato politiche di recupero e integrazione degli insediamenti informali mediante processi partecipati che hanno coinvolto gli abitanti stessi, sia nella fase della pianificazione, ascoltando la loro conoscenza del luogo e le loro proposte, che nella fase operativa e poi in quella gestionale, affinché il consolidamento del senso di appartenenza garantisse un esito duraturo e germe generatore di comunità e cambiamento.

Tra queste esperienze meritano di essere ricordate quella della Federación Uruguaya de Cooperativas de Vivienda por Ayuda Mutua (FUCVAM), attiva fin dal 1970, che ha promosso il modello operativo della *ayuda mutua* per la produzione di *vivienda social*, dove lo Stato concede prestiti a basso interesse e lunga scadenza (25 anni) a cooperative ediliche autogestiscono l'opera e fornisce loro assistenza "interdisciplinare", e lo ha applicato nel settore del recupero degli insediamenti informali; del Programma *Favela-Bairro* per le favelas di Rio de Janeiro, del 1994, finalizzato a dotare le *favelas* carioca, progressivamente liberate dal controllo delle associazioni criminali legate allo spaccio della droga, delle infrastrutture e urbanizzazioni di base e intervenendo prioritariamente sullo spazio pubblico; e della Fundación Salvadoreña de Desarrollo y Vivienda Minima (FUNDASAL), una organizzazione non governativa di matrice cattolica che ha una lunga traiettoria nel settore del recupero, riqualificazione e integrazione degli insediamenti precari e informali in El Salvador e in altri stati centroamericani (Honduras, Guatemala e Costa Rica). Ispirata alle esperienze dell'Uruguay, negli ultimi anni è stata impegnata in programmi di intervento destinati alle famiglie in condizioni di deficit abitativo, concentrate nella popolazione a basso reddito e soprattutto in quelle che vivono in insediamenti precari e informali tra cui *Nuevos Asentamientos Urbanos*, *Cooperativismo de Vivienda por Mudua Ayuda* e *Mejoramiento de Barrios*. FUNDASAL ha affiancato anche l'Università Roma Tre nella definizione del "Plan Maestro per il recupero e l'integrazione dell'insediamento informale Ramal A, nel municipio di Zacatecoluca (Dipartimento di La Paz)" (2017) che si inserisce nell'ambito del Progetto "Fortalecimiento de la Secretaría de Cultura de la Presidencia de El Salvador a través de la valorización del patrimonio cultural" finanziato dall'AICS Agenzia Italiana per la Cooperazione allo Sviluppo.

Per leggere oggi le relazioni tra immigrati e città è necessario leggere le connessioni tra la trasformazione fisica e politica della città, sullo sfondo della globalizzazione. Gli immigrati di oggi sono ancor più invisibili di quelli di un secolo e mezzo fa. Eppure, sono il "prodotto" delle politiche economiche e sociali contemporanee spesso deviate che attraversano il Mondo a tutte le latitudini, in un meccanismo talmente interconnesso da risultare apparentemente ingestibile.

E allora il "diritto alla città" torna ancora in primo piano, prepotentemente.

Parafrasando Saskia Sassen, di chi è oggi la città? Chi ha "diritto alla città"?

5. IL POLIEDRO E LA RICOSTRUZIONE DEL SENSO DI COMUNITÀ URBANA

Non si può non citare, in questo contesto, la metafora della sfera e del poliedro, utilizzata da Papa Francesco nei suoi discorsi sul tema della migrazione e dell'accoglienza. Papa Francesco utilizza queste due figure geometriche per spiegare qual è il significato della "vera globalizzazione", quella cioè che fa dell'unità nelle differenze la sua struttura di base.

In un messaggio destinato ai partecipanti al festival della dottrina sociale di Verona nel 2013, il Papa afferma che "la sfera può rappresentare l'omologazione, come una specie di globalizzazione: è liscia, senza sfaccettature, uguale a sé stessa in tutte le parti. Il poliedro ha una forma simile alla sfera, ma è composta da molte facce. Mi piace immaginare l'umanità come un poliedro, nel quale le forme molteplici, esprimendosi, costituiscono gli elementi che compongono, nella pluralità, l'unica famiglia umana".[9]

---

[9] Dall'*Osservatore Romano* del 23 novembre 2013.

Per Papa Francesco questa è la *vera* globalizzazione a cui bisogna aspirare.

In un contesto globale che sembra aver smarrito vari concetti chiave, quello di "comunità" e di conseguenza quello di città, la sfida contemporanea deve essere quella della accoglienza e della integrazione.

Proprio Papa Francesco, durante la visita che fece all'Università Roma Tre nel febbraio del 2017 aveva affrontato il tema delle migrazioni contemporanee e della necessità di accoglienza citando proprio l'Argentina, suo paese di origine. "Il mio Paese è frutto delle migrazioni".

L'intero continente americano è esito di processi migratori che vengono da lontano.

Il Diritto alla Città dei migranti contemporanei passa attraverso il filtro di un'ottica globale di rigenerazione delle città e inclusione sociale multilivello, laddove gli insediamenti informali e precari necessitano di strategie e strumenti chiari basati sull'approccio sinergico e simultaneo *top-down* e *bottom-up*, in maniera coerente e coordinata, che, come due piloni di un ponte in costruzione (Pasta 2018), devono incontrarsi e assicurare quel Diritto alla Città nella sua accezione più completa di diritto al partecipare alla città e diritto alla fruizione e all'accessibilità, finora negato.

La Città dei migranti contemporanea, composta di fragili frammenti informali, deve confrontarsi necessariamente con dinamiche ed equilibri sociali di difficile lettura e ad alto rischio, riconoscendo questi come luoghi privi, sì, di urbanistica, ma non di urbanità.

Oggi nei progetti più sensibili alle tematiche dell'integrazione tra città dei ricchi e città dei poveri si torna a riflettere sulla struttura spaziale della città, sulla sua infrastrutturazione capillare, sulla densità e porosità del tessuto, sull'accessibilità e sul disegno dello spazio pubblico ricercando una qualità urbana a partire dal collettivo, verso una riduzione delle diseguaglianze spaziali che caratterizzano le città e metropoli contemporanee (Secchi 2013).

Ma più di tutto sulla ricostruzione del senso di Città, inclusiva, e di Comunità, integrata, in un contesto che deve (ri)costruire la sua unità a partire proprio dalle differenze.

Come in un poliedro.

OPERE CITATE

Balbo, Marcello. *International Migrants and the City.* Venezia: UN-Habitat, Cooperazione Italiana, Università IUAV, 2005.

Bauman, Zygmunt. *Communitas. Uguali e diversi nella società liquida.* Roma: Aliberti, 2013.

Capocaccia Fabio, Pittarello Liliana, Rosso Del Brenna Giovanna (a cura di), *Storie di emigrazione: Architetti e costruttori italiani in America Latina.* Atti del Convegno (Genova, 12 giugno 2015). Genova: Stefano Termanini Editore, 2016.

CEHOPU, *El sueño de un orden. La ciudad hispanoamericana.* Madrid, CEDEX, 1992

Cerasoli, Mario, "Urban quality and town planning. A meeting with Marcello Vittorini," *Planum - The Journal of Urbanism.* www.planum.net. Milano: 2003.

Cerasoli, Mario, Amato Chiara. "Pianificare nella Città dei Poveri? L'esperienza del Ramal (El Salvador)" in Talia M. (a cura di), *Il Bisogno di Giustizia nella Città che cambia. Urbanpromo 2018.* Milano: Planum Publisher, 2018.

Harvey, David. *Rebel Cities. From the Right to the City to the Urban Revolution.* London-New York: Verso, 2012.

Lefebvre, Henri. *Il Diritto alla Città.* Prefazione di Anna Casaglia. Verona: Ombre Corte Editore. 2014. Edizione originale: *Le droit à la ville.* Paris: Anthopos 1968.

Nur, Nadia. *Migrare a Sud. Trasformazioni urbane e diritto alla città tra Buenos Aires e Istanbul.* Tesi di Dottorato. Scuola Dottorale Culture e Trasformazioni della Città e del Territorio Sezione Politiche Territoriali e Progetto Locale. Ciclo XXVI. Dipartimento di Architettura, Università Roma Tre. Roma: 2014.

L'Osservatore Romano. "Uguaglianza nelle differenze. Video messaggio di Papa Francesco per il terzo festival della dottrina sociale." Città del Vaticano: 23 novembre 2013. Consultabile on-line: http://www.osservatoreromano.va/it/news/uguaglianza-nelle-differenze.

Pasta, Francesco. *La città tra formale e informale. Autonomia collettiva e sviluppo collaborativo in America Latina.* Tesi di Laurea Magistrale in Architettura — Progettazione Urbana. Università Roma Tre. Roma: 2018.

Sassen, Saskia. "The global city and the global slum." *Forbes,* (22 marzo 2011). Consultabile on-line: https://www.forbes.com/sites/megacities/2011/03/22/the-global-city-and-the-global-slum/

Secchi, Bernardo. *La città dei ricchi e la città dei poveri.* Roma-Bari: Laterza, 2013.

L'*Irish Hunger Memorial* di Manhattan

Maria Anita Stefanelli
Università degli Studi Roma Tre

Irish Hunger Memorial: uno spazio contemplativo, la vista del porto e un archivio testuale, lineare e non permanente, di citazioni in inglese derivate da rapporti, editoriali, giornali e dibattiti parlamentari, di dati statistici, di brani letterari, odierni e del passato, tratti da prose, poesie e liriche provenienti dalla lingua parlata e scritta, di oggi e di ieri, stralci dei diversi media tecnologici di ogni campo (anche, ad esempio, economico, giuridico, medico o altro) che riguardano la materia della fame di ogni tempo, in Irlanda e nel mondo, e consentono di interrogare il problema mondiale che essa innesca, oggi come ieri. Il *Memorial* non può, non deve, essere muto, come spesso è quando offre soltanto una modesta informazione specifica sugli eventi che tali monumenti commemorano.

Dalle tre condizioni esposte nell'*incipit* di questo scritto, dettate da Timothy S. Carey, Presidente del Battery Park City Authority (parco newyorchese che ospita anche il Museum of Jewish Heritage e il New York City Police Memorial) all'artista aggiudicatosi il titolo al progetto, Brian Tolle, è emerso il monumento da erigere, che il vincitore definisce "a little fragment of Ireland built on a heap of language" (Smith, online).

Mezzo acro (circa 2023 metri quadri) di terra incastonata tra i grattacieli di Manhattan nell'area del parco in questione, ospita il cottage privo del tetto,[1] costruito nel 1820 e occupato fino al 1960, proveniente dalla Contea Mayo e donato all'artista dall'ultimo proprietario,

---

[1] Nel 1847 la "Gregory Clause" imposta dal Parlamento britannico, annullava l'esenzione fiscale per lotti di maggiori dimensioni, per cui veniva strappato dai cottage il *thatched roof* (o tetto di paglia) come segno di indigenza per ottenere lo sgravio fiscale. Il tristamente noto (agli irlandesi) Lord Gregory fu il marito di Lady Augusta Gregory, che fondò, con William Butler Yeats, Edward Martyn e John Millington Synge, lo Abbey Theatre, influenza seminale sugli statunitensi George Cram Cook, Susan Glaspell e Eugene O'Neill.

Brian Clyne, discendente della famiglia Slack (of Attymas), per il *Memorial* (Smith, online). Il cantiere per assemblare il monumento *downtown* Manhattan sul fiume Hudson dirimpetto alla Statua della Libertà ed Ellis Island – l'isola che dal 1894 per sessanta anni ha accolto più di otto milioni di migranti e che ospita, dal 1990, il National Museum of Immigration – a due *blocks* da Ground Zero, era *in progress* all'epoca dell'attacco al *World Trade Center* (9/11/2001, secondo la consuetudine americana di trascrizione della data).

Si mantengono e si manutengono i viottoli che prendono forma nell'erba per il calpestio degli avventori. A cura dell'architetto del paesaggio Gail Wittwer-Laird vi si coltivano le sessantadue diverse piante originarie della zona di terreno paludoso (cui ci si riferisce con il termine *bogland*) della contea da cui proviene il cottage ricostruito oltreoceano, la quale si trova all'interno della provincia occidentale denominata Connacht (nell'area della *Gaeltacht*, dove, cioè, la lingua gaelica è riconosciuta dal governo come vernacolo predominante). Piante come il fiore di Bach (*gorse*), l'*iris pseudacorus*, o iris selvatico giallo, che cresce in habitat umido, l'ortica (*nettle*) e il pruno (*blackthorn*) colorano il paesaggio rurale intorno alla fattoria appartenuta agli Slacks. Nell'area verde del monumento sono state collocate trentadue pietre, ciascuna proveniente da una diversa contea, ed una antica pietra del pellegrino intagliata a rappresentare una cosiddetta "Celtic Cross of Arcs" secondo la definizione riferita al cerchio in cui la croce celtica si iscrive, forse — secondo una ricercatrice[2] — un simbolo di trionfo dell'antica arte cristiana del quarto e quinto secolo.

L'interno del cottage presenta alle pareti strisce luminose che esibiscono unità di testo a prima vista distinguibili come stringhe verbali. L'apparato testuale, curato dalla storica Maureen O. Murphy,[3] non è fisso ma può essere sostituito o arricchito con altre citazioni. Quelle parole vivono, e altre ne derivano, frutto di nuove idee che si riproducono inter-testualmente da quelle, ovvero possono essere nuove, nate, grazie ai parlanti della lingua inglese, dalla penna o dal parlato di altri. Vivono

---

[2] Ne scrive, con il titolo "Irish High Crosses," Mary Ann Sullivan di Bluffton University (Ohio) nel sito web *Ireland*. Web, 2 Maggio, 2018, https://www.bluffton.edu/homepages/facstaff/sullivanm/highcrosses/intro.html

[3] Murphy ha insegnato presso Hofstra University, Hempstead, New York.

come la vegetazione e le creature animali — insetti della terra e dell'aria o perfino quadrupedi di passaggio — instauratesi nell'ambiente, le persone in visita con la loro storia e le loro storie, i newyorchesi che vi abitano, tutti in un ecosistema con più comunità di organismi biotici ed elementi abiotici che interagiscono tra loro, ciascun gruppo costituito da membri della stessa specie, ciascuna varietà nella sua biodiversità di risorse genetiche presenti sul pianeta entro l'ecosistema in cui vive.

Per portare a termine il monumento Tolle ha lavorato l'ammasso di rovine pietrose, corredando l'insieme calcareo della costruzione con vegetali e minerali per collocarlo in uno spiazzo rivestito di pietra di Kilkenny, una lastra calcarea grigio-verde obliqua incastonata di piccole spirali bianche a effetto-piuma, fossili di un antico fondale marino. Parzialmente ricoperto di manto erboso e sentieri che conducono al cottage, il monumento si erge fino a 25 piedi (sopra i sette metri e mezzo circa) sul livello del mare.

Oggetto dinamico che, nel ricordo dei processi migratori conseguenza di drammatici eventi connessi a privazioni e calamità, cresce e cambia, il *Memorial* alimenta uno spazio critico dedicato alla mobilità di genti che si avviavano, e ancora si avviano nel mondo globalizzato, alla diaspora.

Inaugurato dall'allora presidente di Irlanda Mary MacAleese il 16 luglio 2002, l'installazione — potremmo chiamarla — risponde alla necessità di non dimenticare la tragedia dell'Irlanda e la migrazione in America successiva all'epoca della carestia. Mentre focalizza gli eventi, luttuosi e propizi, di metà Ottocento, tuttavia, lo *Irish Hunger Memorial* ricorda il programma di aiuti alla fame nel mondo da parte dei Paesi più ricchi che l'Irlanda sostiene con il programma *Irish Aid*. È del febbraio 2018 l'annuncio, da parte del governo, di sette milioni e mezzo di euro a sostegno dell'IFAD (International Fund for Agricultural Development), il cui obiettivo è dichiarato con le parole "we invest in rural people, empowering them to increase their food security, improve the nutrition of their families and increase their incomes. We help them build resilience, expand their businesses and take charge of their own development."[4] Malgrado tali sforzi non si stanziano, negli Stati Uniti e nel mondo, sufficienti fondi né si progettano strategie efficaci perché fame e povertà cessino.

Nel 2014 (all'epoca della prima visita di chi scrive e riscontrate anche in seguito) si leggevano lungo la galleria le parole di chi ha regolato o criticato le politiche della fame nel mondo: per citare solo due esempi, quelle di Henry Kissinger, nel 1975 Segretario di Stato americano, che proclama: "Within a decade, no child will go hungry, no family will fear for its next day's bread, and no human being's future and capacity will be stunted by malnutrition," un'affermazione che si rivelerà tanto falsa quanto assurda[5] e quelle di John O'Connor, il quale, nel popolare volume sul destino della popolazione irlandese, rievoca, come esempio rievoca, tra gli esempi di cause di povertà, le *Irish workhouses*, per ottanta anni, a partire dal 1840, "the most feared and hated institution ever established in Ireland" (O'Connor, 13). Le loro parole, serigrafate e illuminate, sono alternate a testi in rima baciata che sembrano rifare il verso al passato folklorico celtico: "Striding nearer every day/Like a wolf in search of prey/Comes the famine on his way" (Kelly, 65). Apparsi su *The Nation*, il periodico dei repubblicani del 1846 (i cosiddetti *Young Irelanders*), quei versi macabri salutano (si fa per dire) la *potato murrain* o *blight*, un morbo pestilenziale che si evidenzia con decolorazione, lesioni, marcescenza e, infine, necrosi cellulare della patata, principale nutrimento o *staple* della popolazione che fino alla Pasqua del 1916 (data dell'insurrezione irlandese denominata *Easter Rising*) fu sottomessa alla corona britannica.

Native, invece, due liriche della tradizione, la prima delle quali, contemporanea all'evento, dice addio a chi rimane nel villaggio di Skibbereen, nella contea di Cork:

---

[4] Una Rete aperta a Paesi membri delle Nazioni Unite che comprende centosettantasei stati. "Every community, no matter how neglected or remote, has one tremendous resource: its people" è un assioma dell'IFAD. Per le citazioni, Web, 2 maggio, 2018, https://www.ifad.org/web/guest/about

[5] Henry Kissinger alla World Food Conference, Roma, Novembre 1974 (Aziz, 17). Nel 2018 "74 million food-insecure people remain in need of urgent assistance" (FAO, WFP, EU, online).

Oh son, I loved my native land with energy and pride
Til a blight came o'er my crops my sheep and cattle died
My rent and taxes were too high I could not them redeem
And that's the cruel reason that I left old Skibbereen.[6]

La seconda, dei tempi nostri, invece, saluta i migranti in partenza per l'America:

You brave Irish heroes where'er you may be
I pray, stand a moment and listen to me
Your sons and fair daughters are all going away
And thousands are sailing to Americay.

So good luck to those people and safe may they land
They are leaving their country for a far distant strand
They are leaving old Ireland, no longer can stay
And thousands are sailing to Americay.[7]

Testi, quelli citati, che rompono il "silenzio" – *the myth of silence* per alcuni in alcuni periodi storici – un silenzio attribuito alla fatale calamità troppo sinistra per essere evocata e ribaltata da altri che si appellano alla letteratura derivatane e giunta a noi soprattutto attraverso scritti sulla memoria non più della "nazione" bensì di carattere transnazionale e transculturale (studi, quindi, che attraversano i confini della nazione e della società, fino all'ibridizzazione), oltre che transgenerazionale (studi che trasferiscono la memoria da una generazione alla successiva) (Rapson e Bond; Corporaal 2014a). Riferimenti più o meno celati giungono al lettore per il tramite di opere classiche, come, ad esempio, da *Wuthering Heights* (Eagleton, 1-26): "Heathcliff is a fragment of the famine, and goes on a sort of hunger strike towards the end of his life" è l'autorevole chiosa di Eagleton (11). In America, invece, la letteratura della *famine* si diffonde nell'Ottocento grazie agli scritti di Henry David

---

[6] "Skiberreen, song," ITMA (Irish Traditional Music Archive) è una canzone della tradizione ripresa nel film *Michael Collins* (1996), diretto da Neil Jordan. Web, 2 maggio, 2018, https://www.itma.ie/inishowen/song/skibbereen_rocky_ivors
[7] Scritta da Philip Ryan (nome d'arte, Phil Chevron), chitarrista di *The Pogues* nel 1988, è inserita nell'album del gruppo, *If I Should Fall from Grace with God*.

Thoreau, Asenath Nicholson, Herman Melville, Frederick Douglass e l'irlandese naturalizzato statunitense Fitz-James O'Brien.[8]

Non è *famine* la parola che gli irlandesi, ancora oppressi dai britannici dopo quattro decadi di parlamento irlandese (istituito nel 1801, cui ci si riferisce, a tutt'oggi, con la locuzione celtica, *Dáil Éireann*), percepiscono quando, per la politica "capitalista" del *laissez-faire* e la continuativa assenza dall'Irlanda dei ricchi proprietari terrieri britannici (la *Protestant Ascendancy*), scoppia *An Gorta Mór* (la Grande Fame). La parola che qualifica l'opera tridimensionale fatta di oggetti, forme e *media* di diverso tipo posti, o installati, di fronte all'antico "passaggio dei migranti" è *hunger*. Il ricordo vivo, e che vive, è quello dell'atteggiamento vorace:

> Through seven terrible years of famine, Ireland's poetic landscape authored tales of the macabre. Barefoot mothers with clothes dripping from their bodies clutched dead infants in their arms as they begged for food. Wild dogs searching for food fed on human corpses. The country's legendary 40 shades of green stained the lips of the starving who fed on tufts of grass in a futile attempt for survival. Desperate farmers sprinkled their crops with holy water, and hollow figures with eyes as empty as their stomach scraped Ireland's stubbled fields with calloused hands searching for one, just one, healthy potato. Typhus, dysentery, tuberculosis and cholera tore through the countryside as horses maintained a constant march carting spent bodies to mass graves. (Klein 2013, online)

Ironicamente, quella della fame, è anche un'altra tragedia irlandese, gestita con pugno di ferro nel 1981 dal governo Thatcher che rifiuta ai detenuti repubblicani (dell'Irish Republican Army) nel carcere di Loch Kesh (nella contea di Antrim) lo *status* di prigionieri politici. E il 5 Maggio, dopo 66 giorni di *hunger strike*, Bobby Sands, *Officer Commanding* dell'IRA, muore ucciso dal digiuno.

È una storia diversa, che non appartiene a questa riflessione. In realtà, però, i due eventi sono più che legati – da un'altra parola che

---

[8] È in rete, in pdf, la dissertazione per il PhD discussa presso Lehigh University, di Brian P. Crowe, *Irish Hunger / American Eyes: The Great Famine in Antebellum American Literature* (2014).

connota molto di più di quanto non denoti il dizionario, il *qualifier* 'catholic.'

Dal sito che ricorda la fame è visibile quello di arrivo dei migranti affamati, cui si deve aggiungere l'immigrazione (molto contenuta) degli irlandesi di fede protestante che si autodefinivano, in principio, "Scots-Irish." Molti scesi da *coffin ships*, diventate bare per chi non ce l'aveva fatta. Uno spazio contemplativo (*cum* + *templum*, per traslato, libero e vasto), uno spazio per fissare il pensiero in "cose alte" che provengono da cose "molto basse" — i profughi erano malati, poveri, in cerca di sussidi e, per estensione popolare, criminali e stupratori; e soprattutto erano *Irish*, cioè *catholic*.

Un articolo di *History.com*, da cui provengono le poche notizie-lampo che appartengono alla vulgata e cui accennerò brevemente, si intitola "When America Despised the Irish" (Klein 2017, online). Si tratta di una carrellata su: le leggi britanniche che privano gli irlandesi cattolici del diritto di religione e di voto, di mantenere la propria lingua e di possedere terra, cavalli e armi. Un quarto di loro, con denaro risparmiato o la traversata pagata dai proprietari terrieri che in quel modo se ne disfacevano, si avventurarono nelle 3000 miglia di mare contando su 18 pollici di giaciglio per riposare (ai bambini è assegnata la metà), respirando aria fetida e testimoni della graduale dispersione in mare di un quarto del loro numero totale, ormai cadaveri. L'arrivo riserva malumori, contrasti, continui rifiuti, fino — dopo l'insediamento – a distruzioni e incendi di abitazioni e luoghi di culto, grottesche ricusazioni di oggetti sacri ed effigie papali, i lavori più umili e pericolosi, esecuzioni per essersi arruolati, disertando l'esercito statunitense, a fianco dei messicani nella guerra con gli USA. Infine, i gruppi 'Know-Nothings,' anti-cattolici e anti-immigrati, acquistano potere e, al grido di "Americans must rule America!", sciolgono le [improvvisate] milizie irlandesi, ne reimpatriano 300 membri e privano del voto chi non è residente da almeno 21 anni.

Una lettera di Abraham Lincoln del 24 agosto 1855 a Joshua Speed è manna dal cielo per molte minoranze, inclusi gli irlandesi:

As a nation, we began by declaring that 'all men are created equal.' We now practically read it 'all men are created equal, except negroes.' When the Know-Nothings get control, it will read 'all men are created equal, except negroes, and foreigners, and Catholics.' When it comes to this I should prefer emigrating to some country where they make no pretence of loving liberty—to Russia, for instance, where despotism can be taken pure, and without the base alloy of hypocracy [sic]." (Lincoln, online)

Si pensi solo, dopo le parole di Lincoln, alla corrente che, a partire dal 1880 con William R. Grace eletto Sindaco di New York City e, quattro anni dopo, con un altro *Irish-Catholic*, Hugh O'Brien eletto al seggio di Boston, invertì la rotta per l'ascesa degli Irish-American, la cui attitudine all'emigrazione diminuì fino alla fine della Seconda guerra mondiale per riprendere negli anni Ottanta del Novecento.

Preme stabilire, a questo punto, come il monumento fin qui discusso si inserisca nell'argomento "Circolazione di persone e di idee: integrazione ed esclusione tra Europa e Americhe" cui si intitola il volume e quale sia l'obiettivo critico-culturale che propone e a cui mira.

☙

Rispetto all'estensione degli edifici circostanti, il *Memorial* è un fazzoletto di terra che nel suo affacciarsi sul fiume Hudson ricorda l'arrivo da oriente. Il visitatore odierno percorre, da est, l'ascesa verso la cima del dosso ricomposto su una zona che fino al tempo della costruzione del World Trade Center negli anni Settanta del Novecento era coperta di acqua, bonificata per comporre un pur limitato ecosistema. L'insieme è, anche visivamente, un piano obliquo: fuori da quella geometria, che lo isola dal proprio intorno, dichiara Tolle, "the piece would be a folly" (Smith, online). Nella recensione scritta per l'apertura, la giornalista-critico d'arte del *New York Times* accenna a una realizzazione *tilted* e *slant* nel doppio senso, probabilmente, di una costruzione illogicamente progettata in un conglomerato urbano di grattacieli svettanti e, sull'altro versante, di un capriccio fantasioso che nella declinazione semantica di libertà espressiva in arte non presenterebbe alcuna coerenza con quanto designato dal suo titolo. Nell'accezione più immediata, il riferimento non sarebbe semplicemente una scelta dovuta all'estro artistico, ma la conseguenza di una vera e propria decisione di lavorare a un piano inclinato per indicare, figurativamente, instabilità e precarietà e quindi, 'venir meno, mancare' per *famine* e 'sofferenza causata da mancanza' per *hunger*. La differenza cruciale con l'assetto circostante, tuttavia, presenta anche, per la giornalista, una cruciale somiglianza: "The Irish farmers," scrive, "*till*ed their land so intently that it became close to man-made, just like Manhattan." Alias, il compito laborioso dei braccianti irlandesi svolto con tale impegno da ottenere da una terra poco fertile una produzione sufficientemente fruttuosa per il sostentamento della collettività, diventa simbolo di *determination, toil, endurance* e riflette, su piccola scala, il mirabile manufatto (o artificio) che è il tessuto urbano circostante che, in quanto migranti provenienti da ogni angolo del mondo, molti irlandesi che nel 1850 formavano un quarto della popolazione (Bayor, 277), avrebbero contribuito a far crescere e sviluppare.

Nelle parole dell'artista, il *Memorial* è "a synthesis of my interest in history, architecture and trying to make a memorial for a particular event that also lends itself to adaptation" (Smith, online).[9] Dal sistema segnico dell'opera, l'adattamento di cui parla l'artista risulta intermediale.[10] La trasposizione sottesa al processo di adattamento è interrelazionale, in rapporto, cioè, storico e storiografico con il tempo e gli avvenimenti, spaziale con il tessuto ambientale, intertestuale con ciò che è stato detto, scritto e musicato, con la materia verbale ripresa da luoghi diversi e stampata serigraficamente (nonché eliminabile a favore di eventuali nuovi testi); una trasposizione che è anche in rapporto con altre dimensioni, meno evidenti, ma funzionali all'insieme: la memoria, il mito, la simbologia e oltre. Come accade per ogni adattamento, dunque, mentre si riprende e si ricostruisce una sezione di cultura del passato, si privilegia anche il rapporto con concetti contingenti e contestuali del presente (Nicklas e Lindner, 2).

I diversi media — visuali, linguistici e performativi — compongono la memoria culturale della creazione tridimensionale come strumenti per "*sense-making*" nella mediazione tra individui e mondo e

---

[9] Testi canonici per l'adattamento sono *A Theory of Adaptation* di Linda Hutcheon e la collettanea di Nicklas e Linder.

[10] Per l'adattamento si veda il saggio seminale di Hutcheon, *A Theory of Adaptation*.

agenti di "*networking*" nella mediazione tra individui e gruppi (Erll e Rigney, 1). Con il realizzarsi del processo di partecipazione a eventi trascorsi tramite un'opera simbolica si creano la memoria culturale collettiva che può dirsi dinamica quando si attivano processi di riconsiderazione di quanto avvenuto (1-2) e il confronto con altri eventi che conduce ad attitudini performative interlocutorie (dibattiti pubblici, articoli sulla stampa, osservazioni sui *social media*) e rituali (quali cerimonie, rievocazioni, o altro).

Dalla via additata da Benedict Anderson (di madre inglese e di padre irlandese, da cui la sua cittadinanza) con il concetto di nazionalismo come *imagined community* (1983) — in seguito respinta dai critici postcoloniali come frutto di ideologia borghese — gli studi contemporanei sulla memoria hanno percorso il tracciato verso il transnazionalismo e il transculturalismo, in seno ai quali si confrontano, per analogia, la memoria della cultura di origine o dei traumi sofferti da una nazione con quella di altre nazioni che, nello spazio e nel tempo, incorporano l'archivio di passati rapporti e relazioni dei vincitori e dei vinti, degli sconfitti e dei trionfatori, degli esaltati e degli umiliati (Moses e Rothberg, 29). Nello studio su *Multidirectional Memory* Rothberg incita a valutare la complessità del trasferimento dinamico che avviene tra i diversi luoghi (il trasferimento spaziale) e in diversi tempi (questo è il trasferimento transculturale) entro l'atto di memoria fino a proporsi come traduzione di una "figura della memoria" nelle immagini e discorsi di un altro, diverso, ricordo che interagisce con il precedente (Rothberg 2009, 11).[11] Un *case-study* di Corporaal, incentrato specificamente sulla letteratura della *famine*, analizza la carestia come "figura transculturale" della memoria nella narrativa della diaspora in quanto il retaggio tramandatoci è parte di una tradizione transnazionale di memoria condivisa in patria e con la diaspora nordamericana (2014a, 250).

In una delle molteplici narrazioni scritte negli anni successivi alla grande carestia, compare un anziano personaggio in partenza per l'America che porta con sé una piccola confezione contenente della terra raccolta vicino all'abitazione che si apprestava a lasciare con

---

[11] Tali trasferimenti si presentano come dialogo tra Rothberg e Moses a proposito di rapporti transculturali di origine locale, e non, quelli, ovviamente tormentati, con il paese oppressore.

alcuni trifogli ("*a few shamrocks*"),[12] un modo di trasferire una minuscola parte di Irlanda, o meglio, di *Irishness* (irlandesità?), nella nuova terra (Corporaal e Jason 2014b, 313). È letteralmente il terreno, insieme a ciò che esso ospita — del mondo vegetale, minerale e artificiale (purché, quest'ultimo, della tradizione nativa, come la croce celtica) — a connotare l'identità etnica da preservare nella diaspora (313). Il ritaglio della geografia irlandese che attraversa quello che si chiamerà, dopo il *Black Atlantic* di Paul Gilroy,[13] *Green Atlantic* (Whelan), è uno spazio transnazionale in cui una filosofia pluralista avrebbe soppiantato, nella mente dell'artista, gli essenzialismi politici sull'identità nazionale per riconoscere non un'identità di origine e una identità di arrivo, bensì un "'*changing*' same" (un medesimo che cambia),[14] un ibrido, cioè, che si forma nel processo reciproco di continua trasformazione delle due identità (di provenienza e di arrivo) in interazione, frutto dello spazio transnazionale (Williams, 146).

La prosperità guadagnata nel Novecento dagli irlandesi approdati negli Stati Uniti è stata così riassunta:

> The Irish had come a long way since the days of the famine. As second-generation Irish were assimilated into American society and achieved success in a variety of areas, the Irish took on a new self-identity. [...] They were patriots, not Paddies. [...] [Eventually] Irish Catholic Americans had become Catholic American Irish. [...] How the Church was able to gain such a prominent place in the Irish community is a remarkable chapter in the history of Irish America. (Dolan, 105-106)[15]

Dopo una analisi precisa, attraverso testi di letteratura angloamericana di fondazione, dell'impatto della frontiera Atlantica all'arrivo dell'im-

---

[12] Si tratta di *Frank O'Donnel* di David Power Conyngham (1861), ripubblicato nel 1871 in America con il titolo *The O'Donnells of Glen Cottage* (Corporaal and King 2017, 13).

[13] *Black Atlantic*, dal titolo del volume seminale di Gilroy sulla diaspora africana e lo scambio di movimenti politici, cultura e popolazioni nere attraverso l'Atlantico è divenuto un modello per la diaspora irlandese. (Williams 2013, 143-144).

[14] Si veda il concetto sviluppato da Gilroy (1991) per la musica *black*, "Sounds Authentic: Black Music, Ethnicity, and the Challenge of a '*Changing*' Same."

[15] Molto cambia dopo lo scandalo di ciò che si chiama, in una parola, *the abuse*, lo scandalo della pedofilia nelle scuole cattoliche. In Irlanda e in America.

migrato — da Tom Paine a Brockden Brown al *Federalista* — il critico irlandese Luke Gibbons arrivava alla conclusione che la trascuratezza della dimensione irlandese da parte degli americani si dovesse alla scarsa conoscenza da parte degli studiosi americanisti della letteratura e storia dell'Irlanda nonché dell'acceso dibattito culturale in corso nell'isola (Gibbons, 2004). La frontiera Atlantica, in effetti, non fu riconosciuta funzionale al "Making of American culture" e dunque non contribuì a *fare* l'America quando, invece, "the *alien*" immigrato, diversamente dal nativo che desiderava continuare a occupare la terra della tribù, *rinunciava* alla *Homeland*, la patria, per *re-inventarsi* nel Nuovo Mondo (Gibbons 25, mio corsivo). *Inventing*: una parola con radice latina che Declan Kiberd usò, nel 1995, per mettere a punto il lungo processo che vide l'Irlanda, tramite il revival culturale della fine Ottocento e inizio Novecento, disassoggettarsi dall'isola adiacente e che sedurrà anche Kirby, Gibbons e Cronin con il loro *Re-Inventing Ireland: Culture Society and the Global Economy* uscito diversi anni dopo per lanciare un programma di reinterpretazione della presenza irlandese nel mondo, quando non addirittura per stimolare o, addirittura, istigare lo studioso a rendersi conto di quella presenza non più in posizione che si definisce *subservient* rispetto al mondo economico anglo-americano, ma in modo nuovo, con un proprio patrimonio culturale a sostegno dell'economia; in una parola, una "new culture" (Kirby, Gibbons e Cronin, 2002, 2). La critica americana, Gibbons aveva scritto, tende verso un isolazionismo che impedisce di oltrepassare le zone di rottura per arrestarsi — per quanto riguarda gli irlandesi in USA — al limite della frontiera Atlantica. Quella critica non riconosceva all'emigrato irlandese la *double consciousness* che il nativo caraibico di origine britannica Derek Walcott attribuisce a se stesso in quanto "divided to the vein."[16] Si tratta, per Gibson, di aderire ad una concezione binaria delle varie identità: "insider versus outsider, white versus native, civility versus savagery, innocence versus inheritance, modernity versus tradition" (47). Il senso della perdita che l'emigrato sottoposto a condizione di schiavitù al varco della frontiera Atlantica intrattiene s'intreccia a

---

[16] Dalla poesia di Walcott, "A Far Cry from Africa" (2007).

disomogeneità e rottura, a frantumazione e *noise* (rumore nel senso di disturbo), al turbamento (*unsettlement*) rispetto alla modernità (Baucom, 1-4) — quello stesso turbamento che deve aver assalito il preromantico William Blake quando scrisse "The Tyger," la cui "fearful symmetry" (agghiacciante simmetria) non può che comunicare terrore (Linebaugh e Rediker, 347-349). Quel turbamento anticipa il senso del moderno che si interpreta come un esteso tempo presente, o *now* Atlantico, esperito da schiavi (neri, gialli, irlandesi) che si trovano, loro malgrado, nella rete di traffico e del commercio di loro stessi, all'interno della quale, nell'intersecarsi di strade disparate, si sono formate le diaspore fatte di momenti e anche di una varietà di forme di tempo più o meno tardive. La conclusione di Gibbons è la seguente:

> As the pioneering efforts of Paul Gilroy, Peter Linebaugh and Marcus Rediker, and Ian Baucom have shown in relation to the new "Atlantic studies," it is no longer possible to sequester questions of race, class, and gender within conventional national boundaries, Irish, American, or otherwise. If the Atlantic is a frontier, it traverses time as well as space, as if oceans have memories of their own. (46)

La diaspora si allarga, attraverso tempo e spazio, anche al Pacifico, con riconfigurazioni della fame (*hunger* e *famine*) che interagiscono con discussioni critiche presenti e passate sulla schiavitù in America e in particolare, attraverso la letteratura, nel Sud del Continente (Corporaal 2017a, 49) e diventano — con il retaggio, il ricordo e i traumi funzionali nei contesti politico-sociali di ogni momento (Corporaal 2017b, 1-2) — espressione dinamica della memoria; memoria che lo *Irish Hunger Memorial* contribuisce quotidianamente ad arricchire con nuove e sempre diverse interazioni e permutazioni *in performance*.

OPERE CITATE

Anderson, Benedict. *Imagined Communities. Reflections on the Origin and Spread of Nationalism.* Londra e New York: Verso, 1983.

Aziz, Sartaj. "Abolishing Hunger: The Complex Reality of Food." *Third World Quarterly* 1-4 (1979): 17-27. Web, 2 Maggio, 2018, https://www.tandfonline.com /doi/abs/10.1080/01436597908419457

Baucom, Ian. "Introduction: Atlantic Genealogies." *South Atlantic Quarterly*. 100.1 (2001): 1-13.

Bayor, Ronald H.. *The New York Irish*. Baltimore, MD: Johns Hopkins UP, 1997.

Corporaal, Marguérite. "Black Patches and Rotting Weeds: The Great Famine as a Transcultural Figure of Memory in Irish (Diaspora) Fiction, 1855–1885," in *The Transcultural Turn: Interrogating Memory Between and Beyond Borders*. Jessica Rapson e Lucy Bond (a cura di). Berlino e Boston: de Gruyter, 2014a. 247-266.

_____. "Moving towards Multidirectionality: Famine Memory, Migration and the Slavery Past in Fiction, 1860–1890." *Irish University Review* 47.1 (2017a): 48–61.

_____. *Relocated Memories: The Great Famine in Irish and Diaspora Fiction, 1846-1870*. Syracuse, NY: Syracuse University Press, 2017b.

Corporaal, Marguérite e Jason King. "Irish Global Migration and Memory. Transnational Perspectives of Ireland's Famine Exodus." *Atlantic Studies* 11.3 (26 September 2014): 301-320, ristampato in Corporaal e King. 2017. "Irish Global Migration and Memory. Transnational Perspectives of Ireland's Famine Exodus," in *Irish Global Migration and Memory. Transatlantic Perspective of Ireland's Famine Exodus*. Corporaal e King (a cura di). New York: Routledge. 1-20.

Dolan, Jay. P. *The Irish Americans: A History*. New York: Bloomsbury Press, 2008.

Eagleton, Terry. *Heathcliff and the Great Hunger*. Londra e New York: Verso, 1995.

Errl, Astrid e Ann Rigney. "Cultural Memory and Its Dynamics," in Errl e Rigney (a cura di), *Mediation, Remediation and the Dynamics of Cultural Memory*. Berlino e Boston: de Gruyter, 2009.

Food and Agriculture Organization (FAO); World Food Programme (WFP); European Union (EU). "Global Report on Food Crises 2018," in *Food Security Information Network*, 2018. Web, 2 Marzo 2019, http://www.fsincop.net/resource-centre/detail/en/c/1110426/

Gibbons, Luke. "Ireland, America, and Gothic Memory: Transatlantic Terror in the Early Republic." *boundary 2* 31.1 (Spring 2004): 25-47. Web, 2 Maggio, 2018, https://muse-jhu-edu.biblio-proxy.uniroma3.it/article/54261#REF44

Gilroy, Paul. "Sounds Authentic: Black Music, Ethnicity, and the Challenge of a Changing Same." *Black Music Research Journal*, 11. 2 (Autumn 1991): 111-136.

Hutcheon, Linda. *A Theory of Adaptation*. Londra e New York: Routledge, 2006.

Huyssen, Andreas. "Diaspora and Nation: Migration into Other Pasts." *New German Critique* 88 (2003): 149–50.

Kelly, John. *The Graves are Walking. The History of the Great Irish Famine*. Londra: Faber and Faber, 2012.

Kiberd, Declan. *Inventing Ireland. The Literature of the Modern Nation*. Londra: Jonathan Cape, Random House, 1995.

Kirby, Peadar, Luke Gibbons e Michael Cronin (a cura di). *Reinventing Ireland: Culture, Society, and the Global Economy*. Londra e Stirling, VA: Pluto Press, 2002.

Klein, Christopher. "When America Despised the Irish: The 19th Century's Refugee Crisis." *www.history.com* (March 16, 2017). Web, 2 Maggio, 2018, https:// www.history.com/news/when-america-despised-the-irish-the-19th-centurys-refugee-crisis

———. "In Hamden, a museum dedicated to Ireland's Great Hunger." *Globe* (July 13, 2013). Web, 2 Maggio, 2018, https://www.bostonglobe.com/lifestyle/travel/2013/04/06/hamden-museum-dedicated-ireland-great-hunger/i3vxLQM6MFfjaM30kidh6H/story.html.

Lincoln, Abraham. "Letter to Joshua Speed (August 25, 1855)." *Abraham Lincoln online*. Web, 2 maggio, 2018, http://www.abrahamlincolnonline.org/lincoln/speeches/speed.htm.

Linebaugh, Peter e Marcus Rediker. *The Many-Headed Hydra: Sailors, Slaves, Commoners, and the Hidden History of the Revolutionary Atlantic*. Boston: Beacon Press, 2000.

Moses, A. Dirk e Michael Rothberg. "A Dialogue on the Ethics and Politics of Transcultural Memory," in J. Rapson e L. Bond (a cura di), *The Transcultural Turn: Interrogating Memory Between and Beyond Borders*. Berlino e Boston: de Gruyter, 2014. 29-38.

Nicklas, Pascal e Oliver Lindner (a cura di). *Adaptation and Cultural Appropriation: Literature, Film, and the Arts. Literature, Film and the Arts*. Berlino e Boston: De Gruyter, 2012.

O'Connor, John. *The Workhouses of Ireland. The Fate of Ireland's Poor*. Dublin: Anvil Books, 1995.

Rapson, Jessica e Lucy Bond. "Introduction," in *The Transcultural Turn: Interrogating Memory Between and Beyond Borders*. Berlino e Boston: de Gruyter, 2014. 1-26.

Rothberg, Michael. *Multidirectional Memory: Remembering the Holocaust in the Age of Decolonization*. Stanford: Stanford University Press, 2009.

Smith, Roberta. "A Memorial Remembers The Hungry." *The New York Times* (July 16, 2002). Web, 2 Maggio, 2018, https://www.nytimes.com/2002/07/16/arts/critic-s-notebook-a-memorial-remembers-the-hungry.html.

Whelan, Kevin. "The Green Atlantic: Radical Reciprocities between Ireland and America in the Long Eighteenth Century," in Kathleen Wilson (a cura di). *A*

New Imperial History: Culture, Identity and Modernity in Britain and the Empire, 1660–1840. Cambridge: Cambridge University Press, 2004. 216-238.

Williams, Paul. *Paul Gilroy*. New York: Routledge, 2013.

II PARTE

Narrazioni

Memoria

ESTAR HECHO DE ORILLAS
Memoria, frontiera e migrazione
nella scrittura anfibia di Andrés Neuman

Angela Di Matteo
UNIVERSITÀ DEGLI STUDI ROMA TRE

> "En estado de viaje, mi otra mitad intenta retenerme,
> me secuestra. Quizá moverse permanentemente
> es una forma fugitiva de quedarse."
> (Neuman 2010, 246)

> "Y bien, estoy aquí. ¿Pero dónde es aquí?"
> (Neuman 2010, 250)

Nato a Buenos Aires nel 1977 da una coppia di musicisti emigrati e poi trasferitosi con la famiglia in Spagna, dove attualmente risiede e svolge la sua attività di scrittore, Andrés Neuman rappresenta il paradigma di una generazione de-localizzata, costantemente dentro e fuori da una territorialità di non-patria. Erede di una articolata storia di migrazioni, Neuman descrive in *Una vez Argentina*, romanzo autobiografico del 2003, quello che più che un albero genealogico assomiglia a una mappa famigliare di rotte transatlantiche. L'opera, che ricostruisce nella finzione letteraria le vicende personali sullo sfondo dell'immaginario politico nazionale, viaggia all'indietro nell'Argentina dei ricordi, a tratti confusi ma sempre presenti nella coscienza dell'autore il quale ci racconta avere, da parte materna, due trisnonni e una bisnonna francesi, un bisnonno italo-franco-basco e due bisnonni spagnoli; mentre, da parte paterna, due trisnonni e una bisnonna polacchi, un bisnonno bielorusso, un bisnonno ucraino e una bisnonna lituana. Grazie alla varietà di questo affollato patrimonio linguistico, etnico e religioso, Neuman, cresciuto nel quartiere di San Telmo fino all'età di quattordici anni, non può che dichiararsi profondamente argentino. La sua identità *porteña*, infatti, risiede proprio nell'incrocio di questo insieme di viaggi migratori che hanno storicamente rappresentato la base della struttura culturale dell'Argentina contemporanea. Tuttavia la scrittura, ovvero la messa in ordine all'interno di questa intricata ramificazione transgenerazionale, arriva, per ovvie ragioni anagrafiche, solo dopo aver trovato la sua seconda casa a Granada, città in cui i genitori decidono di stabilirsi a partire dal 1991 perché eticamente impossibilitati a riconoscersi nella politica degli indulti di quegli anni.

> La aduana literaria tiene previstos dos tipos de pasajeros procedentes de Latinoamérica: el exiliado político y el emigrado profesional. Mi itinerario no coincidió con ninguno de estos dos casos. Si bien la emigración familiar tuvo un matiz político, ya que mis padres decidieron abandonar el país en cuanto el nefasto Menem indultó a los pocos militares que habían sido condenados, al menos nadie nos expulsó ni nos proseguió, como sí había ocurrido con mis tíos y con tantos miles de familias argentinas. Tampoco salí del país por razones profesionales o económicas, para buscar trabajo o progresar como escritor. Simplemente fui un niño que viajó con sus padres, adentro de la valija, por que así le decíamos entonces, valija, no maleta a este equipaje que sigue medio abierto, como una cicatriz o quizás una puerta. (Neuman 2014a, 14)

Alla luce di questi primi dati — che descrivono una condizione difficile da definire persino in termini professionali — ci si potrebbe interrogare su come sia opportuno classificare uno scrittore depositario di un'eredità tanto mobile e plurale, creatore di un linguaggio anfibio e che, nel processo di ricostruzione del sé, guarda, dalla sponda iberica, costantemente al passato oltreoceano. Quando il concetto territoriale di nazione non basta a soddisfare integralmente tutte le implicazioni identitarie, probabilmente sarà il caso di munirsi di nuove coordinate culturali che sappiano fare a meno di una dinamica di esclusione: di fatto termini come extra-nazionale, apolide, straniera, non sono sufficienti a descrivere la letteratura di migrazione che, al contrario, si fa portatrice di una prospettiva doppia, instabile, perennemente in bilico tra la vita prima e dopo il viaggio. In questo "traffico delle culture" (Fabietti, Malighetti, Matera 2002, 92), ovvero nel continuo riposizionamento di individui, credenze, simboli, valori e beni materiali e immateriali, prende vita il fenomeno delle culture transnazionali, "strutture di significato che viaggiano su reti di comunicazione sociale non interamente situate in alcun singolo territorio" (Hannerz 1998, 322). Queste nuove identità culturali, individuali e collettive, sorgono nel contesto di quello che Arjun Appadurai definisce attraverso la nozione di "panorama etnico" (*ethnoscape*) e si caratterizzano necessariamente secondo quel doppio meccanismo di privazione dovuto alla deterritorializzazione, privazione fisica del luogo di origine, e dunque alla delocalizzazione, spostamento, temporaneo o definitivo, in uno spazio altro. "As groups migrate," scrive Appadurai, "regroup in new locations, reconstruct their histories, and reconfigure their ethnic projects, the *ethno* in ethnography takes on a slippery, nonlocalized quality" (Appadurai 1996, 48). Per potersi confrontare con queste narrazioni della mobilità, in primo luogo risulterà interessante quanto affermava Julio Cortázar durante una delle sue conferenze tenute a Berkeley nel 1980:

> toda literatura es siempre una expresión directa o indirecta de algún aspecto de la realidad. El solo hecho de que cualquier libro esté escrito en un idioma determinado, lo coloca automáticamente en un contexto preciso a la vez que lo separa de otras zonas culturales, y tanto la temática como las ideas y los sentimientos del autor, contribuyen a localizar todavía más este contacto inevitable entre la obra escrita y su realidad circundante. (Cortázar 2017, 281)

Anche a distanza di anni queste parole possono funzionare da coordinate all'interno della complessa e per certi versi irrisolvibile questione della classificazione. Di fatto Cortázar, a proposito del legame tra la lingua e il contesto, non parla di letteratura nazionale bensì di "zonas culturales," un concetto certamente più ampio e che meglio si presta a una localizzazione, seppur approssimativa, di quegli scrittori che, non appartenendo a un'unica geografia nazionale, trovano il proprio domicilio letterario nello spazio ibrido dell'interstizio. Come scrive Francisca Noguerol Jiménez in "Narrar sin fronteras", "en nuestra época, los límites literarios se han vuelto porosos en todos los órdenes, lo que ha provocado la entrada de otras voces en el canon literario. De ahí la enorme pujanza en nuestros días del concepto *literatura de frontera*" (Noguerol Jiménez 2008, 23). Se, dunque, "la literatura latinoamericana es hoy como la naturaleza según Pascal: una esfera cuyo centro está en todas partes y su circunferencia en ninguna" (Vásquez 2007), non sarà più necessario tentare di collocare secondo specifici ordini di appartenenza una parola che per sua stessa natura appare mutevole ed errante. Per cercare di orientarsi in questa letteratura che fa della frontiera non solo un tema narrativo ma che, anzi, in essa nasce e si modella, bisognerà ripensare i riferimenti culturali di partenza.

Lasciando da parte una terminologia di extra-territorialità, forse più utile a designare fenomeni che si producono al di fuori di uno spazio dato e dunque escluso dalla cartografia letteraria dominante, ci avvicineremo alla scrittura di Andrés Neuman attraverso una prospettiva inter-territoriale capace di accogliere, nell'intermezzo delle *zone culturali*, contaminazioni geografiche e contraddizioni linguistiche. L'estesa produzione letteraria dell'autore ispano-argentino, che comprende romanzi, racconti, saggi, raccolte di poesie, di aforismi, e persino un vocabolario, si fa carico, in ogni sua declinazione editoriale, di questa frontiera interiore propria di chi, nella frattura della migrazione, tocca tanti luoghi e non ne abita nessuno.

> En los aeropuertos se emplea una expresión que define perfectamente la experiencia migratoria: estar en tránsito. Así estamos, eso somos mientras viajamos. Seres en tránsito. Justo antes de salir de viaje nuestra mitad sedentaria se aferra a la quietud, mientras nuestra mitad nómada se anticipa al desplazamiento. El choque entre ambas fuerzas nos provoca una sensación de extravío. Cierta división de nuestra presencia. Por eso venero los aeropuertos, catedrales asépticas donde los pasajeros iniciamos la liturgia de cambiar de estado antes de cambiar de lugar. Los aeropuertos son los únicos templos que hemos sabido erigirle al presente. Verdaderos lugares de tránsito terrenal. (Neuman 2010, 17)

Possiamo allora analizzare la poetica dello scrittore, costruita quasi esclusivamente intorno a personaggi stranieri, "pasajeros en tránsito de su propio destino" (Bournot 2015, 146), attraverso i due grandi vettori dell'esperienza migratoria: il *topos*, ovvero la dimensione strettamente spaziale della frontiera, e il *logos*, e cioè la rappresentazione del movimento umano in questo spazio.

DAL *TOPOS* AL *LOGOS*

L'idea dello spazio nella letteratura di Neuman è sempre legata a una dualità di insufficienza. Si tratta infatti di uno spazio duplice, transnazionale che tuttavia non basta a se stesso. Costretto a una dinamica binaria di negazione, Andrés — non più del tutto argentino ma comunque non ancora o forse mai abbastanza spagnolo — vive un'identità sdoppiata in cui ognuna delle sue metà obbedisce al paradosso della necessità dell'altra.

> Un día antes de viajar a la Argentina evidente, la geográfica, me encuentro con la Argentina invisible. En la feria del libro de Madrid conozco a seis o siete jóvenes con un acento raro, el habla mixta. Conversamos un rato. Me cuentan historias parecidas a las mías. Escuchándolos, pienso en lo absurdo que resulta dividir a la gente de un país en *dentro* y *fuera*. Estos anfibios existen y no le restan nada al mapa de su país de origen. Más bien lo estiran, lo transplantan. Nos despedimos con una rara familiaridad extranjera. Los veo irse uno por uno, hijos y nietos y bisnietos de argentinos caminando despacio, perdidos y encontrándose, imperfectamente madrileños, incompletamente argentinos, patriotas de los azares de la vida, ahí, en mitad del parque del Retiro, en medio de ninguna parte. (Neuman 2010, 17)

Interiormente frammentato da questa mappa di geografie genetiche biforcate, l'autore, in un saggio che apre un volume interamente dedicato alla sua narrativa, si descrive attraverso l'immagine di una valigia dal doppio fondo e dalla doppia nazionalità. "Viajar con dos pasaportes" — scrive — "al fin y al cabo, es un modo de sentirse extranjero en tus dos patrias" (Neuman 2014a, 13). Il saggio, non a caso, si intitola "Identidad de mano," proprio a voler sottolineare la somiglianza con quel bagaglio portatile simbolo di un movimento di dislocazione perpetua tra un 'prima' e un 'dopo', un 'qui' e un 'lì', in un costante andirivieni tra una sponda e l'altra dell'oceano. *Una vez Argen-*

tina, che ricostruisce le vicende che i vari membri della sua famiglia vivono in territorio americano (dallo sradicamento all'invenzione di due cognomi, dalla militanza politica alle contaminazioni linguistiche) conserva intrinsecamente questa doppia prospettiva: non solo il romanzo viene materialmente scritto a Granada ma si conclude, a livello intratestuale, proprio con la partenza finale per la Spagna. Secondo una struttura di ciclicità chiastica, la Spagna è luogo di arrivo e luogo di partenza, spazio della presenza da cui l'autore può divenire, attraverso la scrittura, testimone di uno spazio assente. La città di Buenos Aires, a cui approdano tutti i suoi parenti provenienti dalle diverse parti d'Europa e che invece lui lascia durante l'adolescenza, si trasforma così in un cronotopo della memoria: mentre per gli altri rappresentava la terra dell'av-venire che avrebbe accolto ogni nuova promessa di futuro, per lui è la città del "prima" e del "lì", e si tramuta, seppur nella distanza, nella sua unica interlocutrice possibile. "Mi Buenos Aires natal", scrive nelle prime pagine del romanzo, "lugar donde no estoy y permanezco" (Neuman 2014b, 15). Lo spazio e il corpo subiscono dunque la stessa mutilazione: il radicamento all'interno di uno spazio geografico produce inevitabilmente un radicamento dello spazio corporale che, nell'allontanamento della migrazione, vi permane tuttavia nella sua proiezione fantasmatica. "Aterrizo con parte de mí en otra parte" (Neuman 2010, 21) scriverà poi in *Cómo viajar sin ver. Latinoamérica en tránsito*, una sorta di diario di viaggio pubblicato nel 2010 in cui riflette, in una prospettiva non finzionale, sul suo status transeunte di individuo di passaggio, di eterno straniero poiché troppo argentino per essere spagnolo ma ormai troppo spagnolo per tornare ad essere argentino. Proprio come la patria si divide in due sponde, così il corpo, geografia di carne in cui si rispecchia la precarietà territoriale, si separa nello spazio e nel tempo: "[a]l viajar a determinados lugares, nos desplazamos hacia delante con el cuerpo y hacia atrás con la memoria. Entonces avanzamos hacia algún pasado" (Neuman 2010, 39). Per definire la dimensione topologica di chi è sempre "a punto de partir, pero quedándo[s]e" (Neuman 2014a, 257), risulta interessante tornare alla classificazione che Merleau-Ponty fa dello spazio nel suo studio sulla *Fenomenologia della percezione* (1945). Contrapponendolo allo spazio geometrico, ovvero lo spazio misurabile in maniera lineare, univoca e valida per tutti i soggetti, Merleau-Ponty parla di *spazio antropologico*, di quella "distanza vissuta che mi collega alle cose che contano ed esistono per me e le collega tra di esse" (Merleau-Ponty 1972, 375). Lo spazio antropologico è perciò quello spazio personale che dipende dalla singola percezione del soggetto e che deve necessariamente tenere conto non solo della tensione vitale tra il soggetto e lo spazio ma degli spazi interni al soggetto. Nella prospettiva del filosofo francese, lo spazio non è dunque semplicemente una superficie percorribile dal corpo ma è soprattutto una capacità insita al corpo di estendersi su una distanza interiore in grado di connettere i luoghi ai ricordi di tutto un vissuto esperienziale. Lo spazio antropologico, che prescinde dall'esattezza topologica e temporale della territorialità materiale ("la Argentina evidente"), si apre invece alla molteplicità della percezione che, in grado di portare nel presente spazi lontani e vicini, rappresenta una geografia psichica ("la Argentina invisible") che rende possibile "essere altrove pur rimanendo qui" (Merleau-Ponty 1972, 374). Il *topos*, inteso dunque non solo come l'area compresa all'interno dei limiti nazionali ma come il luogo in cui il soggetto entra in relazione con gli altri e con il contesto linguistico, politico e sociale, "es elemento fundamental de toda identidad, en tanto que autopercepción de la territorialidad y del espacio personal" (Aínsa 2006, 22-23).

Uno degli scenari certamente più paradigmatici della narrativa *en tránsito* di Andrés Neuman in cui è possibile percepire appieno la stretta correlazione tra identità e contesto appartiene senza dubbio alle pagine de *El viajero del siglo* (2009). Ambientato nella città mobile di Wandernburgo, dove ogni giorno le strade si spostano e si riconfigurano in una nuova cartografia urbana, il romanzo propone un ambizioso montaggio di citazioni, linguaggi e prospettive in cui viaggiare e tradurre corrispondono alla medesima azione. Lo spazio perde così la sua qualità di riferimento immutabile e Wandernburgo, che "nunca sabe dónde están sus fronteras, hoy aquí y mañana allá" (Neuman 2009, 87), muta fisionomia esattamente al pari della lingua, in perpetuo movimento da una sponda all'altra dei diversi codici idiomatici. Applicando questa filosofia degli spazi interiori alla percezione migrante di Neuman, capiamo allora come il concetto di patria corrisponda effettivamente a un luogo che, anche quando non sia definibile nei suoi confini geometrici e sia evanescente nella sua dimensione strettamente geografica, prende le sembianze di un *antropo-topos*, e cioè dello spazio dell'esperienza umana, di quel personalissimo corredo di suoni e immagini che fondano il nucleo della memoria famigliare e al contempo della memoria culturale nazionale.

Aprendo la prima pagina di *Una vez Argentina*, in cui si annuncia un viaggio a ritroso nel passato attraverso il ritrovamento di una lettera, si legge: "Tengo una carta y una memoria inquieta. La carta es de mi abuela Blanca, con los renglones levemente borrosos. La memoria es la mía, aunque no me pertenece sólo a mí. Su miedo es el de siempre: desaparecer antes de haber hablado" (Neuman 2014b, 11). Nella rievocazione e verbalizzazione del passato, la memoria, e cioè la ricostruzione della relazione tra il soggetto e lo spazio di appartenenza, si tramuta in una nuova forma di traduzione che fa del *logos* strumento narrativo di ri-ubicazione. Tuttavia anche qui, nel territorio della parola, ancora non è possibile scorgere un'esatta collocazione per l'autore. A differenza dei suoi famigliari francesi, bielorussi, ucraini, polacchi o lituani trapiantati in Argentina, Neuman non vive il trauma della lingua assente ma oscilla, come lui stesso lo definisce, in un "territorio de habla marcado por la duda de un español bifurcado" (Neuman 2014a, 15), in una "doble orilla oral" (Neuman 2014b, 94). Questo spagnolo bifronte, "lengua anfibia, a medio camino" (Neuman 2014a, 15), a tratti iberico e a tratti americano, è portatore di una frattura invisibile all'interno della percezione intima dello scrittore che, proprio per la fluidità della frontiera mobile di una lingua transnazionale, è costretto a un costante processo di ricodificazione.

> Para relacionarme con mis compañeros de colegio en Granada, pasaría mi adolescencia traduciendo íntimamente del español al español, de un sur a otro sur. Buscando equivalencias, comparando giros, pensando cada palabra desde ambos lados. Con el tiempo, ese aprendizaje desdoblado terminaría siendo la única manera posible de aproximarme a mi idioma. (Neuman 2014b, 274)

Rispetto all'esperienza migratoria dei parenti, che hanno dovuto confrontarsi con il dramma dell'incomunicabilità prima di poter raggiungere "un perfecto castellano extranjero" (Neuman 2014b, 33), la conversione socio-idiomatica dell'autore è indubbiamente meno dolorosa sebbene nasconda un'ingannevole e inaspettata trappola linguistica. Di fatto nel passaggio dall'Argentina alla Spagna, il nuovo codice europeo, per quanto simile a quello americano, è comunque portatore di un diverso modo di percepire lo spazio culturale e di autorappresentarsi in esso. "A punto de aterrizar en Granada, mi Granada" — annota nel diario di viaggio — "intento traducir las nubes que atravesamos. ¿En qué dialecto le hablaré a mi familia cuando la abrace? ¿Les diré tú o vos? ¿Ustedes o vosotros? ¿A mi amor le diré *sielo* o cielo? Aterrizar es una duda tan alta como despegar" (Neuman 2010, 247). Non dividendo la lingua d'origine e la lingua d'arrivo in due sistemi distinti che proprio nella separazione probabilmente avrebbero trovato la loro reciproca sopravvivenza, Neuman assiste a una graduale *stranierizzazione* della lingua materna, a un'erosione, a uno sgretolamento dei confini interiori della matrice di partenza.

> Interiorizar un habla forastera. Arraigarse en la ausencia de lugar. Esa fue la experiencia de mi bisabuelo español y, un siglo más tarde, también la mía. Así que en cierta forma Juan Jacinto prefiguró mi voz, o sus dos modulaciones, en el orden inverso: al revés que él, yo pasaría la infancia en Argentina y la adolescencia en España. Tratándose de dos tierras que en teoría hablan el mismo idioma, podría suponerse que ese desplazamiento no propicia una crisis lingüística tan intensa como la emigración a un país de habla extranjera. Sin embargo, en tal caso el habla nativa puede convertirse en un reducto de certeza, en un bastión de identidad frente a lo extraño. Cuando la mudanza altera en cambio esa misma lengua que se creía propia, lo que se desestabiliza es la base del habla con uno mismo. Es decir, la propia condición de la escritura. (Neuman 2014b, 273-274)

Trattandosi di una diversa latitudine dello stesso idioma, l'atto locutorio e l'atto scrittorio vengono allora sottoposti a un continuo processo di autoanalisi e autotraduzione.

Cuando afronto un texto — racconta in "Identidad de mano" — parto de la consciencia de tener dos orillas idiomáticas, y que ambas me son naturales o adoptivas en la misma medida. No se trata simplemente de tener en cuenta que el lector podría ser español o latinoamericano, de Granada o Buenos Aires, sino de que, incluso para hablar conmigo mismo, mi idioma oscila según las circunstancias. (Neuman 2014a, 15)

Se allora, pensando al *logos* nella sua doppia accezione di "parola" e insieme di "ragionamento" ricalcassimo il paradigma cartesiano e dicessimo non solo "penso dunque sono" ma anche "parlo dunque sono" poiché "sono *come* parlo," precisamente quale sarà il profilo ontologico di un individuo la cui lingua è oscillante, mista, variabile? Probabilmente, utilizzando un'espressione di Fernando Aínsa, si tratterà di un parlante di "palabras nómadas" (Aínsa 2012) in grado non solo di passare da una variante all'altra ma di creare strategie di agglutinamento capaci di accogliere, in un unico sistema, le forme d'oltreoceano come se fosse una sorta di "dialecto koiné, musicalmente equidistante de las dos orillas, que suene lo más natural posible en ambas" (Neuman 2014a, 16). Parlando simultaneamente non due lingue ma due tipi di discorso appartenenti alla stessa lingua, Andrés Neuman costruisce, nella frontiera dell'eteroglossia, un dialogismo riflessivo che, nell'oggettivizzazione del sistema madre e nell'assimilazione di un sistema altro, lo obbliga a un perenne atto di ri-significazione.

"La orilla iba a moverse," leggiamo nelle ultime pagine di *Una vez Argentina* che preannunciano l'imminente viaggio per l'Europa. "Siendo la misma, mi lengua iba a cambiar: materna y extranjera para siempre. ¿Cambiaría también mi memoria?" (Neuman 2014b, 272). L'autore trova risposta a questo interrogativo proprio nella riscrittura del romanzo: a distanza di undici anni, infatti, Neuman decide di ripensare le pagine della sua storia e proporne ai lettori una nuova edizione. Il tempo che lo separa dalla prima versione costituisce un momento di svolta decisivo: le modifiche che Neuman apporta nella seconda stesura non rappresentano semplici sostituzioni stilistiche ma testimoniano il raggiungimento di una più profonda presa di coscienza delle vicende famigliari tragicamente segnate dalla dittatura militare e, più in generale, dall'intera condizione migratoria. Nella versione pubblicata nel 2014, pressoché invariata nelle macro-sequenze narrative, gli interventi dell'autore rispondono alla necessità urgente di conformare il racconto dell'eredità famigliare sulla base delle nuove consapevolezze politiche. "Yo rescribí", racconta durante una conferenza del 2018 presso l'Università Roma Tre, "en tanto que mi colectividad, mi sociedad también empezó a recordar de otra manera."[1] Nel palinsesto della parola, traccia mnemonica in continua evoluzione, "los recuerdos, antes recortados, quitados, desaparecidos, ahora son subrayados, resaltados, glosados. La edición del 2014 de esta obra se construye a partir de sobre-escrituras que imprimen en el texto-rostro nuevo otras formas de volver a casa" (Pacheco 2017, 32). In questa sovrascrittura del passato, espressione concreta di una memoria mai definitiva ma che si presta a un sempre attivo processo di revisione, il romanzo adotta strategie linguistiche di ricodificazione capaci di riflettere il nuovo orizzonte identitario dell'autore. Nella sezione finale del romanzo, ad esempio, in cui il narratore quattordicenne immagina di salutare amici e parenti prima di decollare per Granada, leggiamo nell'edizione del 2003: "Adiós a todos mis ancestros, imaginada sangre mía, adiós, ancestros, ojalá algún día sepa vuestras historias. El último peldaño se plegaba. Personajes, adiós, dadme memoria" (Neuman 2009, 252). Nell'edizione del 2014 "Adiós" viene modificato con "Chau" e gli aggettivi possessivi del tutto eliminati: "Chau, ancestros, imaginada sangre. El último peldaño se plegaba. Chau, personajes, chau" (Neuman 2014b, 285). Se dunque da un lato si inserisce un saluto più vicino alle coste argentine, dall'altro, omettendo gli indicatori di possesso, sembra invece diminuire la distanza con le coste spagnole. Nella scelta di un lessico argentinizzato e della successiva spoliazione aggettivale possiamo intravedere una più adulta coscienza dell'identità "oscillatoria" del migrante. Questo spagnolo dalle molteplici facce e possibilità, definito

---

[1] Presso il Dipartimento di Lingue, Letterature e Culture Straniere dell'Università Roma Tre, il 21 marzo 2018 gli scrittori Andrés Neuman e Federico Falco hanno tenuto una conferenza dal titolo "La literatura argentina entre Europa y América Latina: idas y vueltas", incontro coordinato da Camilla Cattarulla e in collaborazione con l'Ambasciata della Repubblica Argentina in Italia.

come "un planeta dentro de la boca" (Neuman 2010, 235), che muta lessico, accento e cadenza a seconda della contingenza, si riflette anche nella manipolazione cronologica del romanzo che insegue, nei suoi racconti, la logica associativa dei ricordi. In realtà questa condizione di mobilità, che a livello narrativo si proietta sull'intera organizzazione del testo in cui vige una totale anarchia temporale, appartiene già alle primissime righe dell'opera a cui torniamo per riscoprire un indizio prezioso: quella "memoria inquieta" del narratore, che accompagna la lettera della nonna Blanca, nella versione originale portava il nome di una "memoria asustada" (Neuman 2009, 15). L'evoluzione dalla paura all'inquietudine, e cioè dalla paralisi dell'ignoto all'affanno per la scoperta, risulta cruciale. Negli anni che separano le due edizioni, Neuman pubblica ben quindici libri tra romanzi, antologie, saggi e raccolte di racconti e di poesie, in cui ha modo di sperimentare una certa poetica del dubbio, dell'incerto, di qualcosa che è sempre sul punto di divenire qualcos'altro. La memoria, proprio come la patria e la lingua, si colloca così al centro di un perpetuo atto di riscrittura. In questa congiunzione tra il movimento e la narrazione, *topos* e *logos* confluiscono nella medesima dimensione poiché, come scrive Mempo Giardinelli, "Literatura y Viaje han sido, a lo largo de los siglos, no una misma cosa pero sí paralelos casos perfectos. Me atrevería a decir, incluso, que es difícil concebir a la literatura sin viaje, como es casi imposible que un viaje no provoque literatura" (Giardinelli 2008, 30).

Grammatica di una geografia interiore, la scrittura diviene per Neuman un biglietto per viaggi illimitati, eterni ritorni a luoghi mai del tutto abbandonati. "Siempre he necesitado una maleta para escribir un libro. A veces he escrito viajando. Otras veces he viajado escribiendo. No me refiero al traslado, que es un accidente. Sino al movimiento, que es una actitud. El viaje como actitud, como punto de vista, como sintaxis" (Neuman 2014a, 12). La parola diventa quindi stella polare di un cielo sconosciuto, coordinata di una cartina assente, unico mezzo possibile per rintracciare la propria ubicazione all'interno del movimento. "Ya no sé quién, cómo, dónde soy. Quizás esa identidad sea más real que otras" (Neuman 2010, 249): in questo "no sé" si concretizza l'essenza dello scrittore migrante che, incapace di dare una precisa definizione di se stesso, scopre, al contrario, che la sua identità risiede proprio nello spazio aperto di una frontiera inclusiva che "como membrana permeable permite la ósmosis de campos culturales diversos" (Aínsa 2006, 229). Con questa nuova consapevolezza geografica ed esistenziale, che trova nella doppia nazionalità non più una frattura da ricomporre ma una pluralità da accogliere, abitare la frontiera significa abitare lo spazio della parola, bussola errante che non conosce confini e che, anzi, nella radice biforcata di una lingua anfibia, "puede duplicar el tiempo" (Neuman 2014b, 124). Passeggero di una frontiera globale, Andrés Neuman vive nel territorio interstiziale di una patria aerea che, da un lato all'altro della parabola atlantica, gli rivela infine la bellezza di "estar hecho de orillas" (Neuman 2014b, 124).

OPERE CITATE

Aínsa, Fernando. *Del topos al logos: propuestas de geopoética*. Madrid: Iberoamericana, 2006.

_____. *Palabras nómadas. Nueva cartografía de la pertenencia*. Madrid: Iberoamericana, 2012.

Appadurai, Arjun. "Global Ethnoscapes: Notes and Queries for a Transnational Anthropology," in Appadurai A., *Modernity at Large: Cultural Dimensions of Globalization*. Minneapolis: University of Minnesota Press, 1996.

Bournot, Estefanía. "Rutas y encrucijadas: cronotopos de la narrativa contemporánea latinoamericana." *Anales de Literatura Hispanoamericana* 44 (2015): 139-148.

Cortázar, Julio. *Clases de literatura. Berkeley, 1980*. Barcelona: Debolsillo, 2017.

Fabietti, Ugo; Malighetti, Roberto; Matera, Vincenzo. *Dal tribale al globale. Introduzione all'antropologia*. Milano: Mondadori, 2002.

Giardinelli, Mempo."Literatura y viaje en el fin del mundo: La Patagonia y algo más," in Mattalia S., Celma P., Alonso P. (a cura di), *El viaje en la Literatura Hispanoamericana: el espíritu colombino*. Madrid: Iberoamericana, 2008.

Hannerz, Ulf. *La complessità culturale. L'organizzazione sociale del significato*. Bologna: Il Mulino, 1998.

Merleau-Ponty, Maurice. *Fenomenologia della percezione*. Milano: Il Saggiatore, 1972.

Neuman, Andrés. *Cómo viajar sin ver*. Madrid: Alfaguara, 2010.

_____. *El equilibrista*. Barcelona: Acantilado, 2005.

_____. *El viajero del siglo*, Madrid: Santillana, 2009.

_____. "Identidad de mano," in Andrés-Suárez I., Rivas A. (a cura di), *Andrés Neuman*. Madrid: Arco/Libros, 2014a.

_____. *Una vez Argentina*. Barcelona: Anagrama, 2009.

_____. *Una vez Argentina*. Madrid: Alfaguara, 2014b.

Noguerol Jiménez, Francisca. "Narrar sin fronteras," in Montoya Juárez J., Esteban Á. (a cura di), *Entre lo local y lo global. La narrativa latinoamericana en el cambio de siglo (1990-2006)*. Madrid: Iberoamericana, 2008.

Pacheco, Lorena. "Argentina, otra vez, la memoria revisitada de un migrante," in Siracusa, G. (a cura di), *La tercera orilla: estudios sobre poéticas*. Neuquén: EDUCO-Universidad Nacional del Comahue, 2017.

Vásquez, Juan Gabriel. "Guerra contra el cliché." *El País*, 24/11/2007. (https://el pais.com/diario/2007/11/24/babelia/1195864769_850215.html).

EL VIAJE MIGRATORIO DE LOS CENTROAMERICANOS POR MÉXICO ENTRE CRÓNICA Y FICCIÓN LITERARIA

Ana María González Luna
UNIVERSIDAD DE MILÁN, BICOCCA

El drama de los migrantes centroamericanos que en su viaje hacia los Estados Unidos transitan obligatoriamente por el territorio mexi-cano ocupa actualmente un espacio significativo en la crónica periodística y en la narrativa de ficción. El relato testimonial que ofrecen tanto la novela, *Amarás a Dios sobre todas las cosas*, de Alejandro Hernández, como las crónicas recogidas en *Los migrantes que no importan*, de Oscar Martínez, permiten analizar los diversos recursos literarios y lingüísticos utilizados por los autores. Recursos con los cuales crean un imaginario poético de lo indecible de la violencia que caracteriza el camino del migrante desde su inicio, su propio país, su casa. La palabra en los dos textos que propongo se encarna en rostros e historias individuales y se transforma en instrumento literario de denuncia y resistencia.

❧

La migración centroamericana que pasa por México es el tema de los dos textos que propongo en este trabajo: Una novela, *Amarás a Dios sobre todas las cosas*, de Alejandro Hernández (2013), y una crónica, *Los migrantes que no importan*, de Oscar Martínez (2010). Ambos textos describen, cuentan el viaje por México de migrantes hondureños, salvadoreños y guatemaltecos — el llamado triángulo norte de Centro-américa — que entre 2005 y 2010 han dejado su casa con la intención de llegar a Estados Unidos, o de quedarse a trabajar en México.

La experiencia personal del camino del migrante vivida por cada uno de los autores en el mismo periodo (entre 2005 y 2010) está a la base de sus relatos y se ha transformado en motor de una escritura que es representación literaria de la migración encarnada en sus personajes, en sus testigos. El escritor mexicano Alejandro Hernández recorrió las rutas migratorias en Centroamérica, México y Estados Unidos durante cinco años y formó parte del equipo que investigó y redactó el primer informe de la Comisión Nacional de Derechos Humanos (CNDH) sobre secuestros de migrantes. Oscar Martínez, periodista salvadoreño, que empezó a ocuparse de los migrantes centroamericanos que atraviesan México en 2006, apoyado por el periódico digital salvadoreño *El Faro*, realizó el viaje de y con los migrantes desde enero de 2007 hasta mediados de 2011. Las catorce crónicas construidas a partir de los testimonios recogidos durante su viaje, recopiladas y ampliadas en su estrujante y bien documentado libro *Los migrantes que no importan* cubren un lapso de tiempo bien delimitado: de octubre de 2008 a diciembre de 2009. Un periodo temporal que coincide con la novela de Hernández y que corresponde a años de flujo creciente de migrantes centroamericanos, inmediatamente anteriores al fatídico 25 de agosto de 2010 cuando la noticia de la masacre de los 72 migrantes por mano de la criminalidad organizada en un rancho del norte de México, San Fernando, Tamaulipas, visibilizó brutalmente el drama de dichos migrantes y su desaparición en su paso por México. Ese drama es el que, a partir de una consistente documentación y una rica base de testimonios de primera mano, relatan y denuncian tanto Alejandro Hernández, como Oscar Martínez. El hecho de la masacre de San Fernando marca un antes y un después en la narrativa sobre la migración centroamericana en su tránsito por México. En el caso específico de estos autores, encontramos sus terribles efectos en crónicas que sucesivamente escribió Martínez (2016)[1], mientras que en la novela esa masacre será precisamente el escenario en el cual Hernández coloca el tremendo destino de Walter, protagonista principal, y pone punto final a su narración:

---

[1] En este sentido, las crónicas recopiladas en *Los migrantes que no importan*, demuestran ante las autoridades y la prensa oficial que el fenómeno ya existía, pero estaba ocultado, lo negaban, aunque estuvieran informados de lo que sucedía con los migrantes en su paso por México. Véase la crítica que Martínez hace en su artículo "Nos vemos en la próxima masacre del migrantes" (2010), donde insiste en que la masacre de migrantes había empezado desde el 2007 y acusa a los políticos de mentirosos porque sabían lo que estaba sucediendo.

El 25 de agosto de 2010, los periódicos de México y del mundo publicaron que setenta y dos migrantes habían sido asesinados en un rancho del municipio de San Fernando, estado de Tamaulipas. Walter estaba entre ellos. (Hernández 2013, 313)

A partir de los testimonios recogidos a lo largo del camino en numerosas entrevistas, conversaciones y experiencias compartidas, cada autor fue elaborando sus textos: una novela testimonial y una crónica periodística. Un relato de ficción y otro de no-ficción construyen, con sus propios recursos lingüísticos y literarios, un imaginario dramática-mente poético de la violenta realidad del migrante centroamericano. La palabra se encarna en rostros e historias individuales transformándose en instrumento literario de denuncia y resistencia, sin por ello tratar de definir la violencia ni explicar el concepto universal de migrante. Con el recurso del lenguaje estos autores se niegan a aceptar el mundo tal como es, lo contradicen y se atreven a imaginarlo y hablarlo de otro modo (Steiner 1994), asumen la narración como la posibilidad de dar sentido, revelar el significado de la experiencia del camino del migrante.

Desde expresiones literarias distintas, a partir de la escucha, narran de cuerpos violentados, humillados, desmembrados, de personas concretas que tienen nombre y apellido, una identidad, una historia propia (Cavarero 1997), que podrían perder si cayeran en el limbo de los desaparecidos. Al narrar las historias de emociones, miedos y esperanzas de los protagonistas del viaje, los escritores acercan al lector al infierno de la migración, y ambos lo hacen con sensibilidad, pero sin mira-mientos. Rompen el silencio, desvelan la violencia y nos ponen ante el espejo de una sociedad fragmentada — la nuestra —, lastimada, dolida, pero dejando abierta la posibilidad de vivirla como una forma de fraternidad. Junto a los datos objetivamente medibles, a las estadísticas que hablan de números de migrantes, secuestros, heridos, violaciones, trata de blancas, estadísticas del horror que nos dan la impresión de que todos somos vulnerables, matables, podemos medir subjetivamente la violencia a través de las emociones como el miedo, la ira, la tristeza (Reguillo 2012, 37). Es precisamente en esta dimensión analítica de la violencia experimentada por los actores sociales, subjetivamente percibida, y que tiene que ver con la expansión del miedo, la indefensión y la vulnerabilidad donde se coloca la narrativa de Alejandro Hernández y de de Oscar Martínez.

Como narrativa de ficción, *Amarás a Dios sobre todas las cosas* tiene las características de una novela testimonial. Alejandro Hernández crea personajes de ficción con la ayuda de los numerosos testimonios que fue recogiendo a lo largo de cinco años, en una operación en que los límites entre la ficción y la no-ficción parecen diluirse. *Los migrantes que no importan*[2], recoge relatos que Martínez escuchó, anotó y trans-formó en crónicas periodísticas. En la elaboración de la información obtenida, nada es fruto de la imaginación, solo los nombres son necesariamente ficticios, por exigencia de los mismos testigos que, al vivir en una atmósfera amenazante permeada por el miedo y la violencia, no quieren ser identificados.

La materia común de la narración introduce al lector, en ambos casos, en el infierno del migrante. La novela de Hernández se abre significativamente con un epígrafe dantesco: "Dejad, todos los que aquí entráis, toda esperanza (Dante Alighieri, Inscripción a la entrada del infierno. Infierno II, 9, Divina Comedia)" (Hernández 2013, 7). Martínez, en la introducción a sus crónicas, explicita desde las primeras líneas el motivo de su escritura: la propia rabia, alimentada por la realidad infernal del migrante que ha visto, olido, sentido: "Este libro empezó por la rabia. Lo curioso es que en ese mismo lugar terminó" (Martínez 2010, 15).

No solo la materia, también la perspectiva es compartida en cuanto tanto las crónicas como la novela se escriben desde el terreno mismo de la víctima, la travesía de los indocumentados que deben recorrer tres mil kilómetros de un México escondido, hostil, amenazante, racista, a veces solidario y siempre desconocido. La atención se desplaza hacia las víctimas — despersonalizadas, vulnerables- de la violencia sistémica.

---

[2] Varias crónicas coinciden con las que aparecen en el documental de la cineasta salvadoreña Marcela Chamorro, *María en tierra de nadie*, coproducido con el periódico digital *El Faro* (2010). Se realizó a partir del testimonio de las migrantes centroamericanas expuestas al secuestro, el asesinato, las violaciones y los robos en un camino de 3.000 kilómetros que separan la frontera sur y Norte de México.

El eje de la novela de Alejandro Hernández es cronológico y se estructura en cinco partes — "La ley de la acumulación de las desgracias"; "Preguntando todo se sabe"; "En el centro de lo imposible"; "Aquí no existe Dios"; "Dejame morir dando un paso"-, cada una de las cuales consta de diez capítulos numerados y carentes de título que van narrando la evolución de los hechos y el destino de los personajes. En cambio, las catorce crónicas de Oscar Martínez están organizadas según un eje espacial que va del sur al norte, de Centroamérica hacia la frontera entre México y Estados Unidos, "para que alguna sensación de viaje le quede al lector" (Martínez 2010, 17). La sensación es la de un viaje infernal.

Sur y norte, norte y sur, las vías del tren, el río Bravo, el albergue, todo lleva a la percepción de una frontera múltiple y móvil, un espacio de riesgo continuo, umbral de la violencia. En estos géneros de narrativa la frontera ha dejado de ser un territorio delimitable por una geopolítica, para transformarse en espacio del horror que autoriza o niega la vida misma (Cavarero 2009).

El centro de la narración es siempre el camino, como tiempo y como espacio, como un tiempo circular y un espacio sin confines que desorientan y angustian. Un espacio móvil, que borra o transforma las fronteras; un constante movimiento que tiene una única dirección: el norte; ahí está ubicado el sueño estadounidense de riqueza, de posibilidades: "un lugar, un rumbo, un paraíso". Un sueño alimentado por la palabra del otro, el que ya estuvo y volvió con dólares y con muchas historias que contar. Un mito que se hereda, generación tras genera-ción, el norte es "como un espejismo que se nos pone frente a los sueños desde niños, yo crecía con postales de Estados Unidos debajo de la almohada, pero nunca tuve el ánimo para ir a buscarlo, hasta ahora, y miren nada más dónde andamos, medio extraviados, medio hambrien-tos, medio muertos" (Hernández 2013, 90).

El camino parece tener vida y moverse al ritmo de los pasos de los migrantes, caminantes que van de paso, transitan, cambian. El camino huele, suena (Martínez 2010, 16), se cobra vidas y se construye con las historias de los migrantes, con sus palabras, sus gestos, sus heridas, sus miedos, sus pasos. El lector recorre ese camino gracias al lenguaje que hace posible su representación y con el cual "podemos 'experimentar' por poderes un mundo del que nosotros, los dueños de dicho mundo, hemos sido eliminados" (Bauman 2005, 131).

En la novela se deja amplio espacio al origen del viaje, que se construye en la imaginación a través de los relatos de generaciones, con las cartas que de vez en cuando llegan, en las fantasías que tienen la función de cubrir carencias y ausencias. Esto lleva naturalmente a privilegiar la mirada hacia el pasado, a la historia familiar que se lleva en el viaje. El presente del viaje, por el contrario, se impone en las crónicas, sin por ello omitir las referencias al pasado y la proyección vital hacia el futuro.

Hay paradas necesarias e incluso obligadas en el camino, se trata sobre todo de espacios de dolor, de cuidado y protección. Los albergues aparecen como un remanso en el camino, las casas que diariamente acogen a mutilados víctimas del tren —la Bestia — son lugares de curación y cuidado, donde hay mucho dolor (Hernández 2013, 173). Espacios que existen gracias al trabajo de personas, como el padre Alejandro Solalinde, a quien Martínez dedica su libro, o la señora Olga de la casa para mutilados, que son testigos vivos de la solidaridad y fuente invaluable de información tanto para los migrantes como para nuestros autores.

En este largo y accidentado viaje del migrante centroamericano, "el tren es el vínculo, el tema que no se rechaza, la palabra que todos dicen y quieren oír" (Hernández 2013, 93). El tren les permite avanzar hacia la meta, adquiere vida propia, respira, ruge, chilla, golpea y poco a poco se va transformando en bestia que mutila, en diablo que se cobra vidas; es, en algunos momentos, medio de salvación y, en otros, de condena; es cárcel y es libertad. Metáfora ambivalente del camino, salvación y condena, es "el insondable ser de la noche, inmenso, indestructible, salvador y asesino, generoso y mezquino, el monstruo que transporta sueños y mata migrantes, el amado enemigo que a unos les da alas y a otros les arranca piernas y manos" (Hernández 2013, 103).

> Esta es la Bestia, la serpiente, la máquina, el monstruo. Rodeado de leyendas y de historias de sangre. Algunos supersticiosos cuentan que es un invento del diablo. Otros, dicen que los chirridos que desparrama al avanzar son voces de niños, mujeres y hombres que perdieron

la vida bajo sus ruedas. Acero contra acero. Una vez escuché una frase en uno de estos viajes nocturnos. "Este es primo hermano del río Bravo, porque la misma sangre tienen, sangre centroamericana". (Martínez 2010, 68)

La Bestia y el Río Bravo parecen unir las dos fronteras, ofreciendo un destino mortal al migrante. El río es tumba de migrantes, el tren es causa de muerte, de mutilación.

Inicio de un recorrido de la muerte, está siempre presente en los testimonios de migrantes que viven el tren y en el tren, aprenden a conocerlo y a reconocer su lenguaje de sonidos y movimientos, a descifrar su código. Martínez titula una de sus crónicas "La Bestia" y la define como "el camino por excelencia del centroamericano indocu-mentado. Este es su medio de transporte, estos sus asaltantes y estas las vías donde las ruedas de acero han troceado piernas, brazos, torsos, cabezas. Migrantes" (Martínez 2010, 64). Causa de la muerte y la fragmentación de los cuerpos.

A su vez, el tren es un territorio neutro donde todos, al viajar en las mismas condiciones de vulnerabilidad, son iguales y forman un 'nosotros' en el que las distancias sociales y las diferencias se borran en un tiempo limitado por el viaje. Es, según Martínez, el espacio privi-legiado para entrevistar a los migrantes:

> Arriba, mientras todo se contonea, es el mejor momento para con-versar con un migrante. Te reconoce como igual. Estás en su terri-torio, y es tu colega si has hecho un pacto de solidaridad con él. Compartir cigarrillos, agua, comida o firmar un acuerdo para atacar en caso de necesidad. Ese pacto terminará cuando el tren se detenga en su siguiente punto, y ahí es donde se tiene que decidir si se renueva. (2010, 69)

La vulnerabilidad del migrante borra las diferencias también en la frontera norte, ahí los centroamericanos y los mexicanos son lo mismo: sujetos que intentan saltar, pasar al otro lado.

Los migrantes que habitan las páginas de la novela de Hernández y las crónicas de Martínez se colocan cabalmente en la categoría de los residuos humanos acuñada por Bauman, víctimas de la victoria del progreso económico a escala planetaria, como el hondureño Walter Mila Funes y muchos otros centroamericanos expulsados por la extrema pobreza: "Será que alguien sembró la pobreza en Honduras, y allí está, floreando en cada niño, hasta que cada niño dice Me voy" (Hernández 2013, 91). Los migrantes son también víctimas de "los erráticos procesos globalizadores, incontrolados y desbocados que han traído como consecuencia la criminalización del globo y la globalización del crimen" (Bauman 2005, 87), sujetos que más que migrar, huyen. Huyen de las bandas criminales, como la Mara Salvatrucha y Barrio 18, que siembran la muerte en el triángulo centroamericano — El Salvador, Honduras y Guatemala — dejando un hueco repleto de miedo. Esa globalización de la criminalidad comporta la anulación entre lo 'legal' y lo 'ilegal', y crea un territorio de paralegalidad– en nuestro caso el camino del migrante —, abierto a las violencias y gobernado por un orden paralelo, con sus propios códigos, normas, rituales, donde los cuerpos se vuelven prescindibles, sacrificables, traficables (Reguillo 2012). Un territorio que se transforma en espacio del horror que no solo no respeta, sino que niega la vida misma y acaba con la condición humana (Cavarero 2009). Esta es la realidad testimoniada en los textos que analizamos.

Un concepto, el de migrantes como residuos, parias, excedentes de la sociedad, que encuentra eco en un lenguaje que los describe como los que han sido expulsados de su país, "escupidos", "vomitados" como basura (Martínez 2010, 68), colocados, entonces, en una condición de inferioridad, de vulnerabilidad permeada por el miedo y la sumisión que los lleva a "pedir perdón por existir" (Hernández 2013, 146).

Emerge de los textos la imagen del migrante como fugitivo, el que huye, el clandestino, el que no tiene papeles y vive avanzando, "lo suyo es avanzar, avanzar siempre, los ojos puestos en la frontera siguiente" (Hernández 2013, 124), buscando un futuro que no existe, queriendo caminar sin ser visto para que no lo detengan, para que no lo golpeen, lo torturen, el que no es visto cuando hay que ayudarlo o acudirlo; el que tiene un sueño que se transforma en pesadilla, el que sobrevive dejándose humillar para poder seguir adelante.

Te fijás, le dije, que cuando uno anda de migrante todos tienen autoridad sobre uno, todos: policías y migras, vendedores, ferro-carrileros, personas buenas y personas malas, delincuentes, polleros, mirones, todos nos hablan con autoridad, como si nosotros estu-viéramos abajo y ellos arriba, como si ellos pertenecieran al mundo de la luz y nosotros al de las sombras, clandestinos, temerosos, obedientes. (Hernández 2013, 146)

Víctima vulnerable del sistema, indefenso, el migrante vive en el camino experiencias traumáticas de pérdida, de violencia, que generan desorientación, angustia. Una de estas experiencias es el secuestro, en el que, como testimonia el personaje mulato hondureño, llamado 'el gigante', que comparte parte del viaje con Walter, "uno pierde la noción de todo, hasta de la vida, del tiempo, uno sólo quiere llegar al minuto siguiente o llegar a la muerte, depende, pero se acaba todo, se corroe todo, hasta la dignidad. [...] Se pierde todo allí, el tiempo, la alegría, la paz. Sólo el instinto lo hace sobrevivir a uno, hora tras hora, día tras día" (Hernández 2013, 224). Los secuestran para extorsio-narlos, pero en el caso de las mujeres es aún peor en cuanto las con-sideran mercancía para la trata de blancas, sobre todo en el trayecto del sur, donde varias ciudades fronterizas son puntos de prostitución forzada. Sus burdeles "están repletos de centroamericanas que callan cuando se les pregunta por qué están ahí" (Martínez 2010, 102).

Muchas son las historias que se tejen utilizando las palabras como hilos para representar, recrear una realidad de la que el lector no necesariamente tiene experiencia, pero en la cual puede verse, identi-ficarse. La historia personal del migrante hondureño Walter Milla Funes, en su repetido intento de llegar a Estados Unidos, encierra la historia de los migrantes centroamericanos de este nuevo milenio, que también habitan las crónicas. Los que han vivido los efectos de las medidas adoptadas por los gobiernos de Clinton y de Bush en la frontera con México, la construcción del muro y la intensificación de la vigilancia fronteriza; los que han padecido las destrucciones ocasio-nadas por el huracán Sten de los primeros días de octubre de 2005, que, al acabar con las vías ferroviarias mexicanas de la zona fronteriza, transformó el itinerario de la migración; los que han sido víctimas de la criminalidad organizada y el narcotráfico, que forman parte del negocio de transporte y comercio de migrantes, con los consabidos secuestros, extorsiones, torturas, asesinatos y desapariciones. Porque la narración ficcional y periodística van acompañadas, implícita o explícitamente, del contexto histórico y político que va cambiando con el tiempo y determina las condiciones cada vez más terribles del viaje del migrante.

A medida que se recorren las páginas de la novela de Hernández y las de las crónicas de Martínez, paso a paso, como en el camino, va cobrando forma una imagen de México aterradora. Un país que mira hacia el norte y da la espalda al sur. Que replica en su frontera sur la discriminación y la violencia que viven en el norte. En el norte es víctima y en el sur victimario.

> Y además estaba México, esa pesadilla, ese territorio inmenso de gente que se creía hecha a mano, que despreciaba a los centroamericanos y a los gringos, pero que a la hora de decidir, prefería parecerse a los norteamericanos, de manera que terminaba siendo un remedo, una copia mal hecha de los de por sí malhechos gringos. (Hernández 2013, 192)

Existe un lenguaje de la violencia que se impone intencionalmente para imponer una autoridad "Ya sea del sujeto armado que apunta sobre un cuerpo desarmado, ya sea la del Estado y su norma" (Reguillo 2012, 36) y cuyos códigos los migrantes aprenden a reconocer e incluso a utilizar. Y existe también el lenguaje que dice la violencia, instrumento privilegiado de la literatura que se niega a aceptar el mundo tal como es y se atreve a imaginarlo y hablarlo de otro modo (Steiner 1994).

Tanto en la novela como en las crónicas es frecuente el recurso al habla local que caracteriza a los personajes y legitima a los testigos. Testigos y personajes se comunican en su variante lingüística, con ese voseo centroamericano continuo y natural, con su ritmo, su estructura, y un léxico local que los distingue y los identifica. Esa habla, que en algunos casos los migrantes intentan ocultar imitando la variante mexicana para pasar desapercibidos, invisibles y salvarse la vida, convive con el español de los migrantes, "mezcla de acento centroamericano y dic-cionario chicano" (Martínez 29), sembrado de palabras que son código: el pollero, el coyote, la migra.

El miedo, el riesgo que radica en el decir y en el nombrar, obliga a cambiar los nombres de los protagonistas de las crónicas para proteger a los testigos, en algunos casos son ellos mismos quienes exigen el ocultamiento de su identidad para no poner en riesgo sus vidas y las de sus familiares.

Desde el punto de vista de la gramática y la focalización, resulta significativo el uso que hacen de la tercera persona algunos testigos al hablar de sí mismos, de su experiencia para esconder su identidad, (Martínez 2010, 55). Es como si al contar su historia hablaran de otra persona, marcando una distancia del dolor, de la herida, una negación para poder olvidar. Así sucede con el testimonio de las mujeres víctimas de la trata de blancas en la crónica "Las esclavas invisibles":

> Como la mayoría de testimonios de trata, se cuentan en tercera persona, y nunca se sabe si un relato de otra es un trozo de la auto-biografía de la que habla. Incluso entre ellas la trata es un fantasma. Si le ocurrió, le ocurrió a otra. (Martínez 2010, 87)

El juego de alternancia entre la primera y la tercera persona para dar espacio al testimonio del otro sucede de modo natural, casi imperceptible en la novela cuando el narrador cede completamente la palabra al testigo. "Waldo reproduce sus recuerdos y yo, desde sus recuerdos, reproduzco la tragedia. El relato es suyo, aunque sea mío el lenguaje" (Hernández 58). La focalización autobiográfica de la novela, apoyada en el recurso del diario y la función del testigo integral, privilegia el uso de la primera persona, mientras que la función periodística de las historias que contienen las crónicas favorecen el uso de la tercera persona, aunque en algunas partes el mismo autor se vuelve actor de los hechos y da su propio testimonio, cuenta su experiencia en primera persona, es sujeto de la narración.

Desde otra perspectiva, el uso del pronombre 'se' impersonal evidencia la deshumanización en el discurso político estadounidense (Butler 2006, 63) al ignorar la muerte por gotera, lenta e invisible de los migrantes centroamericanos a lo largo del camino, en el trayecto desde su país:

> los gringos siguen en paz con su conciencia, y dicen Los migrantes se mueren. Ellos, solos, se mueren, víctimas y victimarios. El impersonal *se mueren* quita la culpa, evapora las causas, declara a todos inocentes. Los migrantes se mueren. Nos morimos solos, nos mutilamos solos y solos nos adentramos en el sendero de la muerte. Nadie es culpable más que el que se muere. Locuras del tiempo nuestro. (Hernández, 170)

No hay ni vida ni pérdida. En esta deshumanización nada de lo que sucede a los migrantes pertenece al orden del acontecimiento ante los ojos de los Estados Unidos. No pasa nada.

Un año después de la publicación de *Amarás a Dios sobre todas las cosas*, el gobierno mexicano de Enrique Peña Nieto aprobó un programa de control de la inmigración llamado Programa Frontera Sur, que comenzó a aplicarse a partir del 7 de julio de 2014 para atender y controlar el flujo migratorio de Centroamérica hacia Estados Unidos[3]. Programa apoyado por los Estados Unidos y que bajo un aparente sistema de protección en realidad se ha convertido en una cacería de migrantes, en una constante violación de los derechos humanos.

Las nuevas crónicas y las nuevas novelas incluirán sin duda estos elementos inéditos en su narrativa: las medidas de militarización de la frontera sur paradójicamente han obtenido el efecto perverso de beneficiar a los traficantes y expandir redes, al mulyiplicar las dificultades, los riesgos y los costos del migrar (Trigo 2017), aumentan la ferocidad de "la Bestia"al querer impedir con la fuerza pública que los migrantes lo utilicen, crean suspuestos grupos de ayuda al migrante, como Beta, que en realidad son espías de la policía de migración enmascaradas, cuyos abusos son impunes. La narrativa hablará también

---

[3] Este programa despliega una política migratoria hacia Centroamérica y hacia quienes cruzan por México que se ha enfocado en la detención y repatriación de los migrantes. A este programa se le asignó un presupuesto de 102 millones de pesos del Presupuesto de Egresos de la Federación 2015. Véase el Boletín 1, de febrero de 2016, Observatorio de Legislación y Política Migratoria, del Colegio de la Frontera Norte y la Comisión Nacional de Derechos Humanos   http://observatoriocolef.org/wp-content/uploads/2016/06/BOLET%C3%8 DN-1-Alejandra-Casta%C3%B1eda.pdf.

de las caravanas de miles de migrantes centroamericanos que desde octubre de 2018 entran a México con la intención de llegar hasta Estados Unidos, unos se quedan como refugiados y otros esperan pacientemente en Tijuana para poder saltar la frontera, mientras el presidente Donald Trump toma medidas migratorias cada vez más drásticas y violentas para impedir su entrada.

Es y será necesaria una narrativa que otorgue la representatividad que le es negada a los migrantes, que cada vez corren mayores riesgos de ser tratados y considerados como menos que humanos, o directamente no tomados en cuenta (Butler 2006, 176), y abra las puertas a una urgente y necesaria humanización. Porque contar historias, ficticias y no ficticias, humaniza la existencia, gracias al poder del lenguaje que permite "negar, reconstruir, alterar el pasado, el presente y el futuro, cartografiando de otro modo los factores determinantes de la realidad pragmática. La esperanza es la gramática" (Steiner, 1998, 113).

BIBLIOGRAFÍA

Bauman, Zygmunt. *Vidas desperdiciadas. La modernidad y sus parias*. Barcelona: Paidós, 2005.

Butler, Judith. *Vida precaria: el poder del duelo y la violencia*. Buenos Aires: Paidós, 2006.

Cavarero, Adriana. *Tu che mi guardi, tu che mi racconti. Filosofia della narrazione*. Milano: Feltrinelli, 1997.

_____. *Horrorismo. Nombrando la violencia contemporánea*. México y Barcelona: Universidad Metropolitana de México/Antrophos, 2009.

Hernández, Alejandro. *Amarás a Dios sobre todas las cosas*. México: Tusquets, 2013.

Martínez, Oscar. *Los migrantes que no importan*. Barcelona: Icaria editorial. 2010.

_____. "Nos vemos en la próxima masacre de migrantes". El Faro, 26 de agosto de 2010. URL: https://elfaro.net/es/201008/opinion/2333/Nos-vemos-en-la-pr%C3%B3xima-masacre-de-migrantes.htm (2019.13.01).

_____. *Una historia de violencia. Vivir y morir en Centroamérica*. México: Debate, 2016.

Reguillo, Rossana. "De las violencias: caligrafía y gramática del horror", en *Desacatos*. núm. 40, septiembre-diciembre 2012, 33-46.

Steiner, George. *Dopo Babele. Aspetti del linguaggio e della traduzione*. Milano: Garzanti, 1994.

_____. *Errata: el examen de una vida*. Madrid: Siruela, 1998.

Trigo, Abril. "Introducción. Nuevos enfoques sobre la migración trasnacional y el cambio cultural". *Alternativas. Revista de estudios culturales latinoamericanos*, otoño 7 (2017) https://alternativas.osu.edu/es/issues/autumn-7-2017/essays4/ intro-trigo.html (2018.11.01).

Mapping Mental and Linguistic Geography in Nabokov's Autobiographical Texts

Michele Russo
Università degli Studi di Foggia

My head says English, my heart, Russian, my ear, French.

[*Speak, Memory*] is a re-Englishing of a Russian re-version of what had been an English re-telling of Russian memories in the first place.

I

Nabokov's migration between Europe and America was characterized by different stages, which drew the literary maps that he illustrates in his autobiographies, *Drugie berega* (*Other Shores*), 1954, and *Speak, Memory. An Autobiography Revisited*, 1966, the latter being the revised English version of the former.[1] Nabokov's works unraveled among different contexts, along a journey from Europe to America and back to Europe again. *Speak, Memory* illustrates Nabokov's geographical itinerary; it sets his memories within the coordinates of different cultural backgrounds and, as such, remaps the making of his route that would foster his formation as a bilingual writer (Ponomareff, 402-413; Mattison, 37-52).[2]

---

[1] Nabokov wrote his first English autobiography *Conclusive Evidence. A Memoir* in 1951. He self-translated it into Russian as *Drugie berega* and re-translated the latter into English, with some revisions, as *Speak Memory. An Autobiography Revisited.*

Nabokov used the pseudonym "V. Sirin" during his European years. As Cornwell points out, "by late 1939, the Nabokovs were preparing for an imminent new life in the English-speaking world. [...] they left Europe for New York," and, Cornwell adds, "One meteoric career, that of the exiled Russian writer Sirin, was effectively over. A second and, in world terms, rather more explosive career, that of the American-English writer 'Vladimir Nabokov,' was about to be launched" (Cornwell 2005, 151).

[2] As García de la Puente suggests, "Nabokov's bilingualism as an autobiographical narrator is inextricably intertwined with his bilingualism as an individual. It brings together several disciplines: translation, literary studies and psycholinguistics" (García de la Puente, 585).

Nabokov left Saint Petersburg with his family in 1917, moved to Crimea and began a long voyage from Eastern Europe to America, via Western Europe.[3] When he reached Istanbul, the passengers were not allowed to land, since the Turkish city was overcrowded with refugees. After that, Nabokov arrived in Greece (Boyd 1990, 136-137, 159-160, 163-164). In 1919, the Nabokovs embarked for Marseilles and, once there, the family proceeded to Paris and then to London, which was the first place where the writer had to face English culture. The harbor thus represents, in this first part of the writer's migration, an important spatial dimension, a "cross-space mapping" (Vasilishina, 65). The relationship between the meaning of the harbor, in its time-space context, and culture, can be better understood referring to Stein's theories on the concept of transculture (Espino Barrera, 187-195). Stein underscores that culture "is tied to a people, to an ethnic or national group, and therefore governs large territories with defined borders" (Stein, 252). Nabokov's route from Saint Petersburg to London and Cambridge establishes a map, whose different lands are the milieus of crisscrossing social identities. He stops at different harbors on his way to England, from Sebastopol, through Istanbul and Piraeus to Marseille; each harbor is a temporary place and hosts lots of peoples, whose cultural worlds run into one another and form a network of political colonies.

On his way through different contexts, Nabokov prepares, as he claims in *Strong Opinions* (1973), the conditions for "a happy expatriation that began practically on the day of my birth" (Nabokov 1990, 218).[4] His itinerary went on for years; he moved throughout Europe until 1940; he lived and studied in Cambridge from 1919 to 1923, in Berlin from 1923 to 1937, and in Paris from 1937 to 1940. He left for

---

[3] According to Carosso, 1917 represented a year of radical and irreversible changes for the Nabokovs, as well as for many other families of the Russian bourgeoisie. After the February Revolution, Nabokov's father, who had supported the tsar's fall, had outstanding roles in the political life of the country. He was appointed Chancellor and then became member of the Constituent Assembly, but was soon arrested by the Bolsheviks. He then fled to Crimea, where he had already sent his family, and was appointed Minister of Justice. However, the Bolsheviks' advancement forced the Nabokovs to leave the country for ever (Carosso, 31-32).

[4] All subsequent quotations from *Strong Opinions* will refer to this edition.

America from France in 1940. On the day of his departure, while walking to the docks, Nabokov went through a garden, which he calls in his autobiography "a geometrical design," a "blooming design" (Nabokov 1966, 309).[5] What characterized the garden was, according to him, "its clever thematic connection with transatlantic gardens and parks" (Nabokov 1966, 309), and therefore can be considered as a sort of premonition of the wonderful American landscapes that would inspire him. The garden, with its geometrical patterns, assumes a dual meaning. On the one hand, it foreruns the American space: it is located within St. Nazaire harbor, that is the first *haven* by the Ocean symbolizing Nabokov's point of departure along the corridor to America. On the other hand, it may stand for the European space which *sums up* Nabokov's experience in the old continent, that is Sirin's life, still unknown to most readers. It is, therefore, a point of disjunction. On evoking the transatlantic gardens, Nabokov prepares the conditions for the *encounter* between the continental dimension of the French garden and the transatlantic one of the American space. The cultural structure, represented by the garden and inscribed in the French harbor, is about to mingle with American culture and generate new sources of meanings, as well as a new concept of culture (Lotman 1993, 87).[6]

On an "earthly" level, passengers, with their peculiar background, make harbors multicultural places of temporary stay, as well as *means* to achieve the eternal dream of a better life. At St. Nazaire's harbor, the author caught a glimpse of "a splendid ship's funnel" (Nabokov 1966, 310), the big liner ready to take him to New York. The liner is an outstanding symbol, which assumes different meanings in this phase of Nabokov's life. During the years of the writer's frequent passages, the ship is the means of transport, which not only connects different harbors, but stands also for an isolated universe, where people of diverse nationalities share the common status of exiles. It is the space where people experience the various meanings of multicul-

---

[5] All subsequent quotations from *Speak, Memory. An Autobiography Revisited* will refer to this edition.

[6] As Stein suggests, modern cultures cannot be intended as isolated entities, since they "are characterized not only by internal difference and distinction but also by 'overlaps'" (Stein, 253). Such overlaps characterize Nabokov's writings.

turalism. The ship makes different cultures come together in the same place and embodies such values as equality, tolerance, justice (Phillips, 138). It is a bordered place, surrounded by the monochromatic effect of the infinite horizons shown by the sea, where there is no space for such prejudices as discrimination and marginalization, since that same monochromatic effect flattens the structure of the various human values. The liner, with its decks and cabins, is an *in-between* space, where displaced people take with them their cultural backgrounds and "share Nabokov's profound sense of exile, each in their way" (Ponomareff, 403). It represents the common destiny that mankind is to share; the area that it borders overcomes any national entity and may be even defined as an *a-cultural* place, where the national values of every single person are nullified and cannot prevail over other cultural identities. At the same time, stops and disembarkations at different harbors allow immigrants to absorb small but significant fragments of cultures from manifold areas, which then forge the multifaceted personalities of exiles. Despite its *a-cultural* connotation, the ship favors the individuals' multicultural process and *assembles* voices from dissimilar contexts. *Speak, Memory*, therefore, maps Nabokov's routes throughout Europe and embodies a continuous process of expansion and re-writing, which does not include any entropic risk of destroying the writer's previous substrate, but increases it with new stimuli from outer worlds (Godayol 2002, 107). The writer's autobiography is, also, an enriched version of earlier texts, in which phrases and sentences in different languages and references to other cultures *intersect*. It stands for the *continuum* of two literary traditions, namely the Russian and the American, the former being prior to the latter, and paving the way for his multicultural macrotext.[7]

---

[7] As Boyd writes, Nabokov has never neglected and disavowed, as others suggested, the Russian literary tradition in his American novels, since "If in his Russian works he [Nabokov] had exalted the Russian literary tradition from within his fiction and verse, in his English years he continued to exalt the Russian tradition in his roles as scholar and translator and, when he could, as storyteller" (Boyd 2011, 199).

II

Starting from the assumption that Nabokov's *Speak, Memory* is also *An Autobiography Revisited*, as the subtitle suggests, I will not limit myself to the consideration of what Brodsky called displacement: a common condition to all exiles (Brodsky, 22-34). Recent criticism has analyzed the metaphysical dimension of *Speak, Memory*, by considering a more detailed philosophical background, in order to give reason for the multiple personalities that echo in the work, and of the fading boundaries between the authorial self and the outer world.[8] Such a psychoanalytical approach might generate further perspectives of analysis within the vast metatextual horizons of the autobiography. The most common phenomena that characterize *Speak, Memory* — e.g. *déja vu*, synaesthesia, hallucinations, overlapping cultural and linguistic worlds, as well as life after death—might originate from interweaved psychoanalytical dynamics, whose neurolinguistics roots gradually stand out throughout Nabokov's work. The linguistic interferences connected with Nabokov's different cultural settings lie in the interactions among the neurolinguistic impulses that *crowd*, in turn, his cultural universe. As a result of these closer links between linguistics and neurology, one can try to (re)define the extent to which such neuro-linguistic components might generate the linguistic overlapping in the book, by going beyond the psychoanalytical borders and unearthing the deepest mechanisms of Nabokov's neuro-linguistic *lay-out*.

The work, which was completed after the author left America for Switzerland in 1961, represents his permanent state as an exile (Durczac, 17).[9] Not only does the multicultural dimension of the text emerge by means of the references to cultural backgrounds: it is also conveyed through the foreign segments that the author employs. *Speak, Memory* is interspersed with foreign words and expressions, mainly in Russian and in French, by means of which Nabokov expresses his *retrospective* and *retroactive* ontological condition (Brodsky,

---

[8] According to Cooper, Nabokov's inter-subjective consciousness should be ascribed to the Bergsonian *durée*, which "softens the boundaries between self and other, offering a route into a shared, inter-subjective consciousness" (Cooper 2016, 26).

[9] According to some critics, it seems that the author himself overlooks the multicultural aspects of his work, as he constantly focuses on his childhood memories in his homeland.

27). In chapter three of his autobiography, he quotes the French verses that his uncle Ruka wrote to describe the landscape surrounding Nabokov's country house, such as "*L'air transparent fait monter de la plaine…*" [The transparent air makes (something) come up from the plain] and "*Un vol de tourterelles strie le ciel tendre*" [A flight of turtledoves streaks the soft sky] (Nabokov 1966, 74).[10] Such verses are written in French in *Drugie berega*, the previous Russian version of his autobiography, although they are translated into Russian in the footnotes (Nabokov 2011, 59-60).[11] The numerous French phrases and words are always written in italics in his English autobiography, and are linked to his early years in his homeland. Nabokov's adopted French identity appears even when he describes his family tree and goes back to his forebears. In particular, in chapter three, he dwells on one of his great grandparents, Baroness Nina von Korff, whose problems with a dressmaker in Paris are the pretexts to introduce some French vocabulary. The cost of the costumes, which had been made for her daughters Maria and Olga for a fancy ball, "represented six hundred and forty-three days '*de nourriture, de loyer et d'entretien du père Crépin* [food, rent and footwear]'" (Nabokov 1966, 56). However, the Baroness rejected her daughters' dresses because they were "*trop décolletés*" [too low-cut] (Nabokov 1966, 56). The latter French expression is not quoted in the Russian version, but Nabokov sticks to the details described in the English autobiography (Nabokov 2011, 45).[12]

Another interesting example of Nabokov's multilingualism is in chapter eight. He depicts his tutor, Lenski, who helped him and his brother with their homework. When the writer underlines his strict personality, he recalls his "bracing *diktanti*," such as the one with the following tongue twister: "*kolokololiteyshchiki perekolotili vikarabkavshihsya vihuholey*," which he himself translates as "the church-bell casters slaughtered the desmans that had scrambled out" (Nabokov 1966,

---

[10] When in square brackets and not quoted from the texts, the translation is mine. All Russian words are transliterated according to the Anglo-Saxon transliteration system.

[11] All subsequent quotations from *Drugie berega* will refer to this edition.

[12] As Wyllie writes, in Nabokov's works "trust is not something to be taken for granted, but negotiated, tested and tried" (Wyllie, 19). Such a statement turns out to be true when dealing with the writer's self and identity.

170). The source text, *Drugie berega*, contains the same phrase, but is preceded by a somewhat untranslatable sentence: "Chto za lozh, chto v teatre net lozh" [What is a lie, it is not a lie in a theatre] (Nabokov 2011, 153). The alliterative effect, as well as the contextualization of the word "lie" in a theatre, seems to emphasize Nabokov's *doubleness*, his stratified self which makes it more difficult to grasp his real identity. As Nabokov identifies himself with diverse linguistic contexts, he acts different parts, like in a theatre. Owing to the fact that a lie is not a lie in a theatre, Nabokov conveys that a Russian expression may not make sense in English and vice versa, as in the case of his tutor Lenski's *diktanti*. What is nonsense in a language, may find its own contextualization in another one. Nabokov's selves tend to emerge more frequently in *Speak, Memory* than in *Drugie berega*, since the former, as a reworking of the latter, includes more expansions and explanations in Russian and in French. In his English memoirs, he recalls the day when he met Uncle Konstantin at Victoria Station in London and his father repeating "Mï v Anglii, mï v Anglii [We are in England]" (Nabokov 1966, 60). It is interesting to point out that this event is not told, or even mentioned, in *Drugie berega*, where Nabokov tells about his uncle's vicissitudes before his transfer to England, but skips his family's encounter with Konstantin at Victoria Station in 1919.[13] It appears that Nabokov's multifaceted identity revealed itself more clearly as the years went by. It would be easy to proceed with further examples of Russian and French vocabulary employed in the English autobiography, but at this point I prefer to pinpoint the elements at the root of this multilingual style.

Nabokov's ever evasive condition of *trilingualism* is confirmed, in *Strong Opinions*, through his answer to the question "Which of the languages you speak do you consider the most beautiful?" Nabokov's reply is emblematic: "My head says English, my heart, Russian, my ear,

---

[13] As to the problems of Nabokov's self-translation of his works and the different translation approaches in the target text, Wanner claims that "it would be problematic to conclude that Nabokov treated self-translation as symbolic suicide. Precisely because he dealt with his own work rather than that of an extraneous person, 'killing' the original text in translation, as he did in Pushkin's *Eugene Onegin*, was not desirable when it came to the translation of his own poetry" (Wanner, 86).

French" (Nabokov 1990, 49). His words turn out to be most notewor-
thy if we analyze multilingualism beyond the borders of the geographical and political contexts. Such a statement, whose philosophical overtone can be traced back to Blaise Pascal, places English and Russian
into two opposite areas of the body. As a result, English represents the
language of reason, of rationality, whose use is aimed at everyday
communication during his endless exile, whereas Russian, Nabokov's
native tongue, is the language of passion, of spontaneity. English is the
language of his adulthood, the language of survival in a foreign context, as well as a *protecting mask* in the unknown world of emigration.
Russian is the language of childhood and memory, and takes with it the
hidden world of his real identity. Being placed midway, French is a *neutral* language, in that it is perceived both by means of his head and his
heart. It is the language of the mask, like English, as it is a means of
communication in a foreign country. It is also an emotional language,
owing to its historical links with Nabokov's cultural roots. In order to
search for the reasons that induced Nabokov to write in English, it is
important to bear in mind the real meaning of exile; it is not only an
earthly experience, but also conceals a metaphysical connotation, involving the cultural sphere of the immigrant.

The metaphysical condition of the exile emerges in the geographical route which takes Nabokov not only to a physical place, but also
to an imaginary place, characterized by cultural and linguistic clashes.
The imaginary place I am suggesting is represented by the anthropo-
logical boundaries of Nabokov's world, as well as by the unconscious
areas of his brain, which manipulate his language. The explanation of
the linguistic interferences seems to lie at the beginning of his autobiography, in which Nabokov traces the phenotypic expressions of
his language back to the deepest strata of his brain (Nabokov 1966,
33).[14] However, the origin of Nabokov's Babel of languages should

---

[14] In his work, Nabokov writes: "Just before falling asleep, I often become aware of a kind
of one-sided conversation going on in an adjacent section of my mind, quite independently
from the actual trend of my thoughts. It is a neutral, detached, anonymous voice, which I
catch saying words of no importance to me whatever – an English or a Russian sentence,
not even addressed to me, and so trivial that I hardly dare give samples, lest the flatness I
wish to convey be marred by a molehill of sense" (Nabokov 1990, 23-24). These impressions

be found beyond the historical and social environments that he crossed. It should be sought outside the sociological contexts that permeated his life, in order to make out the extent to which certain neurological elements led him to use different languages simultaneously in his writing. Considering that most of his stimuli came from the context where he grew up—Nabokov writes in chapter four "I would often be read to in English by my mother" (Nabokov 1966, 81)—as well as from the spaces of emigration that he crossed throughout Europe and overseas, it goes without saying that the outer components exerted a strong influence over his inner neurological mechanisms. In *After Babel*, Steiner examines the implications of Broca's area in the articulation of language and discusses the relationships between the latter and brain damage (Steiner 2004, 338-339). The Italian linguist Andrea Moro, subsequently, considers the particular processes that occur in the human brain when speaking a foreign language. With regard to Broca's area, he states that it "is also activated in adults who are learning a foreign language," and this could be an interesting point in order to analyze the linguistic and phonetic phenomena of Nabokov's work (Moro 2010, 173). While Moro analyzes such phenomena to go beyond the borders between possible and impossible grammars, Nabokov focuses on the frontiers between the languages he deals with, and expresses his comments by *decomposing* the translated words. When he writes about Russian versification in chapter eleven of *Speak, Memory*, Nabokov *manipulates* some words and splits them, in order to penetrate their semantic essence. He, therefore, quotes some examples, such as "*ter-pi bes-chis-len-ni-e mu-ki* (en-dure in-cal-cu-la-ble tor-ments)" (Nabokov 1966, 220).[15]

The result of the manipulating power of Nabokov's mind and, therefore, his Broca's area, is represented by his tendency to compare the letters of the English alphabet to a particular chromatic overtone,

---

are equally expressed in *Drugie berega* and testify to Nabokov's steady communication among his acquired languages.

[15] Nabokov even translates some single syllables in accordance with their metrical structure: "Despite its great length, a word of that kind had but a single accent of its own, and, consequently, the penultimate metrical stress of the line encountered a normally unstressed syllable (*ni* in the Russian example, "la" in the English one)" (Nabokov 1966, 220).

which he calls "colored hearing" (Nabokov 1966, 34). He writes, for instance, that "The long *a* of the English alphabet [...] has for me the tint of weathered wood, but a French *a* evokes polished ebony" (Nabokov 1966, 34). The association of these letters with darkness continues with "hard *g* (vulcanized rubber) and *r* (a sooty rag being ripped)" (Nabokov 1966, 34). Such comparisons go on until Nabokov finally coins a symbolic word for his chromatic language, "*kzspygv*," that is "rainbow" (Nabokov 1966, 35). In *Drugie berega*, the same word is written in Russian as "VËEPSKZ" (Nabokov 2011, 26), and, like its English translation, makes no sense other than conveying a *pictorial* impression. The pseudo-words that Nabokov works out in the two languages seem to respond to the results of an experiment described by Moro. He states that even pseudo-sentences can be endowed with a sense of their own. An illogical statement like "*Molte grapotrte amionarono*," sounds absurd to an Italian ear, but is still pronounceable and recognizable as an Italian sentence, owing to the presence of the Italian word *molte*, of the verbal desinence – *arono* and of a vowel at the end of each word (Moro 2010, 150). There is a layer in the human brain of any Italian speaker which is familiar with the illogical structures of such a pseudo-sentence, in as much as it recognizes some features of the Italian language (the words end by a vowel). A word like *kzspygv* does not only include the wide range of the polychromatic spectrum, but also embodies the kaleidoscopic perspective from which a multilingual author, like Nabokov, looks at an element of reality with an Anglo-American eye. The same perspective is exemplified by the adoption of a different linguistic code in *Drugie berega*, where Nabokov uses the letters of the Cyrillic alphabet to describe the same natural element with a Slavic glance. This semantic explosion is at the origin of such pseudo-words, and is generated by the clash of different worlds (Lotman 1993, 87-88). In addition, the explosive process is brought about by the numerous impulses occurring in the linguistic networks of Nabokov's neurological universe, thus increasing the *intratextual* communication among the languages and generating new cryptic senses. This would explain the fact that *Drugie berega* and *Speak, Memory* are both characterized by a semantic plurality, by an original process of *estrangement*, whose *double* narrator splits up the words he uses from different linguistic outlooks. By doing so, Nabokov underscores the time distance separating his past from his future (Nikolina, 77-78; Barabtarlo, 101-103; Cooper 2018, 48-56). The frequent use of foreign words in the two texts marks the separation between the two time dimensions, owing to the memories that the foreign lexis and references invoke. This leads the author to perceive a sense of increasing distance from his motherland and to recall it. The consequent fragmentation of Nabokov's linguistic identity is generated by the *isolating* action of the impulses and stimuli stemming from the outer environment. They are transmitted by his central neurological system. In Nabokov's case, therefore, *"Broca's area is just like a hub, the crossroads of several different circuits. Maybe nothing 'happens' there. It could just be an area where many networks converge, for purely neuroanatomical reasons"* (Moro 2010, 158; emphasis textual). Different signals are sorted out and conveyed by Nabokov's linguistic epicentre to his outer expressive sphere.

III

According to Bakhtin, the dialogic comparison among languages marks the borders of the languages themselves; at the same time, it makes it possible to set up the multicultural dialogue within Nabokov's English autobiography. The dialogue among languages is not only a dialogue among social forces; it is also a dialogue among different times and places, it is the dialogue of what comes into being and what dies (Bakhtin 1979, 172-173). Nabokov's Russian and French linguistic segments may embody the cultural areas where he stopped on his way to the U.S.A. They are *landmarks* that the writer looks for in the space-time dimension of his long route throughout Europe (Meyer, 592). The book has undergone different editions, but the author adds in the final one the paratextual information *An Autobiography Revisited*: he has enriched the text with changes, with the result of making it a source of cultural contaminations and hermeneutic perspectives (Durczac, 18; Ambrosiani, 81-99). As a matter of fact, *Speak, Memory* is a "re-Englishing of a Russian re-version of what had been an English retelling of Russian memories in the first place" (Nabokov 1966, 12). It is the product of the writer's education, who was raised according to the Anglo-Saxon habits and learned to read English before he could learn to read Russian. It also establishes an interactive approach with the reader by mingling voices from different backgrounds and, as a *re-formulation* of previous editions, it presents itself as a work *in fieri*, in steady evolution, because it lets other voices speak in a translingual context. Although it stops with the announcement of his departure for America, the book is an overarching account of the author's travelling from the European harbors to his arrival in New York. The writer wrote it in America, but completed it in Switzerland, without losing an American perspective throughout his memories and inscribing the Russian setting into the wider American one. When he concludes his autobiography at St. Nazaire, he makes the reader imagine his new path towards America, by putting together the pieces of the previous stages of his life in Europe (de la Durantaye, 166). The New World symbolizes a new space for Nabokov's literary career and introduces further social, geographical and cultural elements into his novels. On September 29, 1959, Nabokov went back to Europe as a famous bel-letrist, and his *round trip* journey ended in the *mediating* space of Switzerland (Boyd 1991, 393).

To conclude, *Speak, Memory* suggests that Nabokov's life can be divided into three stages, namely the years in Eastern Europe, Western Europe and America. However, a fourth stage of emigration might be added: Switzerland. The peaceful atmosphere of this politically neutral country inspired the writer and constituted the ideal setting to complete his literary route, after a *rootless* existence of travelling. The three above-mentioned spaces are connected by European liners. Despite being separated by seas, the distances among them were repeatedly crossed by the author.[16] The European years, both in the East and in the West, represent "the loss, the absence, the sense of emptiness and nothingness [...] that came to define the traumatic reality in Nabokov's autobiography" (Ponomareff, 405). Unlike Europe, America symbolizes the land of plenty, but also a *Terra Incognita*

---

[16] The chessboard is the metaphorical representation of Nabokov's journeys. The writer often carried it with him, owing to his passion for chess. Every move on the board corresponds to a single journey within the borders of the map.

"which stimulates sexuality, through its intimate and promiscuous spatiality or, conversely, through its airy and luxurious venues" (Cesereanu, 36).

The wide spaces of the new continent lead the author to conceive of time as a "link between the *storable future* and the *storable past*" (Cesereanu, 37). By criss-crossing the mental areas of emigration, Nabokov never relinquishes his past experience and sets up a strong relationship between the past and the future, through the present. The past represents an undeniable wealth in the exile's cultural sphere, in that it *nourishes* the present experience and tends to dialogue with the present and future choices of life; it combines different time dimensions (Green, 253-254). The fourth space of emigration concludes the author's *loop* and differs from the previous spaces. Surrounded by mountains, Switzerland lies in the heart of Europe and is landlocked. Nabokov's decision to reside in this country seems to hint at the fact that he wanted to end his life far from sea environments, where the temptation to expatriate could induce him to endlessly wander the world. He was charmed by the beauty of the Swiss landscape and was content with his life in Montreux. As Boyd suggests, "In a small town filled with newsstands displaying papers from a dozen countries and in a dozen languages, Nabokov was delighted to have discovered somewhere that seemed both central – not cut off from the world – and quiet" (Boyd 1991, 423). Switzerland contains all time-space dimensions. It is the country of the writer's present dimension and, as such, includes his past life in Russia and his subsequent experience in America. As a final inland harbor located half way between two superpowers, it concludes Nabokov's literary and linguistic geographies.

WORKS CITED

Ambrosiani, Per. "Vladimir Nabokov's Lolita: Text, Paratext, and Translation." *Translation and Interpreting Studies* 11.1 (2016): 81-99.

Bakhtin, Mikhail Mikhajlovich. *Vaprosy literatury i estetiki*. Moskva: Izdatelstvo Khudozhestvennaya Literatura, 1975 (It. transl. *Estetica e romanzo*. Strada Janovich C., ed. Torino: Einaudi, 1979).

Barabtarlo, Gennady. "By Trial and Terror," in *Nabokov and the Question of Morality. Aesthetics, Metaphysics, and the Ethics of Fiction*. M. Rodgers and S. E. Sweeney, eds. London: Palgrave Macmillan, 2016. 87-108.

Boyd, Brian. *The Russian Years*. Princeton: Princeton UP, 1990.

————. *The American Years*. Princeton: Princeton UP, 1991.

————. *Stalking Nabokov. Selected Essays*. New York: Columbia UP, 2011.

Brodsky, Joseph. *On Grief and Reason*. New York: Farrar, Straus and Giroux, 1995.

Carosso, Andrea. *Invito alla lettura di Nabokov*. Milano: Mursia, 1999.

Cesereanu, Ruxandra. "Homo Viator in Transition Travelling through and with Celine, Nabokov, Kerouak." *Caietele Echinox* 11 (2006): 34-39.

Cooper, Sara Louise. "Contesting the Unconscious: Frederic W. Myers and Vladimir Nabokov's *Speak, Memory: An Autobiography Revisited*." *Journal of Modern Literature* 39.4 (2016): 19-32.

————. "Translating Timelessness: The Relationship between Vladimir Nabokov's *Conclusive Evidence, Drugie berega*, and *Speak, Memory: An Autobiography Revisited*." *The Modern Language Review* 113.1 (2018): 39-56.

Cornwell, Neil. "From Sirin to Nabokov: The Transition to English," in Connolly J. W., ed., *The Cambridge Companion to Nabokov*. Cambridge and New York: Cambridge UP, 2005. 151-169.

de la Durantaye, Leland. "The Purpose of Autobiography, or the Fate of Vladimir Nabokov's *Speak, Memory*," in *The Cambridge Companion to Autobiography*. M. Di Battista and Wittman E. O., eds. Cambridge: Cambridge UP, 2014. 165-179.

Durczac, Jerzy. "Nabokov's *Speak, Memory* as Multicultural Autobiography." *Lubelskie Materiały Neofilologiczne* 17 (1993): 15-28.

Espino Barrera, Tomás. "Salvaging the Mother Tongue in Exile." *Comparative Critical Studies* 14. 2-3 (2017): 187-204.

García de la Puente, Inés. "Bilingual Nabokov: Memories and Memoirs in Self-Translation." *Slavic and East European Journal* 59.4 (2015): 585-608.

Godayol, Pilar. *Espais de frontera. Génere i Traducció*. Vic: Eumo Editorial, 2000 (It. transl. *Spazi di frontiera. Genere e traduzione*. A. Taronna, ed. Bari: Palomar, 2002).

Green, Geoffrey. "Life as Art, a 'Systematically Correlated Assemblage': Vladimir Nabokov's Quest for Identity in His Novel, *Pale Fire*, and His Memoir, *Speak, Memory*," in *Academia in Fact and Fiction*. L. Blaim-Gruszewska and M. Moseley, eds. Frankfurt am Main: Peter Lang Edition, 2016. 243-255.

Lotman, Yurij Mikhajlovich. *Kultura i vzryv*. Moskva: Gnosis, 1992 (It. transl. *La cultura e l'esplosione. Prevedibilità e imprevedibilità*. C. Valentino, ed. Milano: Feltrinelli, 1993).

Mattison, Laci. "Nabokov's Aesthetic Bergsonism: An Intuitive, Reperceptualized Time." *Mosaic: A Journal for the Interdisciplinary Study of Literature* 46.1 (2013): 37-52.

Meyer, Jürgen. "Editing Textual Synergies: New Historicism and 'New Textualism.'" *Poetics Today* 35.4 (2014): 591-613.

Moro, Andrea. *I confini di Babele. Il cervello e il mistero delle lingue impossibili*. Milano: Longanesi, 2006 (Engl. transl. *The Boundaries of Babel. The Brain and the Enigma of Impossible Languages*. I. Caponigro and D. B. Kane, eds. Cambridge and London: The MIT Press, 2010).

Nabokov, Vladimir Vladimirovich. *Speak, Memory. An Autobiography Revisited*. New York: Capricorn Books, 1966.

_____. *Strong Opinions*. New York: Vintage International, 1990.

_____. *Drugie berega*. G. Barabtarlo, transl. and ed. Sankt-Peterburg: Azbuka, 2011.

Nikolina, Nataliya Anatolevna. "Strastnaya energiya pamyati: kompositsionno-rechevoe svoeobrazie romana V. V. Nabokova Drugie berega." *Russkij yazyk v shkole: metodicheskij zhurnal* 2 (1999): 77-84.

Phillips, Mike. "Broken Borders. Migration, Modernity and English Writing – Transcultural Transformation in the Heart of Europe," in *Transcultural English Studies: Theories, Fictions, Realities*. F. Schulze-Engler, S. Helff, C. Perner, C. Vogt-William, eds. Amsterdam: Rodopi, 2009. 133-149.

Ponomareff, Constantin V. "The Metaphor of Loss in V. Nabokov's *Speak, Memory*." *Queen's Quarterly* 120.3 (2013): 402-413.

Stein, Mark. "The Location of Transculture" in *Transcultural English Studies: Theories, Fictions, Realities*. F. Schulze-Engler, S. Helff, C. Perner, C. Vogt-William, eds. Amsterdam: Rodopi, 2009. 251-266.

Steiner, George. *After Babel. Aspects of Language and Translation*. Oxford: Oxford UP, 1998 (It. transl. *Dopo Babele. Aspetti del linguaggio e della traduzione*. R. Bianchi and C. Béguin, eds. Milano: Garzanti, 2004).

Vasilishina, Y. N. "Cognitive-Pragmatic Interpretation of Blending Characters in V. V. Nabokov's Prose." *Rupkatha Journal on Interdisciplinary Studies in Humanities* 9.1 (2017): 57-67.

Wanner, Adrian. "Poems and Problems: Vladimir Nabokov's dilemma of poetic self-translation." *Slavic and East European Journal* 61.1 (2017): 70-91.

Wyllie, Barbara. "Shape-Shifters, Charlatans, and Frauds: Vladimir Nabokov's Confidence Men." *Cambridge Quarterly* 45.1 (2016): 1-19.

Esilio

L'ESODO DI MARIEL ATTRAVERSO LA TESTIMONIANZA DI REINALDO ARENAS

Marianna Dell'Aversana
UNIVERSITÀ DEGLI STUDI ROMA TRE

"L'esilio è una crepa incolmabile, per lo più imposta con forza, che si insinua tra un essere umano e il posto in cui è nato, tra il sé e la sua casa nel mondo". Così l'orientalista Edward Said (Said 2008, 216-217) definiva la condizione di chi è costretto ad abbandonare la propria terra definitivamente, pronunciando parole che travalicano la dimensione puramente individuale dell'autore per estendersi a delineare una scelta esistenziale, comune a contesti anche distanti tra loro.

La condizione dell'esule, infatti, fu una costante nella storia di Cuba, dove, sin dal 1959, si avvicendarono ben quattro ondate migratorie; ed è proprio sulla terza di esse che è incentrato il presente studio, che mira a ripercorrere l'esodo avvenuto nel 1980 dal porto di Mariel[1] attraverso la testimonianza di uno dei suoi esuli, lo scrittore Reinaldo Arenas. In questo modo è possibile cogliere tutte le implicazioni, oggettive e soggettive, insite in una tale dimensione esistenziale, propria di un individuo e di tutto un popolo.

Prima, tuttavia, di addentrarsi nello specifico dell'episodio di Mariel, bisogna innanzitutto dare uno sguardo attento al contesto storico in cui esso è maturato, considerando lo scenario delineatosi dopo la presa del potere da parte di Fidel Castro nel 1959. Da questo periodo in poi ci fu una progressiva trasformazione nella società cubana, che passò da un iniziale consenso verso il nuovo corso politico a un forte dissenso culminato, in alcuni casi, con la scelta dell'esilio. A questo aveva contribuito la progressiva chiusura degli spazi del dibattito politico e ideologico, la censura e la repressione di ogni atteggiamento

---

[1] Le precedenti migrazioni avvennero tra il tra il 1959 e il 1962 e tra il 1965 e il 1974; la quarta negli anni Novanta.

anticonformista, la restrizione della libertà di espressione imposta dal nuovo governo.[2]

Abbandonare la propria patria divenne, pertanto, un'attitudine connaturata alla popolazione cubana, prassi che, come nota lo storico Rojas, è stata connotata in maniera non univoca, attraverso l'uso indistinto dei termini "esilio", "diaspora" o "migrazione" (Rojas 2006, 18). Dal punto di vista propriamente semantico, tuttavia, ognuno di essi si carica di implicazioni diverse, facendo riferimento a uno specifico rapporto con la patria. La migrazione, infatti, rimanda a uno spostamento volontario spesso dovuto a motivazioni economiche; la peculiarità dell'esilio invece consiste nella difficile condizione esistenziale di coloro che sono stati espulsi o costretti all'estero dai propri governi (Sznajder and Roniger 2007, 8). Questo secondo termine, pertanto, suggerisce una rottura più forte con il potere vigente nel proprio paese d'origine. Quando i migranti, nella nuova comunità d'arrivo, intrecciano rapporti stretti tra loro, mantengono viva la memoria collettiva della propria terra d'origine, a cui ambiscono a ritornare e con cui intrattengono ancora relazioni, si può parlare di diaspora (Cohen 1997, 177-178).

Il significante, pertanto, più opportuno per designare la scelta degli intellettuali cubani dovrebbe essere "esilio", in quanto, secondo quanto chiarisce la storica Rollemberg (Rollemberg 1999, 37), esso meglio evidenzierebbe la portata politica del loro gesto e il senso di sfida contro il potere costituito.

Lo scrittore cubano Jesús Barquet, a tal proposito, sostiene invece che sarebbe più appropriato, per gli intellettuali della sua terra, parlare di espatriati, in quanto la condizione di una persona costretta ad abbandonare il proprio paese, seppur obbligato da motivi esterni e politici, riflette molto di più una condizione dello spirito meno evidente nella terminologia più scientifica."El exilio, la inmigración, o la diaspora [...] escoja cada cual el término que mejor se le ajuste; en mi caso indudablemente otro ahora: 'expatriado'" (Barquet 2009, 60).

---

[2] Per cogliere la complessità della situazione cubana dopo il 1959 si confronti: Samuel Farber, Leo Huberman e Paul Sweezy, Claire Lagonotte, Jacques Levésque, Angelo Trento, e S. Tutino.

La difficoltà di collocare terminologicamente un'esperienza soggettiva lascia, pertanto, comprendere come, nel contesto cubano, essa abbia assunto una pluralità di manifestazioni e abbia suscitato sentimenti anche contraddittori tra loro.

Le differenze insite in tale esperienza diventano subito evidenti, se si confrontano le varie ondate migratorie. Se, infatti, gli esuli dei primi due esodi avevano avversato la Rivoluzione stessa, negli anni Ottanta, invece, a migrare furono coloro che, cresciuti nel contesto rivoluzionario, si erano sentiti delusi proprio dal corso e dalla forma da essa assunta. A manifestare la propria dissidenza in questo particolare momento furono soprattutto gli intellettuali, i cui rapporti con Castro si erano inaspriti in seguito al caso del poeta Heberto Padilla, costretto a pronunciare un'avvilente autocritica pubblica.[3]

Il malcontento, tuttavia, da questo momento in poi, si era ormai esteso ad ampi strati della popolazione, quando nell'aprile del 1980 all'Avana un autista della linea 32 si lanciava, con i passeggeri a bordo, contro il portone dell'ambasciata peruviana con lo scopo di chiedere asilo politico. In seguito alla sparatoria tra il gruppo degli aspiranti esuli e il personale di sicurezza cubano, Castro decise di togliere immediatamente il presidio dall'ambasciata, cosicché diecimila persone ne varcarono i cancelli e altre migliaia di cubani iniziavano a muoversi da tutta l'isola. Il governo peruviano, intanto, sopraffatto dal numero di rifugiati presso la propria ambasciata, si rivolse all'intera comunità diplomatica presente all'Avana; in questo modo Venezuela, Ecuador, Costa Rica e Stati Uniti concordarono di accogliere coloro che richiedevano protezione (Trento 1998, 86).

A questo punto, pertanto, Castro, forse per evitare un possibile colpo di stato, decise di far partire dal porto di Mariel, a pochi chilometri dall'Avana, la "feccia della società" (Arenas 1992, 286), secondo i criteri del governo ovvero gli omosessuali, i delinquenti comuni liberati dal carcere, i malati di mente. In una tale prospettiva, quindi, la decisione appare come finalizzata ad alleviare l'economia di Cuba e ad

---

[3] Per un'attenta analisi del caso Padilla e sulle conseguenze che ebbe nel rapporto tra Castro e gli intellettuali si cfr. Germàn Alburuquerque Fuschini, Luigi Guarnieri Calò Carducci, e José Manuel Prieto. Per comprendere il pensiero di Padilla e la forma assunta dalla sua dissidenza si può fare riferimento alle sue opere: Heberto Padilla (1968 e 2008).

alleggerire al contempo la pressione sociale.[4] Per questo motivo tra l'aprile e il settembre del 1980, 125,000 cubani, attraverso il porto di Mariel, arrivarono in Florida. Costoro vennero conosciuti anche come *marielitos*.

Quest'ondata migratoria si è subito configurata come un'opposizione al governo vigente a Cuba, così come si evince dalle testimonianze dei migranti di allora[5] e dalla voce particolare di uno di loro, lo scrittore dissidente Reinaldo Arenas, che, in quanto omosessuale, riuscì ad ottenere il salvacondotto dal governo per poter espatriare. Proprio la testimonianza di quest'ultimo consente di cogliere sia il movente politico insito nell'esodo di Mariel, sia la discontinuità dell'esperienza dell'esule, una condizione che, al di là delle diverse esperienze, è comune ad ogni ondata migratoria e che, come ancora una volta sostiene Edward Said, è propria di chi è sradicato dalle proprie radici, dalla propria terra, dal proprio passato (Said 2001, 177).

Attraverso l'analisi dell'attività di Arenas, pertanto, si possono sia approfondire alcune peculiarità della migrazione del 1980, sia, allo stesso tempo, allargare lo sguardo ad una condizione generale di ogni tempo e di ogni dove, che va oltre Mariel.

Tutto questo è possibile, in quanto la testimonianza del singolo, anche tradotta in linguaggio letterario, assume una valenza epistemologica imprescindibile, poiché, seppur condizionata dalla soggettività della percezione, essa rimanda sempre e comunque a una specifica atmosfera sociale, proprio come ha affermato lo storico della scuola degli *Annales,* Bloch (Bloch 1998, 81). È indissolubile, pertanto, in una tale prospettiva il rapporto tra dimensione collettiva e individuale, in quanto non si può pensare a un individuo scisso dalla società. E a questo punto ritorna in mente Platone e il suo rapporto dialettico tra unità e molteplicità, legate da un nesso indissolubile, in virtù del quale

---

[4] Interessante risulta la testimonianza di Reinaldo Arenas nella sua autobiografia: "Per non rischiare una sommossa popolare, Fidel e l'Unione Sovietica decisero che era necessario aprire una breccia, lasciare uscire dal paese un gruppo di dissidenti; sarebbe stato come fare un salasso a un corpo malato. [...] Venne allora aperto il porto di Mariel e Castro dopo aver dichiarato che quelli erano tutti degli antisociali, aggiunse che voleva che la feccia se ne andasse da Cuba" (Arenas 1992, 286).

[5] Molte sono le "voci" dei *marielitos* dalle quali emerge come alcuni esuli avessero abbandonato l'isola per sfuggire alla repressione subita in quanto omosessuali. Cfr. Julio Capó, Jr.

l'una non può vivere senza l'altra. L'unità non può essere solo l'unità, non potendo esistere senza la molteplicità a cui si riferisce e da cui è formata, in quanto altrimenti sarebbe un puro vuoto impensabile. Allo stesso modo la molteplicità non è mai solo tale (Platone, *Parmenide*, 129 a1-135c9).

Diventa così possibile cogliere il significato intrinseco dell'esperienza *marielita* attraverso le parole di Reinaldo Arenas.

UN'IDENTITÀ COMUNE PER I *MARIELITOS*

Reinaldo Arenas, nato a Cuba nel 1943 e morto suicida a New York nel 1990, fu uno degli intellettuali più ostili a Castro, pur avendo lui stesso sostenuto, in un primo momento, la Rivoluzione. La dissidenza di Reinaldo Arenas emerse sin dai primi anni del governo di Castro, da quando aveva cominciato ad opporsi a una politica culturale che gli appariva autoritaria e che interveniva censurando la libera espressione artistica. L'opposizione di Arenas alle imposizioni del governo riguardava sia la sfera personale che quella culturale: essendo un omosessuale, infatti, infrangeva l'immagine *machista* della società cubana voluta da Castro;[6] allo stesso tempo nelle sue opere letterarie si discostava dal realismo socialista, imposto dalle autorità politiche, optando, invece, per sperimentazioni ardite. In entrambi i modi, quindi, lo scrittore testimoniava la propria ribellione al potere. Ma l'estrema manifestazione della sua dissidenza fu l'abbandono della patria tentata varie volte inutilmente e concretizzatasi solo nel 1980.

L'esilio negli USA, pertanto, sembrò dare forma compiuta alla speranza di Reinaldo Arenas di poter finalmente godere di un'esistenza autentica e libera. L'arrivo a Miami fu, infatti, fonte di immensa gioia perché rappresentava l'inizio di una nuova vita. A tal proposito nella sua autobiografia scrive significativamente: "(una volta a Miami) feci

---

[6] Il culto della virilità era, invece, fondamentale per il governo di Castro, tanto che tra il 1965 e il 1968 furono attive le UMAP (Unità militari di aiuto alla Produzione), concepite come campi di lavoro forzato il cui scopo era quello di riabilitare gli individui i cui comportamenti erano percepiti come non conformi ai principi della rivoluzione. Erano inviati in questi campi anche gli immorali, categoria che includeva, gli omosessuali. Cfr. Janelle Hippe.
A tal proposito è importante notare come, anche se nel codice Penale del 1979 l'omosessualità non era più considerata un crimine, veniva comunque proibita "la pubblica ostentazione di un comportamento omosessuale". Cfr. Ian Lumsden.

il bagno, mangiai e cominciai a somigliare a un essere umano" (Arenas 1992, 294).

Tali speranze, tuttavia, non erano destinate ad inverarsi realmente, in quanto lo scrittore scoprì presto quanto fosse complessa la condizione dell'esule.

Nonostante fosse invitato a varie conferenze in più istituzioni universitarie, allo scrittore era stato imposto il silenzio sulle questioni politiche e sociali del suo Paese.

Pochi furono gli intellettuali con cui riuscì ad instaurare dei legami duraturi; fu, dunque, costretto a rendersi conto di quanto fosse difficile l'inserimento nel nuovo contesto intellettuale.

> Nei pochi mesi che vissi a Miami, non riuscii a trovare un po' di tranquillità. Vissi circondato da pettegoli, passando da un cocktail a una festa. Ero una specie di animale raro da esibire, da invitare prima che perdessi il mio splendore, prima che arrivasse qualcun altro e che finissi in un angolo. (Arenas 1992, 301).

Questa fredda accoglienza, così come espressa nella sua autobiografia *Prima che sia notte* e in varie interviste, molto probabilmente, dipese dallo stigma che gravava sui *marielitos*.

Costoro, infatti, a differenza degli esuli delle prime ondate migratorie, che respingevano proprio la rivoluzione stessa, erano invece cresciuti nell'ambito della rivoluzione, dalla quale, come evidenziato precedentemente, si erano poi sentiti delusi perché non era stata all'altezza dei loro ideali.

È proprio il loro pregresso legame con la rivoluzione a determinare un'accoglienza diversa quando giunsero a Miami, così come si evince anche dai programmi messi in atto dalla politica statunitense in tale circostanza. Il *Cuban Refugee Center,* autorizzato dal presidente Eisenhower nel 1961, continuò ad assistere esclusivamente i rifugiati politici cubani delle prime ondate migratorie, ma non quelli giunti nel 1980. I *marielitos*, infatti, rientravano nel *Refugee Resettlment Program*, un programma federale che dava assistenza anche a migranti provenienti da altre zone. Ciò dimostra, pertanto, come non fosse riconosciuto loro lo *status* privilegiato di rifugiati politici, ma fossero stati assimilati a comuni immigrati. Inoltre, come dimostrano i vari articoli pubblicati sul *New York Times* negli anni Ottanta, si comprende come nel senso comune con il termine *marielitos* si intendesse semplicemente un criminale o un delinquente. Risulta efficacemente esemplificativo di ciò un numero del New York Times del 31 marzo del 1985, intitolato "Cuban Refugee Crime Troubles Police Across U.S", dove si legge:

> A diplomatic agreement providing for the the United States to deport back to Cuba 2,746 refugees classified as criminal or mentally ill offers little comfort to law-enforcement officials, who say that refugees who fled the port of Mariel in 1980 have been linked to an unusually large number of crimes.

Gravava, pertanto, un pesante stigma su questi emigranti, che rischiava di offuscare irrimediabilmente il loro essere esuli per motivi politici, che avevano dato espressione compiuta alla propria dissidenza attraverso la dolorosa scelta di abbandonare la patria. La portata politica della migrazione, tuttavia, non si evince solamente dalla testimonianza di Reinaldo Arenas, ma viene sostenuta anche da uno studio effettuato dalla studiosa Silvia Pedraza (Pedraza 2007, 263), la quale, attraverso una serie di interviste agli esuli di Mariel, indaga le motivazioni che li avrebbero spinti a questa decisione. Dall'esame dei dati raccolti si evidenzia, infatti, che, sebbene a determinare la migrazione abbia contribuito anche la difficile situazione economica dell'isola in seguito all'embargo,[7] il clima politico ebbe, tuttavia, un ruolo decisivo in questa scelta, dal momento che la repressione della libertà di espressione, l'annientamento degli oppositori e la diffusione del terrore aveva provocato una forte disaffezione degli abitanti per la propria patria.

E queste voci riunite dalla Pedraza, riverberandosi nelle parole di Reinaldo Arenas, le fanno risuonare in maniera ancora più efficace,

---

[7] Si pensi che nel 1978, era stato consentito agli esuli della generazione precedente di ritornare a visitare i propri parenti. In tale occasione, infatti, coloro che tornavano in patria raccontavano del benessere trovato negli Stati Uniti, talvolta anche mostrandolo in maniera nitida — avevano delle auto nuove, potevano viaggiare liberamente- smentendo, in tal modo, il ritratto negativo dato invece dal governo di Castro sulla vita lontano da Cuba. In questo modo venne alimentata la speranza che attraversando l'oceano potesse esserci un altrove diverso per tutti.

lasciando meglio emergere il senso della sua testimonianza attiva, della sua determinazione a costruire un'identità comune a tutti i *marielitos*, la quale ora più che mai risultava completamente disgregata. In una tale prospettiva, pertanto, si comprende pienamente quanto una tale operazione fosse necessaria per poter ricomporre la frattura e il senso di solitudine generato dall'esilio. La qual cosa, tuttavia, per i cubani di questa generazione non poteva non passare attraverso una rivendicazione netta e un'inequivocabile esplicitazione della portata dissidente della loro migrazione.

A tutto questo fu rivolto lo sforzo di Reinaldo, la cui identità individuale non poteva essere disgiunta da quella *marielita*; allineava, quindi, costantemente se stesso a questa comunità, forse a causa delle sue umili origini, come sostiene lo storico Ocasio (Ocasio 2007, 2), o forse perché ogni esule ha bisogno, in qualche modo, di darsi un nome significativo per narrarsi.

La sua affiliazione a tale generazione viene esplicitata in maniera pienamente consapevole con la fondazione della rivista *Mariel, Revista de Literatura y arte*, diretta da lui, Juan Abreu e Reinaldo García Ramos, nel 1983. Scopo non dichiarato di questo progetto culturale era il voler dare una connotazione meno negativa ai cubani della terza ondata migratoria, collegando la loro condizione a un movente politico. Nell'editoriale del primo numero della rivista che risale alla primavera del 1983, si legge proprio che suo obiettivo fosse quello di consentire la libera espressione a tutti i cubani in esilio che avevano rifiutato di seguire teorie politiche limitanti la creatività (Editorial 1, 1983). Proprio per questo nella rivista veniva dato ampio spazio a opere di intellettuali che a Cuba non avevano invece avuto il giusto riscontro. Al suo interno, nella sezione *Confluenze*, infatti, si pubblicavano estratti di racconti o romanzi poco conosciuti in patria, volutamente relegati ai margini dal potere. Si cercava, pertanto, di creare un archivio letterario che guardasse anche alla tradizione culturale del passato di Cuba, in modo che tutti gli esuli di Mariel potessero rispecchiarsi in essa, giungendo, pertanto, a condividere una coscienza comune. Per questo motivo è sempre costante il riferimento nella rivista a quelle migliaia di Cubani giunti a Miami nel 1980, e sembra che sia proprio a nome loro che Reinaldo e gli altri giornalisti della rivista parlassero. Si può, infatti, notare che costoro fossero tutti migranti come Arenas, cosicché ciò che si configura come una condizione meramente individuale arriva a sconfinare in una dimensione collettiva. In una tale prospettiva, quindi, la letteratura e l'arte di cui si parla diventano tasselli per comporre l'identità di una comunità disgregata dall'emigrazione.

In questo stesso periodo Reinaldo Arenas però si occupò anche della pubblicazione di una serie di saggi confluiti nell'opera *Necesidad de libertad*, che si pone in aperta continuità con la rivista stessa, in quanto in entrambi i progetti è incisa profondamente l'impronta di Mariel, così come nota la studiosa Simal (Simal 2015, 67-87). Anche nelle pagine del suo saggio, infatti, Arenas cantava la libertà che nell'arte cubana si sarebbe consacrata solo nell'esilio. La portata dissidente di questa attività giornalistica e saggistica venne esplicitata, senza alcun indugio, nel sottotitolo con cui venne pubblicato la prima edizione di *Necesidad de libertad*, ovvero *Mariel: testimonios de un disidente*.

Con questa affermazione perentoria la migrazione da Mariel diventava, in una tale prospettiva, un vero e proprio atto di dissidenza, la quale assumeva in Arenas il valore metaforico di difesa della propria libertà individuale e artistica. È importante in questo caso sottolineare che Arenas abbia utilizzato, per la prima volta in modo ufficiale, per definire se stesso, ma anche tutta la comunità *marielita*, il termine significativo di dissidente, che, fino ad allora, era stato adoperato proprio dal governo cubano per definire i propri oppositori (Simal 2015, 67-87). Rivendicare, quindi, in tal modo a sé una definizione politica usata dalla propaganda castrista per squalificare i propri detrattori, significava, innanzitutto, offuscare completamente lo *status* di criminale con cui lui e gli altri erano giunti negli Stati Uniti e, secondariamente, risemantizzare in maniera positiva un termine fino ad allora adoperato con accezione negativa.

Con un intento ancora più provocatorio, tuttavia, Arenas assurse a simbolo della condizione propria e di quella di tutti i *marielitos* proprio José Martí, padre della nazione cubana. A lui fu dedicato, infatti, l'ultimo numero della rivista, in cui fu pubblicato il saggio "Martí ante el bosque encantado", che apparirà poi anche in una sezione di *Necesisad de libertad*. In queste pagine dedicate all'eroe nazionale di Cuba, lo scrittore cercava di far luce sui sentimenti di Martí durante l'esilio, sulla sua decisione di tornare in patria e sul suo incontro con la morte. Proprio una simile condizione di esule e un'analoga aspirazione alla libertà avvicinerebbe il fondatore della patria a Reinaldo e a tutti i cubani lontani dalla patria, cosicché a un certo punto si legge *de ahí la contemporaneidad de este hombre para casi todos los cubanos* (Arenas 2001, 65).

E quella che finora è stata definita solo contemporaneità arriva poi, dopo poco, a tradursi in una totale identificazione tra l'eroe e tutta la comunità *marielita,* tanto che l'autore proclama in tono trionfale *Él es nosotros mismos* (Arenas 2001, 65). In questo modo l'eroe nazionale di Cuba, considerato fino a quel momento uno dei simboli della Rivoluzione stessa, veniva restituito a coloro che erano ormai ineluttabilmente orfani di una patria. Con una tale risemantizzazione di un personaggio cardine della storia dell'isola, l'autore riabilitava ulteriormente i *marielitos*, ponendosi, al contempo, ancora una volta in aperto contrasto con il governo vigente a Cuba.[8]

L'identità della comunità *marielita* sembra essere stata costruita.

LA DISCONTINUITÀ COME CONDIZIONE INELIMINABILE DEGLI ESULI

Gli sforzi di Reinaldo Arenas di conferire una compiuta identità a se stesso come intellettuale e alla sua comunità di migranti solo in apparenza andarono a buon fine, in quanto la sua esperienza esistenziale conferma invece come un'identità frantumata dall'esilio difficilmente possa essere ricomposta.

Nella sua autobiografia, infatti, la figura dell'esule cubano assume contorni tragici giungendo a essere rappresentato, secondo l'interpretazione di MacMahon (2012, 50), come un martire che aveva sofferto nella storia di ogni tempo, in quanto, se nell'isola erano stati condannati "al silenzio, all'ostracismo, alla censura e alla prigione, in esilio erano stati condannati al disprezzo o all'indifferenza degli altri esuli" (Arenas 1992, 300). Evidentemente non era riuscito a estirpare totalmente il pregiudizio che gravava sui *marielitos*, che lui stesso continuava a percepire.

---

[8] Si noti come anche il personaggio di José Martí sia stato analizzato da un altro intellettuale dissidente cubano, Guillermo Cabrera Infante (Cabrera Infante 1992), per "liberarlo" dal velo ideologico con cui era stato ammantato dal governo cubano.

L'altra delusione di Arenas riguardò la libertà sessuale che sperava di trovare negli USA e che, invece, anche lì era stata offuscata dai pregiudizi. Quegli stessi limiti che lo avevano soffocato a Cuba, infatti, avevano raggiunto livelli preoccupanti a Miami.

Per tale motivo fu spinto a continuare la ricerca del suo altrove tanto vagheggiato e sognato a cui potesse legarsi, arrivando fino a New York. Ma l'esule, come lo scrittore stesso ammetteva, è "quel tipo di persona che ha perduto l'amante e che, quando pensa di averlo trovato, s'inganna sempre" (Arenas 1992, 303). La città di New York sembrava che potesse, quindi, realmente accoglierlo con quell'abbraccio materno di cui tanto sentiva il bisogno; ma non fu così. Ancora una volta l'autore si era illuso, perché quella città in cui inizialmente aveva potuto sentirsi realmente se stesso, alla fine gli aveva svelato il suo vero volto di luogo senza anima, senza tradizioni e senza storia, dominato solamente dal culto del denaro.

Ciò che si nota, pertanto, è che un senso di sradicamento pervade gli ultimi anni della vita di Arenas, che va oltre la tiepida accoglienza tributata ai *marielitos*; è, invece, quella sensazione che si prova, quando ci si sente lontani dalla terra materna, in cui si è nati e in cui hanno avuto inizio i sogni.

L'esilio colloca, quindi, il dissidente in una condizione di alienazione e disperazione, in cui non si può, in alcun modo, recuperare la propria identità e nemmeno la propria libertà. All'esule, infatti, tocca "un'identità fluida, amorfa, indefinita" (Spadola 2013, 505-521); in una tale condizione, l'unica possibilità che per lui si apre nel tentativo di ricomporre questo senso di lacerazione è ancora una volta la scrittura, la quale riesce a dare forma all'inconsistente da cui è circondato l'autore. Ciò avviene in maniera suggestiva ne "La torre di cristallo", uno dei racconti inseriti nella raccolta *Adiós a mamá*, composto proprio a Miami nel 1986, in cui si narra della fragilità degli intellettuali esuli, le cui speranze si rivelano tanto effimere e precarie così come la villa che accoglie il protagonista (Arenas 1995). La sontuosa residenza in cui il personaggio creato da Arenas si muoveva inizialmente e che appariva come una poderosa torre di cristallo si rivela alla fine un enorme prefabbricato di cartone che si dissolve rapidamente. Con queste immagini oniriche l'intellettuale cubano rappresenta icasticamente il carattere fortemente illusorio della sua nuova vita da esule.

Ma se la scrittura riesce a offrire un rifugio allo scrittore, dove possa esprimere liberamente se stesso, ancor più efficace, in tal senso, è la morte scelta volontariamente. Una morte che viene ancor più sublimata, in quanto appare come emblema e conseguenza ultima del regime totalitario, quasi fosse in grado di sfiorare il dittatore.

Prima di morire, infatti, Arenas lascia una lettera in cui spiega le ragioni della sua drastica decisione di cui la causa prima è Fidel Castro. Scrive, infatti:

"Metto fine volontariamente alla mia vita, perché non posso continuare a lavorare. Nessuna delle persone che mi stanno vicino è coinvolta in questa decisione. C'è solo un responsabile: Fidel Castro. La sofferenza dell'esilio, la solitudine e le malattie non mi avrebbero certo colpito se avessi potuto vivere libero, nel mio paese. [...] Cuba sarà libera, io lo sono già" (Arenas 1992, 325).

Questo è il suo ultimo grido contro colui che lo aveva perseguitato, che voleva ridurlo al silenzio a tutti i costi, che gli aveva impedito di vivere nel suo paese. Questa è la sua estrema libertà, quella di morire, come un uccello tropicale, come lo definì Vargas Llosa "fuori dallo stormo e dalla confusione, innocente in mezzo all'inferno che lo circondava e a quello che si portava dentro" (Vargas Llosa 2006, 9-14).

OPERE CITATE

Alburuquerque Fuschini, Germán. "El caso Padilla y Las Redes de Escritores Latinoamericanos." *Universum* 16 (2001): 307-320.

Arenas, Reinaldo. "Editorial." *Mariel, Revista de literatura y arte* 1 (1983): 2.

_____. *Antes que anochezca. Autobiografía.* Barcelona: Tusquets 1992 (trad. it., *Prima che sia notte.* Milano: Guanda, 2000).

_____. *Necesidad de libertad.* Miami: Ediciones Universal, 2001.

_____. "Homosexuality, Creativity, and Dissidence," in Chomsky A., Carr B., Smorkaloff P. M. (a cura di), *The Cuba Reader: History, Culture, Politics.* London: Duke University Press, 2003.

_____. *Adiós a mamá, De la Habana a Nueva York.* Barcelona: Altera, 1995 (trad. it., *Adiós a mamá. Dall'Avana a New York.* Roma: Ed. Socrates, 2006).

Barquet, Jesús. "Memoria desde Expatria," in Chavez Rivera A. (a cura di), *Cuba Per se: Cartas de la diaspora- cinquenta escritores cubanos responden sobra su vida fuera de la Isla*. Miami: Ed. Universal, 2009.

Cabrera Infante, Guillermo. *Mea Cuba*. Barcelona: Plaza & Janes, 1992 (trad. it., *Mea Cuba*. Milano: EST, 2000).

Capó, Julio JR. "Queering Mariel: Mediating Cold War Foreign Policy and US Citizenship among Cuba's Homosexual Exile Community, 1978–1994." *Journal of American Ethnic History"* 29.4 (2010): 78-106.

Cohen, Robin. *Global Diasporas, An Introduction*. London: UCL Press, 1997.

Farber, Samuel. *Cuba since the Revolution of 1959: A critical Assessment*. Chicago: Haymarket Books, 2011.

Guarnieri Calò Carducci, Luigi. "*La insurrección permanente*: gli anni Sessanta nella saggistica di Mario Vargas Llosa." *Rivista dell'Istituto di Storia dell'Europa Mediterranea* 14 (giugno 2015): 83-104.

Hippe, Janelle. "Performance, Power, and Resistance: Theorizing the Links among Stigma, Sexuality, and HIV/ AIDS in Cuba." *Cuban Studies* 2 (2011): 199-217.

Hobsbawn, Eric. *Viva la revolución. On Latin America*. Little: Brown book group Limited, 2016 (trad. it., *Viva la revolución. Il secolo delle utopie in America Latina*. Milano: Rizzoli, 2016.

Huberman Leo e Paul Sweezy, *Anathomy of a Revolution*. New York: Monthly Review Press, 1960 (trad. it., *Cuba, anatomia di una rivoluzione*. Torino: Ginko ed., 1961).

Lagonotte, Claire. "L'URSS et Cuba, 1959-1972. Des relations opportunistes et conflictuelles." *Outre-mers* 94 (2007): 23-36.

Levésque, Jacques. *L'Urss et la Révolution cubaine*. Montréal: PUM, 1976 (trad. it., *L'Urss e la rivoluzione Cubana*. Roma: Città nuova, 1979.

Lumsden, Ian. *Machos, Maricones and Gays: Cuba and Homosexuality*. Philadelphia: Temple University Press, 1996.

MacMahon, Wendy-Jane. *Dislocated identities exile and Self as (M)other in the Writing of Reinaldo Arenas*. New York: Peter Lang, 2012.

Ocasio, Rafael. *A Gay Cuban Activist in Exile: Reinaldo Arenas*. Gainesville: University of Florida Press, 2007.

Padilla, Heberto. *Fuera del Juego*. La Habana: UNEAC 1968 (trad. it., *Fuori dal gioco*. Livorno: ed. Il Foglio, 2013).

_____. *La mala memoria*. Madrid: ed. Pliegos, 2008.

Platone. *Parmenide*. Roma-Bari: Laterza, 2003.

Pedraza, Silvia. *Political Disaffection in Cuba's Revolution and Exodus*. New York: Cambridge University Press, 2007.

Prieto, José Manuel. "Heberto Padilla. The first dissident (of the Cuban Revolution)," in Loss J. e J.M. Prieto (a cura di), *Caviar with Rum. New Directions in Latino American Cultures*. New York: Macmillian, 2012.

Rojas, Rafael. *Tumbas sin sosiego. Revolución, disidencia y exilio del intelectual cubano*. Barcellona: Anagrama, 2006.

Rollemberg, Denise. *Exilio: Entre Raízes e Radares*. Rio de Janeiro: Record, 1999.

Said, Edward. *Reflections on Exile and other essays*. Massachusetts: Harvard University Press, 2001 (trad. it., *Nel segno dell'esilio. Riflessioni, letture e altri saggi*. Milano: Feltrinelli 2008).

Simal, Monica. "Necesidad de libertad: Reinaldo Arenas y la Generación del Mariel Frente a la Tradición Literaria Cubana." *The Latin Americanist* 59.3 (2015): 67-87.

Spadola, Carmelo Andrea. "Reinaldo Arenas e il trauma delle dittature." *Lingue e Letterature d'Oriente e d'Occidente* 2 (2013): 505-521.

Sznajder, Mario e Luis Roniger. "Political Exile in Latin America." *Latin American Perspectives* 34.4 (2007): 7-30.

Trento, Angelo. *Castro e Cuba. Dalla rivoluzione a oggi*. Firenze: Giunti, 1998.

Tutino, Saverio. *L'ottobre cubano. Lineamenti di una storia della rivoluzione castrista*. Torino: Piccola Biblioteca Einaudi, 1968.

LA POLISEMICA ERRANZA DI DANIEL TARNOPOLSKY TRA RICERCA MISTICA E DOVERE TESTIMONIALE

Susanna Nanni
UNIVERSITÀ DEGLI STUDI ROMA TRE

> *Me estoy quedando sin país, sin lugar, sin tierra.*
> *No pertenezco más a nada.*
> *Me estoy transformando en un errante.*
> Daniel Tarnopolsky

Il presente saggio intende contribuire al dibattito sulla circolazione di persone e idee tra Europa e Americhe, esplorando la narrazione delle vicende che hanno segnato le frontiere — geografiche, identitarie, visibili ed invisibili — di Daniel Tarnopolsky nella sua testimonianza autobiografica *Betina sin aparecer* (2011). In particolare, si vuole indagare lo sviluppo dell'autore-personaggio — unico sopravvissuto di un'intera famiglia di origini ebraiche, sequestrata e fatta scomparire dai militari durante l'ultima dittatura argentina — nella sua erranza fisica e spirituale durante e dopo l'esilio.

Pienamente consapevole della complessità di definizione terminologica e metodologica del concetto di "esilio", data la sua poliedricità e polivalenza (Giorcelli 2008, 9), e dell'uso spesso indiscriminato che si fa dei suoi presunti sinonimi — emigrazione politica, rifugio, asilo, diaspora… (Stabili 2008, 423) —, e anche nella convinzione che l'esilio, di per sé, non esista ma esistono gli esiliati, ognuno con il proprio vissuto, che interpretano, personalizzandola, tale condizione (Tognonato 2008, 467), sento la necessità di fare una premessa:[1] intendo l'esilio, in rela-

---

[1] Dall'ampio arsenale critico sull'esilio cui si possa attingere, nel pensare a questa premessa sono stata stimolata principalmente dalle molteplici riflessioni sul concetto di esilio scaturite dalla ricerca interdisciplinare dell'ex-dipartimento di Studi Americani dell'Università Roma Tre, pubblicate nel volume *Lo sguardo esiliato* (Giorcelli e Cattarulla 2008), e che ancor'oggi, a distanza di un decennio e immersi in un sempre più acceso dibattito politico, sociale e culturale sulle migrazioni, risultano valide ed attuali per un attento studio del fenomeno.

zione alle vicende vissute e narrate da Tarnopolsky, come un concetto spazio-temporale-psicologico-identitario — il luogo dell'esilio, il tempo dell'esilio, la condizione dell'esule nelle sue molteplici sfaccettature —, le cui frontiere non sono lineari né facilmente delimitabili per l'impossibilità di stabilire quando e dove inizi e termini l'esilio di ogni individuo; e ancora, intendo l'esilio come concetto che definisce un'emigrazione forzata, provocata dalla repressione sistematica dello Stato su una "categoria" di persone ufficialmente identificata attraverso criteri politici (il "pericolo rosso" di maccartiana memoria), ma di fatto estesa a chiunque avesse (o meno) un qualsiasi vincolo con soggetti arbitrariamente giudicati sovversivi. Dunque, si tratta di uno sradicamento, fisico e psicologico, dal proprio luogo di origine, dato dalla costrizione e insieme dalla volontarietà (per essere inflitto non da una legge scritta ma da una circostanza data), dettate dalla necessità primaria di salvaguardare la propria vita e, nel caso di Tarnopolsky — come di molti altri —, pure con il fine di cercare dall'esterno (fisico, ma anche come "punto di vista" straniato) i propri cari *desaparecidos* e di denunciare attraverso la stampa internazionale gli orrori della violenza che si stava perpetrando sul popolo argentino.

A partire dalle testimonianze di sopravvissuti, ricordi personali, incontri con veggenti e medium, l'autore costruisce un'opera dalla morfologia ibrida, nella quale confluiscono la narrativa testimoniale, la memorialistica, l'autobiografia, ma anche il saggio storico-politico, il giornalismo letterario e la poesia onirica, per esplorare le frontiere tra la presenza e l'assenza, l'appartenenza e l'esclusione, la vita e la morte, la solidarietà e l'eterna solitudine della condizione di esule, alla ricerca della propria identità e di una sorella, forse, ancora viva.

Antefatto storico e nucleo germinale della narrazione: nella notte tra il 14 e il 15 luglio del 1976, un gruppo di militari sequestra in poche

---

Sull'esilio degli argentini durante l'ultima dittatura civico-militare, in diversi paesi di destinazione, rimane fondamentale la lettura di Yankelevich (2004) e Yankelevich-Jenssen (2007). In particolare, sull'esilio degli argentini in Francia, esperienza vissuta e narrata da Daniel Tarnopolsky, si veda Franco (2008). Sui giovani ebrei argentini esiliati in Israele, si veda Guelar, Jarach, Ruiz (2002), dove pure Daniel Tarnopolsky, intervistato da Vera Vigevani Jarach, narra di questa sua esperienza. Tra gli studi più recenti sui processi di esilio e di rimpatrio nei paesi di origine, in particolare, Argentina, Cile, Uruguay e Paraguay, si veda Roniger, Senkman, Sosnowski e Sznajder (2018).

ore e in case diverse i genitori dell'allora diciottenne Daniel Tarnopolsky (Hugo e Blanca Edelberg), il fratello maggiore Sergio insieme a sua moglie Laura (entrambi ventunenni), e Betina, la sorella minore di Daniel, di soli quindici anni. Quella notte il terrorismo di Stato lo lascia, quasi letteralmente, solo al mondo e lo costringe all'esilio: prima — via Montevideo — in Cile, poi — via Londra — in Israele, infine a Parigi. A partire dalla transizione democratica argentina, inizia un incessante viavai del protagonista tra l'Europa e il suo paese di origine.

La ricerca mistica sul destino della sua famiglia, intrapresa involontariamente già nei primi anni dell'esilio e ancor'oggi inconclusa, gli offre delle risposte che nel corso del tempo vengono confermate da ex-*desaparecidos*: dopo quindici giorni di prigionia e di torture nella ESMA,[2] i genitori e il fratello vennero uccisi, gettati in mare con uno dei "voli della morte". Ma Betina, probabilmente, ebbe un calvario più lungo.

Il libro dà forma al complesso percorso interiore del protagonista, intervallando tre voci principali. L'io narrante, portavoce testimoniale della storia famigliare, ri-compone l'epopea della sua vita prima e dopo quella notte del 1976, rivelando il meccanismo di produzione del ricordo in tutta la sua pienezza. A partire dalla propria soggettività e dal proprio vissuto, l'autore-narratore si erge a testimone della tragedia di un'intera generazione, di un'intera società. Testimone in diverse accezioni[3]: in quella etimologica del termine — *superstes* — come "colui che 'sussiste al di là' di un determinato avvenimento dopo che tutto è stato distrutto" (Perassi 2016, 15); e, testimone, anche assumendo la voce della sorella scomparsa — o meglio, colei che *non* appare (*sin aparecer*), dunque esiste — nel racconto onirico di un destino alternativo che l'autore immagina per la giovane Betina. In effetti, *testimonium*, è un termine che nell'accezione latina del primo cristianesimo viene usato per

---

[2] "Escuela Superior de Mecánica de la Armada" (Scuola Superiore della Marina Militare): è stato il più importante e attivo centro clandestino di detenzione e tortura del territorio argentino durante l'ultima dittatura militare, dove sono state tenute sotto sequestro, torturate e poi fatte scomparire circa 5.000 persone, tra le quali la famiglia Tarnopolsky. Dal 2004 è divenuto "Espacio para la Memoria y para la Promoción y Defensa de los Derechos Humanos, di cui Daniel Tarnopolsky fa parte del direttivo e, dal 2013, "Museo Sitio de Memoria".
[3] Dal punto di vista giuridico, non avendo assistito ai fatti relativi al sequestro, non è considerato un testimone. Per questo, sarà la nonna a testimoniare, il 17 luglio del 1985, nel *Juicio a las Juntas*, sui fatti accaduti alla famiglia Tarnopolsky.

indicare un tipo specifico di letteratura testimoniale, quella dei *testimonia*, legittimata non dall'esperienza diretta ma dalla "catena di citazioni" di un testo ritenuto autorevole. Si tratta di una testimonianza che si fonda sulla paradossale presenza-assenza del testimone, che viene accolto nella narrazione attraverso l'acquisizione della sua parola da parte del nuovo testimone. È un termine, quindi, che implica le nozioni di eredità e di trasmissione (Perassi 2016, 19). Ebbene, grazie a tutta la serie di "citazioni" tramandategli da Betina attraverso diversi intermediari, l'autore ci restituisce una testimonianza struggente, di cui la giovane diviene protagonista e voce narrante, un racconto intriso di ricordi, sogni, speranze, torture subite, esperienze e dialoghi vissuti o immaginati, che trascende la dimensione razionale degli eventi per sublimarsi in una dimensione poetica capace di rivelare qualcosa che resiste ad essere nominato (Grillo 2018, 71); una dimensione poetica che rende il racconto ancor più veritiero.[4] Il testo affidato a Betina è la trascrizione di un atto narrativo che si dispiega come in un rituale e si presenta in carattere corsivo, ricorso grafico che distingue due mondi inserendoli, allo stesso tempo, l'uno nell'altro. Con l'aiuto dei medium, l'autore traduce, trascrive e ci restituisce la sua parola, parola eterna e totale, ancorata al passato ma proiettata nel presente e che, pure nelle descrizioni "immaginate" delle atrocità subite per mano del suo personale torturatore, attesta quanto vissuto, di fatto, da migliaia di argentini *desaparecidos*. L'amore fraterno, categoria riservata a significare questioni intime e famigliari, funziona come anello di congiunzione tra la sfera personale e quella collettiva, tra il privato e il pubblico, riconfigurando collettivamente la tragedia famigliare.

Si alterna, all'io narrante e alla voce di Betina, quella di None, la nonna materna, unica radice famigliare rimasta in vita dopo lo sterminio dei Tarnopolsky. È una voce "preziosissima", forte ed emotiva, di straordinaria centralità. È la voce di una donna, rimasta sola ed anziana, che sostiene fortemente — pure nella lontananza geografica — la lotta del nipote nella ricerca dei famigliari scomparsi (Vigevani,

---

[4] Mi sembra interessante, a tal proposito, citare il romanzo *Forse Esther* (2014) della scrittrice tedesca Katja Petrowskaja, in cui il padre della protagonista, in un dialogo con la figlia, afferma: "A volte è proprio quel pizzico di poesia che rende il ricordo veritiero".

2018, 7).[5] È anche grazie a lei che la militanza di Daniel nelle organizzazioni per i diritti umani — prima all'estero, poi in Argentina — diviene asse portante della sua vita.

Tale coralità di voci narranti, l'ibridismo dei generi letterari di cui s'imbeve la narrazione, insieme alla frammentazione cronologica e strutturale del romanzo, rispondono principalmente a due ordini di ragioni, o meglio, a due categorie identitarie di appartenenza: l'essere ebreo e l'essere esule. E il binomio, pure la storia latinoamericana ci insegna, non si articola su una contrapposizione dicotomica: a partire dalla fine del XIX secolo, sono migliaia gli ebrei fuggiti dall'Europa dell'est cercando in Argentina la Terra Promessa, tanto che l'identità ebraica ha costituito un tassello di considerevole importanza nella costruzione del mosaico multiculturale del paese.[6] Molti di loro fuggivano dai *pogrom* dalla Russia zarista, come i nonni di Daniel Tarnopolsky:

> Mis dos abuelos, nacieron en Ucrania que entonces era parte del Imperio Ruso. Moisés Tarnopolsky, cerca de Kiev; Gregorio Edelberg, más al sur, cerca de Odessa. Mis dos abuelas, Elvira Chait y Rosa — None — Daneman, nacieron en la Argentina. Sus familias habían llegado alrededor de 1895 y se instalaron unos en San Juan y otros en Buenos Aires. Una vez casadas se fueron a vivir a Flores y al Once, cerca del Abasto, respectivamente. (Tarnopolsky 2011, 31)[7]

In tal senso, il libro di Tarnopolsky riflette le tracce della sua molteplice identità, nel prisma di una serie di spostamenti, fisici e dell'anima, riconducibili alle proprie radici ed è l'espressione di una soggettività che si costruisce nell'erranza, nel carattere destrutturante dell'esilio, nella rottura dei significati che quest'esperienza comporta. Per comprendere la sua cifra poetica, che si inserisce nei luoghi dell'ibridismo e della frammentazione, non si può prescindere, quindi, dall'esplorazione delle orme ebraiche dei suoi antenati (lui, unico credente, in una

---

[5] Prefazione di Vera Vigevani all'edizione italiana (Qudulibri, 2018) del romanzo di Tarnopolsky.

[6] In ambito letterario, il testo considerato fondativo sull'immigrazione ebraica in Argentina è *Los gauchos judíos*, di Alberto Gerchunoff, pubblicato nel 1910, in occasione delle celebrazioni del Centenario dell'Indipendenza.

[7] D'ora in avanti, i riferimenti ai numeri di pagina delle citazioni verranno dati direttamente nel testo.

famiglia laica), tracce che non si riflettono unicamente nei contenuti della narrazione ma anche nelle forme di organizzazione del racconto. Le memorie famigliari dell'autore, che s'intrecciano nella trama di voci e di sentimenti, prendono forma attraverso una catena di ricordi capace di disegnare una realtà corale, che sopravvive al trascorrere del tempo e alla minaccia dell'oblio.

Volendo indagare lo sviluppo del personaggio nella sua polisemica erranza, occorre, seppur panoramicamente, ripercorrerne le tappe principali, per osservare come l'esilio abbia significato per lui decostruzione e frammentazione, solitudine e lontananza, ma anche cambio radicale del punto di osservazione, dunque, una messa a fuoco della realtà — una nuova interpretazione del mondo — prodotta dalla prospettiva esterna, dalla distanza incolmabile tra il punto di vista e l'oggetto osservato, sia esso la realtà argentina, sia esso la porosa frontiera tra la vita e la morte.

L'Israele, dopo una breve e troppo pericolosa tappa cilena per l'attuazione del Plan Condor,[8] è il primo luogo d'esilio che il giovane Daniel raggiunge con un volo British Airways.[9] La *Sojnut*, agenzia ebraica per il "rimpatrio" degli ebrei dispersi nel mondo, considera questa migrazione, appunto, un "ritorno" alla Terra Promessa:

> La *Sojnut*, agencia judía para la "repatriación" de los judíos dispersos por el mundo, se ocupa de las migraciones, sean voluntarias o por urgencias políticas, como era el caso entonces. En la jerga judaica se trata de repatriación y no de migración, pues se habla de "volver" a la Tierra de la que nos expulsaron allá por el año 100 después de Cristo, cuando destruyeron el Templo (53).

---

[8] Il "Plan Condor" fu un piano di repressione sistematizzato su scala internazionale, ideato da Pinochet già nel 1974 e poi sottoscritto dai governi autoritari di Argentina, Bolivia, Brasile, Cile, Paraguay e Uruguay e Perù, in accordo con la politica anticomunista degli Stati Uniti. Di fatto, fu l'attuazione di un "terrorismo di Stati" attraverso il coordinamento segreto (con la condivisione di informazioni, azioni e metodi di interrogatorio, tortura, carcerazione, sparizione) tra i servizi di Intelligence delle dittature militari latinoamericane, con la complicità e la connivenza della Cia e dell'FBI, per combattere ogni forma di opposizione ai regimi autoritari.

[9] Già durante il volo British Airways, lo scontro con le prime barriere linguistiche rappresenta per l'autore il "¡Primer shock cultural con el mundo!" (70). Sul complesso rapporto tra gli esuli e le lingue dei paesi di accoglienza, vale la pena menzionare, tra gli altri, *La gelosia delle lingue*, di Adrián Bravi (2017).

Di certo, il giovane, non la vive come tale, ma piuttosto come una migrazione forzata — "así que llámelo como quiera, pero de aliá[10] no tiene nada, y menos de 'retorno a la tierra prometida'. Yo voy porque me obligan" (65) —, uno stato d'animo di cui ha il riscontro empirico quando, appena giunto in un *Kibbutz* dove avrebbe alloggiato per tre mesi, incontra 40 argentini, di cui 35 rifugiati, tra i diciotto e i trent'anni, "tan perdidos como yo. Y siguen llegando y me entero que en Israel está lleno. Vienen de todas partes del país, pero sobre todo de Buenos Aires, La Plata, Córdoba, Santa Fe y Mar del Plata" (72). Circondato da giovani che vivono la sua stessa condizione, e dalla distanza incolmabile che lo separa dall'Argentina, Daniel inizia a capire cosa sta realmente accadendo nel suo paese. Attraverso l'incontro con i primi *desaparecidos* liberati per ragioni a loro stessi ignote, viene a conoscenza, per la prima volta, della tortura, della *picana*, della *parrilla*, e di "trasferimenti" non meglio specificati.

È in Israele che comprende l'importanza della condivisione delle proprie storie — atto fondativo di ogni forma di militanza —, conversazioni che rimarranno indelebili nella sua memoria, incontri, sguardi, parole che danno forma alla realtà nel suo intimo, che configurano la coscienza della *desaparición*, della tortura e della morte.

Ed è in Israele che, nonostante la vicinanza di altri giovani esuli, anzi proprio per questo, inizia a sentire in modo quasi tangibile la sua condizione di orfano — "mi orfandad empieza a hacerse carne" (81) —, la solitudine, l'assenza, la disperazione, la tragica eccezionalità della storia della sua famiglia, "una familia diezmada por la dictadura militar argentina", recita la seconda parte del sottotitolo nella versione originale del libro. Il massacro della famiglia Tarnopolsky è un caso ben noto in Argentina, anche se non unico, per trattarsi della strage di un'intera famiglia, dentro allo sterminio di un'intera società. La solitudine degli altri, con genitori e fratelli nel mondo, anche se lontani, è diversa:

---

10 *Aliá*, o Aliyah, o Aliyá: il termine deriva da "Aliyah la Reghel", che in ebraico significa "pellegrinaggio" con riferimento ai tre pellegrinaggi prescritti per le festività di *Pesach*, *Shavuot* e *Sukkot*, durante i quali, attraverso una salita, si doveva raggiungere Gerusalemme. Il termine definisce, quindi, per estensione, l'immigrazione ebraica in Israele.

Yo no los tengo y es raro, distinto y angustiante. Siento una mezcla de miedo, nervios, envidia, celos [...] Mezcla de necesidad imperiosa de pedir ayuda a los gritos y la imposibilidad de hacerlo, de no tener hacia quién dirigir ese grito. Yo había tenido una familia, un mundo, un lugar. Y de un día para el otro me había quedado sin nada (81). [...] cuando de golpe nada de eso está y no porque hayas decidido dejarlo, irte, separarte, sino porque te lo arrancaron. Lo que queda es un agujero imposible de volver a llenar, con heridas sangrantes incurables, que por años te siguen doliendo (82).

Infine, ciò che inizia a comprendere in Israele, e che lo porterà al distacco definitivo da quel paese, è il funzionamento della "Real Politik", primo scontro con certa realtà politico-diplomatica che il protagonista ignorava fino a quel momento. Dopo oltre sei mesi trascorsi in Israele, Daniel non conosce ancora il destino dei suoi genitori ma è al corrente della situazione politica argentina. Ciò che scopre, tuttavia, in un incontro con il responsabile del Ministero degli Esteri israeliano, è che Israele vendeva armi a tutti i governi *de facto* latinoamericani, compreso, quindi, quello di Videla. Per cui, la AMIA e la DAIA, le principali organizzazioni ebree argentine che rappresentano la maggioranza delle istituzioni della collettività, chiedevano e pretendevano esplicitamente dal governo israeliano di non toccare il "tema *desaparecidos*", ripetendo la propaganda ufficiale come una litania: in Argentina si sta svolgendo una guerra contro la sovversione internazionale, le istituzioni ebree hanno un buon rapporto con il governo e non bisogna provocare conflitti.

Israel puede ocuparse de los refugiados, sacar gente inclusive con documentación propia, visitar las cárceles y sostener a los presos políticos legales, pero ni nombrar el tema de los desaparecidos. En la Argentina simplemente no los hay, todo es una campaña de la sinarquía internacional para desprestigiar al gobierno… "¡No se trata de antisemitismo! ¡Qué Israel no se meta!" (85).

In altre parole, "Las organizaciones judías argentinas se doblegaban ante la opresión, de la más vergonzosa manera que podía existir. Cientos de judíos secuestrados, desaparecidos, torturados y ellos pidiendo silencio" (85). È una Real Politik ben nota anche nelle relazioni tra gruppi di potere — economici, religiosi e politici — europei e le dittature civico-militari latinoamericane;[11] è una Real Politik che il giovane Daniel non riesce a comprendere e non può, e non vuole, accettare: "Ese día decido irme de Israel. No es un lugar para mí" (86).

A Parigi, città che inizialmente lo "inghiotte" e lo "sovrasta" ma, allo stesso tempo, gli apre le porte ad un nuovo futuro, viene accolto da zii cileni ed altri rifugiati politici, di tutte le età ed estrazioni sociali. Con una narrazione rigorosa e crudamente autentica, l'autore riporta le loro testimonianze, che aggiungono nuove informazioni sui centri clandestini di detenzione, sulle fucilazioni sommarie, sugli NN ritrovati in fosse clandestine e sui cadaveri che, restituiti dal mare, iniziano a riapparire sulle coste argentine e uruguaiane.

> Me voy enterando cada vez más de las desapariciones, de los campos de detención, de las prisiones. La dictadura era implacable, terrible. No había oposición posible, el terror y la ceguera se habían instalado en la sociedad (93). [...] Cada vez más desaparecidos, más refugiados. Llegan nuevos informes acerca de campos de concentración, de mano de obra esclava, de muertos en las cárceles, de fusilamientos salvajes. De cadáveres que aparecen en Uruguay, en la costa argentina, en el Delta. Tumbas clandestinas, NN por todos lados (96).

Per continuare a vivere, il protagonista sente la necessità di elaborare il lutto, di seppellire i suoi cari almeno nel suo intimo ("Historia íntima del caso Tarnopolsky", recita la prima parte del sottotitolo): "La ausencia sin cuerpo no es la muerte. [...] Mis desaparecidos son muertos vivos" (118). Per questo, invocando un incontro sia pure spirituale con la sua famiglia, per stabilire un legame tra la vita e la morte, e anche per trovare un senso di appartenenza, cerca conforto nel giudaismo, nella religione, sempre assente nella sua famiglia perché considerata opprimente, limitante per il pensiero e per la crescita interiore. Emerge uno dei nodi problematici identitari più ricorrenti nella

---

[11] Su questo, in particolare sulla relazione tra i gruppi di potere italiani e la dittatura argentina, si veda Tognonato (2012).

vita del protagonista: lui, discendente di ebrei fuggiti dai *pogroms* russi, si chiede se sia ebreo prima di essere argentino, o forse il contrario, scontrandosi con la dualità "judío y argentino; argentino-judío. Exiliado argentino, del pueblo judío. ¿Qué antes? ¿Qué primero?" (120). Domande senza risposta e che, nel suo caso, si rafforzano pure nella paradossale coincidenza di date "fondanti": il 14 luglio in Francia si festeggia, commemorando la Rivoluzione; la notte tra il 14 e il 15 luglio del 1976 viene sequestrata la sua famiglia: "Para mí cada 15 de julio es una tortura [...]. Mientras ellos festejan yo me emborracho con los fuegos y celebro también, aunque inmediatamente después siempre caigo" (152). E il 15 luglio del '76 coincide anche con il 17° *Tamuz* del calendario ebraico, giorno di lutto, in ricordo dell'assedio di Gerusalemme e della distruzione del Tempio da parte dei Romani nel '70 d.C, dunque, l'inizio della Diaspora.

Durante l'esilio parigino, per la prima volta, il personaggio fa riferimento all'ossessione per il ricordo di Betina, troppo giovane per scomparire, e incomprensibile il suo sequestro. La sua assenza diventa una costante presenza: "Siempre, siempre la ausencia de Betina me resultó más dolorosa que las demás. Más injustificado su secuestro. Su ausencia era una constante presencia. Ella tendría que estar, algo no me cierra, era muy chica. Esto se fue transformando en una sensación permanente" (342). Nel corso di una narrazione che si fa sempre più fluida e lineare sulla nuova vita nella capitale francese — tra gli studi di psicomotricità, la passione per la musica e la militanza nei comitati di rifugiati politici[12] — irrompe la voce del torturatore, "la bestia",[13] attraverso la quale l'autore rende noto il destino immaginato da Daniel — dentro e fuori dal testo — per sua sorella. È la voce di

---

[12] Daniel Tarnopolsky ha fatto parte del CASI (Comité Argentino de Información y Solidaridad) ed è stato membro fondatore del COSOFAM (Comité de Solidaridad con los Familiares de Desaparecidos y Presos Políticos). Attualmente, forma parte del direttivo del "Espacio Memoria y DDHH" nella ex-ESMA e, dal 2012 anche del Consiglio del Centro Internazionale per la Promozione e la Difesa dei Diritti Umani, istituito in seno all'UNESCO.

[13] Daniel Tarnopolsky conosce il vero nome del torturatore (grazie ad alcune testimonianze di ex-*desaparecidos* detenuti nella ESMA) ma nel libro non lo può esplicitare per ragioni legali, come ha dichiarato lo stesso autore in diverse occasioni. A seguito di indagini, ha potuto constatare che l'ex militare, attualmente, è in carcere per altri casi di tortura e sparizione, ma nessuno di questi riguarda la scomparsa di Betina o della sua famiglia.

un militare che, all'insaputa dei suoi superiori, decide di far scendere la ragazza dal camion che l'avrebbe condannata a uno dei voli della morte, per portarla nella casa di campagna della sorella e violentarla e torturarla a suo piacimento. Un sequestro nel sequestro. Una voce crudele, spietata, priva di umanità, che lascia senza respiro — e, forse per questo, si trascrive senza punteggiatura — sostiene che Betina è il suo "trofeo", la sua "preda", un premio in carne ed ossa che ricompensa la scarsa remunerazione in denaro per una guerra in nome della patria, nella quale nemmeno lui crede più.

> *[V]eremos qué hacer después por ahora es mi trofeo sólo la guita no me alcanza y ese verso de la lucha por la patria me cago acá hay que quedarse con lo que se pueda y ella es mi presa mi torta de crema la vamos a llevar a mi casa en el campo donde vive mi hermana después veo por ahora festejo así como la jugada que le hice al acosta que se cree tan machito tan patriota.* (95)

La sensazione permanente che Betina sia ancora viva, viene in seguito rafforzata da diversi medium che Daniel incontra, non per sua iniziativa, prima a Parigi e poi a Buenos Aires: attraverso l'osservazione di foto di famiglia — in cui le immagini dei morti vengono percepite come "fredde", mentre quella di Betina, seduta in mezzo a loro, è "calda" e sprigiona energia vitale —, ma anche attraverso la pratica della "scrittura automatica", la ragazza risulta essere ancora viva, seppure in un pessimo stato psicologico, in un'altra dimensione spirituale, come in un limbo, per purificarsi dai troppi orrori e dalle insostenibili sofferenze subite per mano del suo torturatore. Forse in coma, ma viva.

A Parigi, grazie a quella dislocazione geografica e culturale che gli permette di osservare con distacco — e inorridito — i festeggiamenti per la vittoria argentina dei mondiali di calcio del '78, il protagonista sente una nuova rottura interna con l'Argentina, sente di allontanarsi sempre di più per trasformarsi in un errante:

Si el estadio de River está al lado de la ESMA, ¿nadie sabe lo que pasa ahí adentro? [...] El uso de la pasión en nombre de la tiranía, Videla entregando la copa, la gente festejando en las calles. [...] Hay cosas que no sé cómo decir, no tengo palabras para lo indecible. [...] Me voy alejando cada día más. Mi argentino es otro. [...]

175

Me destruyeron la vida, me arrancaron los míos, me exiliaron y a
nadie le importa, sólo juegan al fútbol. Me estoy quedando sin país,
sin lugar, sin tierra. No pertenezco más a nada. Me estoy transformando en un errante (106).

Uno stato d'animo conflittuale che percepisce ancor più lacerante
quando apprende la notizia che l'Argentina è entrata in guerra contro
l'Inghilterra per il possesso delle Isole Malvinas. Il punto di osservazione degli esuli — "testigos exteriores de la barbarie" (139) — sul
popolo che scende in strada per appoggiare le ultime "gesta patriotti-
che" dei militari argentini, rende la situazione insostenibile, il suo essere argentino è distrutto e in Francia si sente e si sentirà sempre
straniero: "Cada vez estoy más alejado de esa gente, de ese lugar, de
ese país. Sólo me queda mi abuela allá y sin embargo, sin ese allá no
hay nada. En Francia seré siempre de afuera. Entonces, ¿de dónde
soy?" (139).

Trova una prima risposta a questa domanda solo alla fine dell'83,
quando decide di tornare in Argentina per trascorrere le feste. Il *de-
sexilio* — quel conflittuale processo di reintegrazione degli esuli nel
loro paese di origine, in una società radicalmente e inevitabilmente
mutata — avviene in modo atipico rispetto a tante altre testimonianze di ex-esuli, che lo hanno vissuto non solo come ulteriore frattura
dalla quale si è generata una nuova storia, ma anche come ulteriore
sradicamento, nella difficoltà di recuperare luoghi e relazioni affettive.
Pur percependo sensibilmente il mutamento di un'intera società, soprattutto attraverso l'assenza, il personaggio riconosce, invece, immediatamente il "suo" quartiere, le "sue" strade, i "suoi" negozi, la "sua"
casa, il "suo" spazio vitale: "El primer paseo por la ciudad me lleva
hacia el barrio de Recoleta. Sabía que tenía que volver. Camino por
Pueyrredón, subo hasta la Avenida Córdoba, sigo hacia Santa Fe. Mi
viejo barrio, mis calles, mis negocios. El hospital Alemán sigue estan-
do allí como lo dejé en el 76" (148).

Come in un puzzle, ricomincia a recuperare i pezzi. Gli aggettivi
possessivi che affollano la scrittura ne attestano la consapevolezza, e
affermano, ancor di più, il senso di appartenenza al "suo" mondo
quando incontra per la prima volta le *madres*, le *abuelas*, gli avvocati e i

membri delle organizzazioni per i diritti umani, insieme a tanti altri esuli rientrati in Argentina: "Somos muchos y me siento parte, pertenezco" (149).

La domanda lacerante su chi sia veramente, assume nuovi connotati e trova risposta in un'identità onnicomprensiva, che non esclude nessuna delle esperienze vissute. Negli anni dell'esilio — dal quale mai si torna come quando si è partiti — si è creato un nuovo mondo, un mondo a partire dalla catastrofe, ma comunque il *suo* mondo, dunque: "¿Quién soy sino el resultado de todo esto?" (149).

Allo stesso tempo, il potere vivificatore del ricordo lo riempie di vita, allontanandolo sempre più da Parigi e anche dalla condizione di vittima. La narrazione delinea chiaramente i binomi fuori/dentro, presenza/assenza.

> Me reencuentro, soy de nuevo. Los agujeros del exilio se llenan al entrar en la atmósfera rioplatense. Todo lo que me constituye está acá. En el afuera me desarmo por lo extraño, me sostengo con alfileres. Siete años de exilio con agujeros inconmensurables, por el afuera que no es adentro. En Buenos Aires soy, pero la herida de los ausentes es más fuerte que afuera (150).

I buchi causati da quegli "spilli" che lo hanno sorretto (perché disarmato, perché straniero) nei sette anni di esilio, si colmano immergendosi nell'atmosfera di Buenos Aires, dove il protagonista sente di esistere e dove la ferita degli assenti è più profonda, ma i Tarnopolsky cominciano a far notizia. Daniel sente allora che sta ricostruendo una nuova identità: non più vittima, non solo figlio di, fratello di, ma anche colui che persegue la giustizia per i suoi e per tutti i *desaparecidos*.

A Parigi tornerà altre volte, per salutare i suoi amici, per spiegare loro che, pur sentendosi anche un po' francese (non solo per il passaporto e la cittadinanza), Buenos Aires è comunque il suo luogo di origine e di destinazione, laddove vuole ritrovare i suoi cari scomparsi e sé stesso: "Sí, ya sé, no están más. Sin embargo debo encontrarlos. Y encontrarme de vuelta" (152). Torna a Parigi per spiegare che *qui* vive diviso a metà e, sebbene *lì* sia un orrore, almeno si sentirà "intero".

E Parigi lo accoglie nuovamente, quando in Argentina prova quell'insostenibile sentimento di *insilio*, di esclusione all'interno del proprio paese che, dopo aver giudicato e condannato i militari, li libera con una serie di leggi emanate a più riprese, secondo il grado di responsabilità nei crimini commessi:[14] "Otra vez extranjero, otra vez adiós" (204). Sente che la giustizia ha ucciso per la seconda volta la sua famiglia, ha bisogno di distanza per non impazzire, di interporre l'Atlantico fra lui e l'Argentina. "Desde Francia lo que veo me horroriza, pero no enloquezco. Tengo el Atlántico de por medio y las noticias llegan con atraso: sea por carta, por viajeros, por teléfono o los diarios con edición internacional como *Clarín* o *La Nación* que recibo" (208-209). Pur avendola scelta, questa volta, la meta parigina, l'evoluzione psicologico-identitaria del personaggio si manifesta con una complessità sempre maggiore: a Parigi le sue radici ebraiche, condivise con molti altri, lo integrano, mentre quelle argentine lo mandano in esilio. Nel binomio geografico e cronologico del "qui / là", l'esilio non si schiera, resta dentro, non si cura: è la condizione permanente di straniero: "Siempre me sentí de afuera, también en Argentina. Pero era de adentro. En muchos aspectos soy más de acá que de allá. [...] Pero soy de allá, de ese allá destruido, con esa sociedad enferma" (244).

A Parigi nascono i suoi figli, prima Nicolás (nel '93) e poi Josefina (nel '97), figli in una famiglia devastata, che però possono continuare a mantenere in vita la stirpe, il cognome, per lottare contro l'infimo proposito dei militari (vendetta personale del *Tigre* Acosta) di cancellare i Tarnopolsky dalla faccia della terra. Ma proprio per i suoi figli, e

---

[14] Le leggi di "Punto Final" (1986) e di "Obediencia debida" (1987), seguite dalle leggi d'indulto promulgate da Carlos Menem (1989-1990), hanno permesso l'annullamento dei processi della maggior parte degli imputati responsabili dei crimini perpetrati durante la dittatura civico-militare, o la liberazione dal carcere di molti di essi. A partire dalla loro scarcerazione, non di rado è accaduto che degli ex *desaparecidos* si siano imbattuti con i loro torturatori camminando per strada o in qualche luogo pubblico. Un fatto analogo viene narrato anche da Tarnopolsky: "Estoy aterrado. Nos van a matar a todos de vuelta. [...] Soy un desangrado vivo y la Argentina vuelve a ser insoportable para mí. Insostenible. Se vota la ley de "Obediencia debida": todos los milicos, salvo las cúpulas, salen libres. Si hasta me los encuentro por la calle. Me pasó con Harguindeguy cruzando Pueyrredón en Santa Fe. Me quedé estupefacto. Nos paralizan todos los juicios y quedamos atados de pies y manos. No podemos hacer nada y todos libres. ¡Yo me voy!" (195).

per tutti i figli dei sopravvissuti al massacro, sente la necessità e il dovere di tornare in Argentina, per ottenere giustizia.

"Mi estirpe, mi nombre, mi heredero. Por el niño lavar el nombre de la familia, para que lo lleve bien alto, el nombre de sus padres, de sus abuelos y de sus tíos. Que sepa que su tío fue un poco loco pero que quiso luchar por la Argentina. Esa tierra que está lejos pero de donde él viene. Que sus abuelos la defendieron como a su tía y por eso murieron. Murieron por defender una causa, por la libertad, por el sueño. Por la esperanza. Y por eso el juicio. Para que nunca se calle la palabra. Tengo un hijo y debo luchar por mil ahora. Por todos los hijos de los sobrevivientes de la masacre, por la memoria de los que no están. Para que no se los olvide nunca. Porque no nos ganaron aunque los mataron" (209).

Il rientro definitivo avviene nel 2002, questa volta in direzione opposta rispetto al nuovo esilio intrapreso da tanti argentini che decidono di lasciare il proprio paese in piena crisi economica, politica e sociale.

La scrittura si configura ora come una rincorsa narrativa agli eventi e alle emozioni che si susseguono senza sosta, in un'alternanza vigorosa, ma mai ossimorica, tra la razionalità del protagonista nel portare avanti la battaglia legale e il profondo misticismo nella ricerca dei suoi cari; tra la dimensione del racconto mossa da fatti empirici, e quella che si fonda sui dialoghi con l'aldilà; tra le testimonianze dei sopravvissuti e quelle degli scomparsi.

In un racconto dettagliato che s'imbeve di giornalismo letterario, si narrano le vicende giudiziarie che porteranno Daniel Tarnopolsky a vincere, nel 2004, un processo senza precedenti contro l'ex-ammiraglio Emilio Massera, uno dei massimi esponenti della giunta militare golpista, già punito in precedenza con l'ergastolo per crimini contro l'umanità, e ora costretto a pagare un cospicuo risarcimento economico (interamente devoluto da Tarnopolsky alle *Abuelas de Plaza de Mayo*). Ma la giustizia terrena non colma il vuoto dell'assenza e il silenzio dei militari lo spinge a cercare la verità anche seguendo altre vie. Daniel decide quindi di intraprendere, ora sì intenzionalmente, un percorso mistico con Paloma, giovane medium che riceve messaggi da Betina e dalla sua famiglia e glieli ritrasmette anche solo con la telepatia. "Tina-Paloma trae la vida-muerte de la ESMA y revive lo acontecido. Tina rememora todo lo que padeció como una película, recuerdos recurrentes, vidas removidas. Paloma las sufre como una poseída, la revive en cuerpo, ayer es ahora. Aparecen nombres, momentos, lugares, dolores, monstruos" (287). È un percorso impervio e faticoso che dura quattro anni, fino a giungere a un limite invalicabile, in cui Paloma non "riceve" più dall'aldilà e Daniel entra in contatto diretto, oserei dire tangibile, con i suoi cari.

> "Daniel, daría lo que no tengo por poder ir más allá. Pero es el límite que se me impone. Esto es lo que llega y veo. Me indicaron que te transmitiera esto, este saber. Ahora sos vos el transmisor, el que cuenta. El cantante, el juglar, como tantas veces te describiste. [...] Es tu turno ahora. Te hablaron de un libro, se trata de comunicar, ahora debés tomar la posta. [...] Tina te debe estar esperando. Si no en esta vida, será en la próxima." (306).

La sua missione, ora, sollecitata insistentemente da Betina e dai genitori, così come da tanti amici francesi e argentini, è quella di scrivere un libro. La dichiarazione d'intenti manifestata dall'autore nel suo "Antefatto" dell'edizione italiana, sigilla un patto autobiografico-testimoniale con il lettore, risponde all'incarico assegnatoli e mette in rilievo il *dovere* di tramandare la propria storia, arricchendo la nozione di testimonianza con l'idea di eredità, di trasmissione, di donazione (Perassi 2016, 20). Questa è la sua missione, il suo ruolo in questa vita.

> "È nel contesto dell'ultima dittatura civico-militare argentina (1976-1983) che si trova immerso questo libro: il racconto della distruzione di tutta una famiglia, la mia [...]. Spero che nella sua lettura riusciate a percepire quelle che furono e sono ancora le nostre esperienze come cittadini, come militanti, come perseguitati, come vittime, come combattenti, come resistenti, come resilienti, come semplici membri di un'intera società devastata dalla stupidità, dalla perfidia, dall'egoismo, dall'odio di classe, dalla sete di violenza, dalla cecità e dalla possibile impunità [...] spero che nell'immergervi in queste pagine ne veniate fuori trasformati. Se così sarà, avrò compiuto la mia missione". (Tarnopolsky 2018, 15)

Questo libro è il *munus*, il dono del testi-*monium*, "il dono che si dà perché si *deve* dare e *non si può non* dare", "La gratitudine che *esige* nuova donazione" (Esposito 2006, XI). Un dono alla sua famiglia, un dono ai 30.000 *desaparecidos*, un dono a Betina per riportarla, almeno narrativamente, in vita.

OPERE CITATE

Bravi, Adrián. *La gelosia delle lingue*. Macerata: EUM, 2017.

Esposito, Roberto. *Communitas. Origine e destino delle comunità*. Torino: Einaudi, 2006 [1998].

Franco, Marina. *El exilio. Argentinos en Francia durante la dictadura*. Buenos Aires: Siglo XXI Editora, 2008.

Giorcelli, Cristina e Cattarulla, Camilla (a cura di), *Lo sguardo esiliato. Cultura europea e cultura americana fra delocalizzazione e radicamento*. Napoli: Loffredo Editore UP, 2008.

Giorcelli, Cristina. "Prefazione," in Giorcelli C. e Cattarulla C. (a cura di), *Lo sguardo esiliato. Cultura europea e cultura americana fra delocalizzazione e radicamento*. Napoli: Loffredo Editore UP, 2008. 9-15.

Grillo, Rosa Maria. "Mi cuerpo y sus voces." *Letterature d'America* 168 (2018): 49-75.

Guelar, Diana, Jarach Vera, Ruiz Beatriz. *Los chicos del exilio. Argentina (1975-1984)*. Buenos Aires: Ediciones El país de no me olvides, 2002.

Perassi, Emilia. "Costruendo memorie collettive: la dittatura argentina e la letteratura italiana," in Cattarulla C. (a cura di), *Argentina 1976-1983. Immaginari italiani*. Roma: Nova Delphi, 2016. 15-36.

Petrowskaja, Katja. *Forse Esther*. Milano: Adelphi, 2014.

Roniger Luis, Senkman Leonardo, Sosnowski Saúl e Sznajder Mario (a cura di), *Exile, Diaspora and Return: Changing Cultural Landscapes in Argentina, Chile, Paraguay and Uruguay*. New York: Oxford University Press, 2018.

Stabili, Maria Rosaria. "Esilio, emigrazione o diaspora? Cilene in Italia e Gran Bretagna," in Giorcelli C. e Cattarulla C. (a cura di), *Lo sguardo esiliato. Cultura europea e cultura americana fra delocalizzazione e radicamento*. Napoli: Loffredo Editore University Press, 2008. 423-447.

Tarnopolsky, Daniel. *Betina sin aparecer*. Buenos Aires: Norma, 2011 (trad. it., *Betina sin aparecer. La storia intima del caso Tarnopolsky*. Bologna: Qudulibri, 2018).

Tognonato, Claudio. "Fenomenologia dell'esilio argentino. Appunti per una teoria," in Giorcelli C. e Cattarulla C. (a cura di), *Lo sguardo esiliato. Cultura europea e cultura americana fra delocalizzazione e radicamento*. Napoli: Loffredo Editore University Press, 2008. 465-485.

Tognonato, Claudio (a cura di). *Affari Nostri. Diritti umani e rapporti Italia-Argentina 1976-1983*. Roma: Fandango, 2012.

Vigevani, Vera. "Prefazione," in Tarnopolsky D., *Betina sin aparecer. La storia intima del caso Tarnopolsky*. Bologna: Qudu, 2018.

Yankelevich Pablo (a cura di). *Represión y destierro. Itinerarios del exilio argentino*. La Plata: Ed. Al margen, 2004.

Yankelevich Pablo e Jenssen Silvina (a cura di), *Exilios: destinos y experiencias bajo la dictadura militar*. Buenos Aires: Libros del Zorzal, 2007.

III Parte

[E/im]migrazione

Andate e ritorni

EMIGRAZIONE, TRASPORTI E COMPAGNIE DI NAVIGAZIONE
L'impresa della Sicula Americana

Sebastiano Marco Cicciò
UNIVERSITÀ LUMSA

Con un certo ritardo rispetto la crescita del fenomeno, nel 1901 fu approvata la prima legge italiana organica in materia di emigrazione. Nelle parole dei deputati Luigi Luzzatti ed Edoardo Pantano, relatori del progetto, il "pernio di questa legge che rappresenta ed epiloga tutte le istituzioni di tutela a favore degli emigranti" sarebbe dovuto essere il Commissariato generale dell'emigra-zione (CGE), un ente autonomo posto sotto l'alta tutela del ministero degli Esteri nel quale furono accentrate le competenze dei diversi dicasteri — ministero dell'Interno, dell'Agricoltura, Industria e Commercio, della Marina, del Tesoro e degli Esteri — che sino ad allora si erano occupati della questione dell'emigrazione. Al Commissariato furono affiancati il Consiglio dell'emigrazione, un organo consultivo, e la Commissione parlamentare di vigilanza per garantirne la corretta gestione finanziaria (Grispo, 1-18; Del Giudice; Grassi Orsini).

Durante la sua "contrastata vita" (Ostuni 1983), il CGE dedicò abbondanti tempo e risorse al miglioramento della qualità della flotta in servizio di emigrazione. Per la mancanza di un'efficace protezione legislativa e per le speculazioni delle compagnie di navigazione che su navi vecchie e prive dei requisiti essenziali di igiene e sicurezza trasportavano i passeggeri e le merci negli stessi spazi a viaggi alterni, la traversata transoceanica si era spesso trasformata in un vero e proprio incubo per gli emigranti. Si potevano contrarre malattie e infezioni, subire gravi infortuni ed essere vittime di un naufragio (Lupi; Molinari 2005, 57-71).

In base alla legge del 1901, le compagnie di navigazione italiane o straniere intenzionate a trasportare passeggeri emigranti (i cosiddetti "vettori") dovevano richiedere al Commissariato per ogni piroscafo una speciale patente che veniva rilasciata dopo aver versato una cauzione e superato la visita di idoneità. La visita doveva accertare la velocità della nave, la sistemazione dei ponti, dell'area libera di coperta, l'ubicazione, le dimensioni e la solidità delle cuccette, l'ampiezza dei corridoi, delle infermerie e di tutti gli altri locali e stabilire il numero massimo di passeggeri che potevano essere imbarcati.

Ogni volta che intraprendevano un viaggio transoceanico, le navi erano sottoposte a una nuova visita con lo scopo di appurare che, rispetto alla visita d'idoneità, non fossero avvenute modifiche nell'assetto interno e di verificare la quantità e la qualità dei viveri, la regolare provvista di medicinali e la perfetta pulizia di tutti i locali. La legge istituì inoltre i commissari viaggianti, medici militari pagati dalle compagnie e responsabili della buona salute dei passeggeri e dell'equipaggio, e le commissioni arbitrali con sede in ogni provincia per dare agli emigranti la possibilità di intentare azioni legali nei riguardi delle compagnie per il risarcimento dei danni subiti durante il viaggio o in caso di respingimento dal paese di destinazione. La legge disponeva infine che i prezzi dei biglietti non fossero lasciati all'arbitrio dei vettori ma fossero fissati ogni quadrimestre dal ministero degli Esteri, dopo aver valutato le richieste delle compagnie di navigazione; con tale mezzo si voleva da una parte stimolare le compagnie al miglioramento del naviglio, dall'altro impedire l'organizzazione di trust con lo scopo di provocare l'aumento artificiale dei prezzi.

Anche se, a causa delle difficoltà finanziare e burocratiche che rendevano lenta e complicata l'attuazione delle disposizioni governative e per le deficienze della stessa legge[1], non era raro vedere, anche a inizio del Novecento, le "navi di Lazzaro" percorrere gli oceani (Molinari

---

[1] Nel definire l'assetto interno dei piroscafi, la legge del 1901 non modificava di molto quanto previsto nel Codice della marina mercantile del 1879 e in quello di Sanità marittima del 1895. Lo stesso aumento di spazio assegnato all'interno della nave a ogni emigrante da 1,50 a 2,75 metri cubi non sembrò adeguato alla straordinaria crescita dei flussi migratori. Il commissario generale lamentava le difficoltà che il suo ufficio, in assenza di un criterio unico che servisse da norma, doveva superare prima di poter giungere all'esclusione di un piroscafo che si era dimostrato inadatto al servizio di emigrazione ("Rendiconti sommari" 1908). Inoltre, il riferimento da parte del Ministero nella fissazione dei noli massimi alla serie storica dei prezzi dell'ultimo ventennio, quando i costi a causa delle operazioni di cartello delle compagnie erano significativamente più alti, rischiava di vanificare i vantaggi economici dell'incessante rivoluzione tecnologica nel campo dei trasporti (Fauri, 58-63; Moricola, 70-72).

1998), tuttavia i miglioramenti nel trasporto marittimo degli emigranti furono concreti e innegabili. Già nel 1908, il commissario Reynaudi (145-147) osservava che erano aumentati di un terzo i piroscafi con meno di cinque anni di vita, più che raddoppiati quelli con una velocità superiore a 14 nodi e pressoché scomparsi quelli inferiori alle 3000 tonnellate e più vecchi di 25 anni.

Questi miglioramenti furono favoriti anche dal fatto che gli Stati Uniti avevano emanato disposizioni molto rigide sui controlli sanitari e solo le navi che garantivano adeguate condizioni di trasporto per i passeggeri di terza classe erano ammesse alle operazioni di sbarco e le compagnie erano pesantemente multate per ogni violazione. Alla vigilia della Prima guerra mondiale, il Commissariato (1926, 414-415), con una certa soddisfazione, affermava di avere condotto a termine "una delle operazioni più difficili e importanti a cui si era accinto fin dall'inizio: la selezione del materiale di trasporto dei nostri emigranti" e si sottolineavano in particolare i progressi nella qualità del naviglio italiano.

È ben nota l'importanza che il traffico di emigrazione ha avuto per lo sviluppo della marina mercantile italiana, in particolare di quella genovese che, approfittando della precocità con cui i fenomeni migratori si manifestarono nell'area ligure, fu la prima in Italia a effettuare questo servizio. Il trasporto degli emigranti rappresentò infatti (Sori, 315-316):

> Una voce di entrata relativamente protetta, congiunturalmente stabile e, anzi, quasi "anticiclica" rispetto agli alti e bassi del trasporto merci attribuibili alle fluttuazioni dell'import-export. In definitiva gli incassi da trasporto di emigrati coprirono i vuoti di incassi per trasporto merci che si aprirono lungo le tratte di viaggio e durante le fasi in cui le caratteristiche e lo stadio dello sviluppo economico italiano imponevano al trasporto marittimo nazionale scarsi flussi, viaggi a vuoto e comunque merci "povere" e peso-perdenti.

Durante la fase del passaggio dalla vela al vapore, che rispetto agli altri paesi in Italia fu più lenta e tortuosa, esso permise agli armatori di fare importanti investimenti nell'ammodernamento delle flotte, favorendo la formazione dei primi gruppi imprenditoriali e segnando la fine definitiva della figura dell'armatore-mercante (Meriggi; Molinari 2001). Se al momento dell'Unità le flotte dei regni di Sardegna e delle Due Sicilie erano in una condizione di sostanziale parità, nel 1914 Genova, favorita dal sistema delle sovvenzioni marittime statali, dall'incremento della navigazione libera da carico (*tramping*) e, soprattutto, dell'eccezionale aumento dei flussi migratori, controllava il 71% del tonnellaggio nazionale, la Sicilia il 14% e Napoli solo il 5% (Flore, 86-88; Doria).

Per questo motivo, si criticava la legge del 1901 che, allo scopo di promuovere la più larga concorrenza tra le compagnie di navigazione per avvantaggiare gli emigranti, non era stata capace di difendere adeguatamente la bandiera nazionale (Cicciò 2013, 10-11). Fino alla Grande guerra, le compagnie straniere impegnarono nel servizio di emigrazione il 70% del tonnellaggio complessivo, assorbendo circa metà delle partenze sulla rotta dell'America settentrionale e accaparrandosi il 40% del totale degli incassi, inclusi i biglietti di classe. I mancati guadagni nel trasporto degli emigranti erano ritenuti una delle cause principali per cui la marina mercantile italiana, nonostante i notevoli progressi dalla fine del XIX secolo, si trovava ancora in grande ritardo sul piano internazionale. Nel 1914, tendendo conto del solo naviglio con stazza lorda superiore alle 100 t., la flotta italiana era al settimo posto dietro Gran Bretagna, Germania, Stati Uniti, Norvegia, Francia e Olanda e la bandiera nazionale partecipava solo per il 31% al traffico internazionale dai porti della penisola (Cafarelli, 310-311).

Nel predominio esercitato nel trasporto degli emigranti italiani dalle compagnie di navigazione straniere e da quelle genovesi,[2] si inserisce la storia dell'unica impresa meridionale, la Società di navigazione a vapore Sicula Americana, fondata il 31 ottobre del 1906 a Messina dai fratelli di origine inglese Guglielmo e Giorgio Peirce.

Pur tra le contraddizioni comuni ad altre città meridionali e nonostante l'abolizione del porto franco il 31 dicembre del 1879, a inizio del

---

[2] Oltre alla Navigazione generale italiana (NGI) che, nata nel 1881 dalla fusione della genovese Rubbattino con la palermitana Florio, aveva sede a Roma e sedi compartimentali a Genova e Palermo, nel 1907 svolgevano il servizio di emigrazione il Lloyd Italiano, La Veloce, il Lloyd Sabaudo, la Ligure-brasiliana e la Società Italia tutte con sede a Genova (Gropallo, 63-209).

XX secolo Messina era una città tutt'altro che in crisi, con un solido equilibrio tra attività produttive e terziario. La posizione geografica, le tradizioni marittime e la solidità della borghesia urbana la rendevano un centro commerciale vitale e ricco di potenzialità (Barbera Cardillo; Checco; Battaglia 1992b). Importante stazione carbonifera e grande piazza militare, la città peloritana era sede di numerose società di navigazione, con un armamento complessivo di trenta piroscafi della stazza lorda di circa 45 mila tonnellate. Il porto, tuttavia, scontava gravi carenze strutturali che erano la causa principale della perdita di posizioni che esso aveva subito nei confronti degli altri scali siciliani e di quelli della sponda calabrese (Chiara, 65-66; Cicciò 2016, 28-29).

La famiglia Peirce, giunta a Messina dalla città irlandese di Cork a inizio dell'Ottocento quando le guerre napoleoniche e il blocco continentale avevano reso la Sicilia un sicuro e lucroso approdo per i mercanti britannici, aveva in città molta influenza per il ruolo economico che rivestiva e che tendeva anche a diversificarsi (Battaglia 1992a; Cicciò 2017). Giorgio e Guglielmo, prima come agenti marittimi e noleggiatori poi come armatori, erano attivi sin dagli anni Ottanta e nel 1899, sfruttando gli incentivi statali, fondarono la Peirce Brothers che esercitava una linea regolare da carico tra i porti del Mediterraneo e il golfo del Messico (la linea Creola), per il trasporto di frutta, ferro, legname e soprattutto cotone. Ulteriormente convinti dal fatto che nel 1904 Messina per decreto reale era stata nominata porto di imbarco degli emigranti con giurisdizione sugli espatri dalle province di Messina, Catania, Siracusa e Reggio Calabria, i Peirce decisero di lanciarsi nel grande mercato del trasporto dei passeggeri al di là dell'Atlantico.

All'atto di fondazione della Sicula Americana erano presenti H. Harris, rappresentante dell'agenzia di shipbroker Harris & Dixon di Londra, H. T. Clarke per la società di costruttori navali e armatori James Laing & Sons di Sunderland e Federico Sofio della ditta messinese di esportatori John Sofio & C. Lo scopo della nuova società era quello di "esercitare la speculazione di costruzione, acquisto e armamento di piroscafi, nonché il traffico del trasporto di persone e cose, ed operazioni affini, per la durata di anni quindici, salvo di essere prorogata per altri periodi successivi con deliberazione degli azionisti." Il capitale statuario fu fissato in 5 milioni, diviso in serie di azioni da

250 lire ciascuna, e il capitale di 2.250.000 fu interamente sottoscritto; nel consiglio di amministrazione entrarono Guglielmo, con la carica di presidente, Giorgio Peirce e Luigi Sofio, fratello di Federico e rappresentante in Italia della Anglo Sicilian Sulphur Company di Londra. I Peirce, finché rimanevano amministratori, avrebbero dovuto possedere non meno di 1200 azioni interamente pagate, Guglielmo fu nominato amministratore delegato per la durata di 5 anni e assumeva la carica di direttore per tutta la durata della società.[3]

La nascita della nuova compagnia di navigazione suscitò nell'opinione pubblica messinese grande entusiasmo e fiducia per il futuro ("Nuova Società di Navigazione" 1906):

> Non abbiamo bisogno di rilevare l'importanza, come porto di armamento, che acquisterà la nostra piazza, nonché i grandi benefici che ne scaturiranno. È stata sempre l'unica nostra idea che Messina dal mare potrà ritrarre il suo avvenire, è là che l'evoluzione dei tempi ne hanno segnato il posto per sviluppare la sua attività e procurarsi le sue ricchezze.

Come previsto dalla legge, la Sicula Americana nominò nei porti di imbarco di Genova, Napoli e Palermo un proprio procuratore autorizzato a raccogliere gli emigranti, a rilasciare e firmare i biglietti d'imbarco e a rappresentare il vettore nelle operazioni di emigrazione presso le autorità locali. La compagnia ottenne dal CGE la patente di vettore per le linee di navigazione Italia-New York, Italia-New Orleans e Italia-Montevideo e Buenos Aires per i due transatlantici di fabbricazione inglese San Giorgio e San Giovanni.[4] Le due imbarcazioni gemelle di circa 6000 t., varate nel 1907, avevano doppia elica, due alberi, 30 cuccette di prima classe, 60 di seconda e 1800 di terza e raggiungevano una velocità massima di 14 nodi. Quando nasceva la Sicula Americana, sedici

---

[3] Atto n. 11605 del 31-10-1906 e statuto sociale in allegato, Archivio Notarile di Messina, Notaio Pace Orioles.

[4] Comunicazione al CGE del 19-02-1907, Archivio Storico Diplomatico del Ministero degli Affari Esteri (da adesso ASDMAE), Commissariato generale dell'emigrazione. Archivio Generale, b. 14, f. 48. Nonostante che il naviglio non costruito in Italia fosse escluso dagli incentivi statali, l'acquisto all'estero soprattutto di navi di grande stazza continuò da parte degli armatori a essere prevalente (Roncagli, 32-33).

compagnie di navigazione avevano la patente di vettore di emigranti: sei erano straniere (due tedesche, una inglese, una francese e una spagnola), per un totale di 42 piroscafi, e dieci italiane per un totale di 50 piroscafi. I due transatlantici della Sicula Americana trasportarono negli Stati Uniti 9300 emigranti in dodici viaggi nel 1907 e 3919 in quindici viaggi nel 1908 ("Movimento dell'emigrazione" 1909), ottenendo il primato delle partenze dai porti siciliani e riscuotendo numerosi consensi per l'ottima qualità degli ambienti e dei servizi di bordo ("Il grandioso piroscafo San Giorgio" 1907).

I primi anni di vita della compagnia messinese non furono tuttavia facili, soprattutto a causa della crisi economica che colpì gli Stati Uniti nel 1908, provocando un calo di quasi il 60% delle partenze verso quel paese, e che costrinse la Sicula Americana a chiudere l'esercizio di quell'anno con una perdita di 318.361,23 lire.[5] Ma le difficoltà di bilancio appaiono essere un problema irrisorio rispetto alla tragedia che si abbatté sulla compagnia dei Peirce e sull'intera città di Messina il 28 dicembre del 1908, quando un fortissimo terremoto di magnitudo 7.2 colpì l'area dello Stretto causando la morte di oltre i due terzi degli abitanti e il crollo del 90% degli edifici. Nel sisma morirono Giorgio Peirce, ventinove dei quaranta impiegati della società e gli uffici e i depositi furono completamente distrutti. In quella drammatica circostanza, molto utili si rivelarono le navi di emigrazione inviate nello Stretto su ordine del Commissariato che, disponendo di cucine, dormitori e infermerie, più facilmente si prestavano a essere trasformate in navi-ospedale (Cicciò 2016, 68-72). In tutte le comunità di emigrati italiani all'estero si accesero sottoscrizioni per raccogliere denaro e beni materiali da inviare ai superstiti (Pizzarroni; La Gumina).

Il 1908 è un dato periodizzante essenziale nella storia di Messina. Il terremoto segnò l'inizio della definitiva fase di declino economico della piazza messinese, esso ridimensionò l'antica vocazione mercantile e marinara della borghesia locale le cui direttrici di investimento si concentrarono invece nelle ghiotte operazioni immobiliari e di compravendita dei suoli fabbricabili (Barone 1982; Sindoni).

---

[5] Bilancio e conto profitti e perdite al 31-12-1908, ASDMAE, Commissariato generale dell'emigrazione. Archivio Generale, b. 14, f. 48.

Guglielmo Peirce, sopravvissuto perché la sua abitazione si trovava lontana dal centro e unico erede di un patrimonio familiare che però il terremoto aveva notevolmente ridimensionato, dovette prendere atto dell'impossibilità di proseguire a Messina la propria attività e decise di trasferire a Napoli le sedi della Peirce Brothers e della Sicula Americana. Rinnovata la patente di vettore per il 1909, già a marzo le partenze del San Giorgio e del San Giovanni ripresero regolarmente. Per favorire la rinascita della sfortunata città natale, l'armatore volle mantenere iscritte tutte le imbarcazioni nel compartimento marittimo del Peloro e, da gennaio del 1911, decise di iniziare la linea passeggeri Messina-Napoli-Palermo-New York.[6]

Favorita dalla continua crescita del numero di espatri, fino alla Prima guerra mondiale la Sicula Americana prosperò.[7] Nel 1912, fu votato dagli azionisti un aumento di capitale per consentire l'acquisto di due nuovi transatlantici, il San Guglielmo e il San Gennaro, quest'ultimo stazzante 12.000 t. era la più grande unità passeggeri della marina italiana. Firmato un concordato con le altre compagnie di navigazione, fu inaugurata la rotta verso l'America meridionale esercitata dal San Giovanni con scali a Montevideo, Buenos Aires, Rio de Janeiro e Santos.[8]

I miglioramenti nella qualità specialmente delle navi passeggeri permisero alla marina mercantile di dare buona prova di sé in occasione dei conflitti in cui l'Italia fu coinvolta. Durante la guerra di Libia, i transatlantici, grazie agli alloggi in camerone, si prestarono bene al trasporto dei soldati. Il San Giorgio partecipò al convoglio che, partito da Napoli il 9 ottobre del 1911, trasportò le truppe a Tripoli e rimase in servizio fino al 17 agosto dell'anno successivo (Arseni, 44-45). Ancora prima che l'Italia entrasse nella Grande guerra, tutte le navi della Sicula Americana furono prese a noleggio dal governo degli Stati Uniti per consentire il rimpatrio dei cittadini americani che si

---

[6] Lettera al CGE del 10-12-1910, *Ibidem*.

[7] Il bilancio dell'esercizio 1910 si chiuse con introiti di 5.962.509,98 lire e un utile di 395.923,93. Bilancio al 31-12-1910, Archivio Centrale dello Stato, Ministero delle Comunicazioni. Dir. Gen. della Marina Mercantile Ispettorato servizi marittimi (1861-1930), b. 708.

[8] Rinnovo della patente per il 1912, ASDMAE, Commissariato generale dell'emigrazione. Archivio Generale, b. 14, f. 48.

trovavano in Italia ("3,000 Americans" 1914). Durante il conflitto, per la sua competenza marittima Guglielmo Peirce fu chiamato a far parte del Consiglio superiore della marina e la sua flotta fu interamente impegnata nell'approvvigionamento del paese, subendo gravi perdite tra cui l'affondamento del San Guglielmo colpito da un sottomarino tedesco U-63 nel golfo di Genova l'8 gennaio del 1918.

Insieme ai gravissimi danni inferti alle flotte, la guerra aveva arrestato quasi completamente l'emigrazione mettendo alle corde tutte le compagnie di navigazione al punto che la Sicula Americana chiuse l'esercizio 1916-17 con una perdita di circa 4 milioni di lire. Gli armatori ritenevano gli indennizzi statali del tutto inadeguati e, in quelle drammatiche circostanze, l'unione di interessi sembrò la migliore tra le vie percorribili per uscire dalla crisi e prepararsi alla ripresa del dopoguerra. Come Guglielmo affermò davanti all'assemblea degli azionisti:

> Un programma unico dovrebbe oggi guidare la direttiva di tutti. L'interesse cioè supremo della Nazione per la riconquista del suo primato sul mare. E per raggiungere tale scopo non bastano solo i capitali [...] ma occorre l'unione in un unico fascio di tutte le migliori e più esperimentate forze del paese, di tutte le energie che fattivamente e bene possano cooperare ad un unico intento.[9]

Ottenuto un assenso unanime, l'armatore anglo-messinese il 15 agosto del 1917 siglò un accordo con la Navigazione generale e con la Società Italia che sanciva la nascita della Transoceanica società italiana di navigazione, una società anonima per azioni con sede a Napoli, dotata di un capitale di 100 milioni e proprietaria di tredici vapori (7 navi passeggeri e 6 cargo) per oltre 80.000 tonnellate.[10] La nuova compagnia, la Peirce Brothers e la Sicula Americana, che continuavano a esistere, trasferirono tutte le imbarcazioni nel compartimento marittimo del porto di Napoli. Tuttavia, a testimonianza del mai diminuito affetto nei con-

---

[9] Discorso all'assemblea straordinaria degli azionisti del 15-08-1917, Ivi, b. 44, f. 272.
[10] Il primo Consiglio di amministrazione della Transoceanica era così composto: Guglielmo Peirce (presidente), Domenico Brunelli, Dionigi Biancardi, Tommatteo Ferrari, Ignazio Florio, Girolamo Rossi Martini e Ferdinando del Carretto per il gruppo NGI-Italia; Federico Weil per la Banca Commerciale; Giorgio Peirce, Fedrico Sofio, Federico Argurio e Giovanni Peirce per la Sicula Americana-Peirce Brothers. Atto del 15-08-1917 a rogito del notaio Marino, *Ibidem*.

fronti della città di origine, Peirce dispose che nella bandiera della Transoceanica fossero fusi insieme gli stemmi di Napoli e Messina.

Purtroppo però egli non poté continuare la sua opera perché il 3 marzo del 1918, qualche settimana dopo essere stato insignito del titolo di cavaliere del lavoro nel settore dell'industria, morì nella villa di Posillipo. La salma fu trasportata a Messina e, con un corteo solenne al quale parteciparono tutte le autorità cittadine e non meno di diecimila persone, fu sepolta nella cappella gentilizia del cimitero monumentale. Davanti al feretro, pronunciarono due brevi discorsi il sindaco Antonio Martino e Pietro Ilardi, in rappresentanza degli armatori e degli agenti marittimi, essi ricordarono la fama e il prestigio internazionali conquistati da Guglielmo Peirce e sottolinearono specialmente la magnanimità che aveva sempre dimostrato nei confronti dei propri dipendenti ("Per la morte di Guglielmo Peirce" 1918).[11]

A sostituire Guglielmo alla presidenza della Transoceanica fu eletto Ferdinando del Carretto e la società passò sotto il controllo della NGI che acquisì l'85% delle azioni. Nel 1921, fu inaugurato il servizio di emigrazione con le navi San Giorgio e San Giovanni sulla rotta del Nord America, ma la compagnia appariva ormai solo come una semplice appendice della Navigazione generale e, di conseguenza, l'assemblea degli azionisti ne deliberò la messa in liquidazione.[12]

L'attività armatoriale fu proseguita dal figlio di Guglielmo Giorgio, nato a Messina nel 1885, che, intenzionato a rilanciare quella che era stata la più grande e coraggiosa impresa della propria famiglia e confidando in una rapida ripresa nel dopoguerra del movimento migratorio, pochi mesi dopo la scomparsa del padre propose agli azionisti una modifica allo statuto sociale decretando la nascita della Sicula Americana società di navigazione ed imprese marittime, una società anonima con sede a Napoli e un capitale di 10 milioni; Giorgio Peirce

---

[11] Una rassegna degli interventi sulla stampa italiana in ricordo di Guglielmo Peirce si trova nel volume *Per il Grande Ufficiale Guglielmo Peirce Cavaliere del Lavoro In Memoria*, a cura del personale delle società Transoceanica, Peirce Brothers e Sicula Americana stampato a Napoli nel 1918. *Il Carroccio* (marzo 1918, 255-256), il giornale degli italiani di New York, ne celebrò l'opera svolta a vantaggio degli emigranti.

[12] Prefettura di Napoli. Foglio degli Annunzi Legali, n. 17, 1921-1922, p. 387.

ne era presidente e amministratore delegato.[13] Pur non avendo ancora imbarcazioni adatte al trasporto dei passeggeri, la nuova Sicula Americana ottenne la patente di vettore per il 1919 in quanto il governo, nell'intento di contribuire alla ripresa della marina nazionale così duramente provata dalla guerra, aveva deliberato di dare la patente in bianco a tutte le compagnie che ne avessero fatto richiesta, con riserva di iscrivere i piroscafi man mano che si rendessero disponibili. La Sicula Americana battezzò Città di Messina la prima delle grosse navi da carico acquistata in Inghilterra con cui si intendeva ricostruire la flotta, nello stemma fu mantenuto lo scudocrociato di Messina e Giorgio intervenne spesso pubblicamente in difesa degli interessi della città e specialmente a favore del suo porto (Cicciò 2017, 58-59). Nei mesi successivi, la compagnia acquistò i cargo Mongibello e Matilde Peirce, la nave passeggeri Giulia Peirce e il lussuoso transatlantico Corcovado, costruito in Germania e ribattezzato Guglielmo Peirce.

Con solo quest'ultima imbarcazione iscritta in patente per la linea del Nord America, la compagnia proseguì a svolgere il servizio di emigrazione ottenendo un buon successo, al punto da chiudere l'esercizio del 1922 con un utile di circa 200.000 lire. Tuttavia, a causa della rapida e inarrestabile caduta del flusso migratorio specie sulla rotta degli Stati Uniti dove erano entrate in vigore leggi restrittive, dopo aver compiuto l'ultimo viaggio nel novembre del 1923, la Sicula Americana comunicava al CGE di aver cessato tutte le operazioni di emigrazione. Il Guglielmo Peirce fu prima messo a riposo e poi dato in affitto alla Cosulich Line, la compagnia continuò i soli viaggi merci fino al 1926 quando fu messa in liquidazione.

La famiglia Peirce apparteneva a quel gruppo di imprenditori stranieri che trovarono nel Mezzogiorno italiano, e in particolare a Messina una città che sin dalla preistoria ha indissolubilmente legato la sua storia a quella del porto, l'ambiente economico e umano ideale per la creazione di grandi imprese (Toma e D'Antonio, 43-56; D'Angelo). Guglielmo Peirce fu uno di quei capitani di azienda moderni e dinamici

---

[13] Comunicazione al CGE del 29-09-1920, ASDMAE, Commissariato generale dell'emigrazione. Archivio Generale, b. 49, f. 315.

che, afferma Castronovo (83), nel primo decennio del Novecento volevano imporre l'industria come "un modello alternativo alla vecchia società rurale [...] sulla base dei principi propri dello sviluppo capitalistico: l'etica del profitto, l'individualismo, un gusto insieme pratico e istintivo per le innovazioni." Il trasporto degli emigranti si affermò come un volano di attività economica rivitalizzando un settore che la "più grande nazione unicamente mediterranea" stava colpevolmente trascurando, ma di vitale importanza perché in esso convergevano gli interessi di due dei più grandi monopoli industriali e finanziari dell'epoca: la cantieristica e la siderurgia (Barone 1974; De Courten; Romeo). Lo sviluppo della navigazione a vapore, rendendo la traversata più agevole ed economica, consentì di ridefinire i progetti e le destinazioni delle migrazioni trasformando la mobilità continentale in esodo transoceanico. Per molti emigranti il viaggio per mare assunse i tratti di un'esperienza unica e straordinaria. Come racconta il regista di origine siciliana Frank Capra esso fu: "Una cosa così meravigliosa che tutta la memoria precedente era scomparsa. Quello è il momento originario. Da lì parte la mia memoria. [I ricordi] partono dalla nave, prima della grande nave non ricordo niente" (Zagarrio, 5).

OPERE CITATE

"3,000 Americans Due From Italy This Month." *The Brooklyn Daily Eagle* (3 settembre 1914): 3.

Arseni, Alessandro. "La Marina civile nella guerra italo-turca." *The Postal Gazette* 3 (2008): 42-45.

Barbera Cardillo, Giuseppe. *Messina dall'Unità all'alba del Novecento.* Ginevra: Libraire Droz, 1981.

Barone, Giuseppe. "Lo Stato e la Marina mercantile in Italia (1881-1894)." *Studi Storici* 3 (1974): 624-659.

_____. "Sull'uso capitalistico del terremoto. Blocco urbano e ricostruzione a Messina durante il fascismo." *Storia Urbana* 20 (1982): 47-104.

Battaglia, Rosario. "Guglielmo Peirce da negoziante ad armatore," in D'Aleo C. e Girgenti S. (a cura di), *I Whitaker e il capitale inglese tra l'Ottocento e il Novecento in Sicilia.* Trapani: Libera Università del Mediterraneo,1992a.

_____. *Mercanti e imprenditori in una città marittima: il caso di Messina, 1850-1900.* Milano: A. Giuffrè, 1992b.

Cafarelli, Andrea. "Il movimento della navigazione nei porti del Regno d'Italia (1861-1914)." *Storia Economica* 3 (2007): 299-332.

Castronovo, Valerio. *L'industria italiana dall'Ottocento a oggi.* Milano: Mondadori, 1986.

Checco, Antonino. "L'età della decadenza (1861-1945)," in Orteca P. (a cura di), *Il porto di Messina dalle origini ai giorni nostri.* Messina: Edas, 1990.

Chiara, Luigi. *La modernizzazione senza sviluppo. Messina a cento anni dal terremoto (1908-2008).* Firenze: Le Lettere, 2011.

Cicciò, Sebastiano Marco. "Il Gazzettino di Messina e il dibattito sull'emigrazione all'inizio del Novecento." *Archivio Storico dell'Emigrazione Italiana* (marzo 2013): 1-18.

_____. *Il porto di imbarco di Messina. L'ispettorato e i servizi di emigrazione.* Milano: F. Angeli, 2016.

_____. *I Peirce. Una famiglia di imprenditori tra Mediterraneo e Atlantico (1815-1925).* Gioiosa Jonica (RC): Corab, 2017.

Commissariato Generale dell'Emigrazione. *L'emigrazione italiana dal 1910 al 1923,* Roma: Edizioni del CGE, 1927.

D'Angelo, Michela. *Comunità straniere a Messina tra XVII e XIX secolo. Alle origini del British Cemetery.* Messina: Perna, 1995.

De Courten, Ludovica. "Per una storia della Marina mercantile italiana dall'Unità alla Prima guerra mondiale." *Clio* 4 (1981): 491-510.

Del Giudice, Fabio. "Il Commissariato Generale dell'Emigrazione nel suo sviluppo storico (1901-1928)," in Pilotti L. (a cura di), *La formazione della diplomazia italiana 1861-1915,* Milano: F. Angeli, 1989.

Doria, Marco. "La marina mercantile a vela in Liguria dalla metà dell'Ottocento alla prima guerra mondiale," in Frascani P. (a cura di), *A vela e a vapore: economie, culture e istituzioni del mare nell'Italia dell'Ottocento.* Roma: Donzelli, 2001.

Fauri, Francesca. *Storia economica delle migrazioni italiane.* Bologna: Il Mulino, 2015.

Flore, Vito Dante. *L'industria dei trasporti marittimi in Italia,* vol. II. Roma: BIM, 1970.

Grassi Orsini, Fabio. "Per una storia del Commissariato dell'Emigrazione." *Le Carte e la Storia* 1 (1997): 112-138.

Grispo, Francesca. *La struttura e il funzionamento degli organi preposti all'emi-grazione (1901-1919).* Roma: Istituto Poligrafico e Zecca dello Stato, 1985.

Gropallo, Tomaso. *Navi a vapore e armamenti italiani dal 1818 ai giorni nostri.* Milano: Mursia, 1976.

"Il grandioso piroscafo San Giorgio della Società Sicula americana." *Gazzetta di Messina e delle Calabrie* (20-21 luglio 1907): 4.

La Gumina, Salvatore. "Italian Americans Respond to Messina Earthquake," in Iorizzo L. e Rossi E. (a cura di), *Italian Americans. Bridges to Italy, Bonds to America.* Youngstown (NY): Teneo Press, 2010.

Lupi, Cecilia. "Trenta giorni di macchina a vapore. Appunti sul viaggio transoceanico degli emigranti." *Movimento Operaio e Socialista* 3 (1983): 467-480.

Meriggi, Marco. "Le istituzioni del mare in età liberale," in Frascani P. (a cura di), *A vela e a vapore: economie, culture e istituzioni del mare nell'Italia dell'Ottocento.* Roma: Donzelli, 2001.

Molinari, Augusta. *Le navi di Lazzaro. Aspetti sanitari dell'emigrazione transoceanica: il viaggio per mare.* Milano: F. Angeli, 1998.

_____. "Porti, trasporti, compagnie," in Bevilacqua P., De Clementi A. e Franzina E. (a cura di), *Storia dell'emigrazione italiana*, vol. I Partenze. Roma: Donzelli, 2001.

_____. *Traversate. Vite e viaggi dell'emigrazione transoceanica.* Milano: Selene, 2005.

Moricola, Giuseppe. *L'albero della cuccagna: l'affare emigrazione nel grande esodo tra '800 e '900.* Roma: Aracne, 2016.

"Movimento dell'emigrazione da porti italiani durante l'anno 1908." *Bollettino dell'Emigrazione* 14 (1909): 40-44.

"Nuova Società di Navigazione a Vapore costituitasi a Messina." *Gazzettino dell'Emigrazione* (15 novembre 1906): 4

Ostuni, Maria Rosaria. "Momenti della 'contrastata vita' del Commissariato generale dell'emigrazione (1901-1927)," in Bezza B. (a cura di), *Gli italiani fuori d'Italia. Gli emigranti italiani nei movimenti operai dei paesi d'adozione 1880-1940.* Milano: F. Angeli, 1983.

"Per la morte di Guglielmo Peirce." *Gazzetta di Messina e delle Calabrie* (7 marzo 1918): 2.

Pizzarroni, Fosca. "Emigranti e solidarietà," in Valtieri S. (a cura di), *28 Dicembre 1908. La grande ricostruzione.* Roma: Clear, 2008.

"Rendiconti sommari delle adunanze del Consiglio dell'emigrazione." *Bollettino dell'Emigrazione* 1 (1908): 10-14.

Reynaudi, Leone. "Relazione sui servizi dell'emigrazione per il periodo aprile 1907-aprile 1908." *Bollettino dell'Emigrazione* 9 (1908):142-160.

Romeo, Rosario. *Breve storia della grande industria in Italia 1861-1961.* Milano: Il Saggiatore, 1988.

Roncagli, Giovanni. "La storia dei trasporti marittimi," in *Cinquant'anni di storia italiana*, vol. I. Milano: Hoepli 1911.

Sindoni, Angelo. "Il terremoto di Messina: continuità e cambiamento," in *Scritti di storia per Gaetano Cingari*. Milano: Giuffrè, 2001.

Sori, Ercole. *L'emigrazione dall'Unità alla seconda guerra mondiale*. Bologna: Il Mulino, 1979.

Toma, Piero Antonio e D'Antonio, Bianca. *Armatori meridionali ieri e oggi*. Napoli: Sagep, 1992.

Zagarrio, Vito. *Frank Capra*. Milano: Il Castoro, 1995.

FRA ITALIANITÀ E BRASILIANITÀ
Il dilemma degli italo-brasiliani nell'immigrazione di "ritorno"

Luís Fernando Beneduzi
UNIVERSITÀ CA' FOSCARI VENEZIA

L'immigrazione italiana di massa verso il Brasile è un fenomeno che risale alla seconda metà del XIX secolo, proseguendo, con ondate di aumento e riduzione del flusso, fino al dopoguerra. In questi anni, più di un milione di abitanti della Penisola — a volte individualmente ma, molto spesso, con le loro famiglie o addirittura con gran parte delle loro comunità — hanno venduto tutto ciò che possedevano e sono salpati in direzione della *terra della cuccagna*. Nel caso specifico del sud del Brasile (o dello stato di Espírito Santo), queste popolazioni, che maggiormente provenivano dal Triveneto e dalla Lombardia, hanno trasformato dinamiche consolidate di migrazioni temporanee verso il nord Europa in un viaggio definitivo oltreoceano. La grande caratteristica di questo nuovo movimento era l'idea del non-ritorno, in particolar modo nell'Ottocento, quando la distanza, le condizioni del viaggio e il fatto che avessero venduto tutti i loro averi indicava l'immagine di uno spostamento definitivo (anche se oggettivamente ci sono stati casi di immigrati che sono ritornati in Italia, in quel periodo).

Nella realtà del Rio Grande do Sul, stato più meridionale del Brasile, al confine con l'Uruguay e l'Argentina, i primi gruppi di immigrati sono stati stanziati nella cosiddetta *Encosta Superior da Serra*, regione distante circa 120 chilometri dal nord della capitale (Porto Alegre), a partire dagli anni 70 dell'Ottocento (Cenni 2003). Questa zona di montagna, con scarse e difficili vie di accesso alla capitale, ha costituito la culla dell'immigrazione proveniente dal triveneto nel Brasile meridionale e parte del progetto imperiale brasiliano di occupazione capitalista di questi spazi, con il conseguente *branqueamento*[1] della popolazione, attraverso la costituzione delle colonie imperiali di *Conde d'Eu, Dona Isabel* e *Campo dos Bugres*. A causa della scarsità di vie di comunicazione, almeno fino all'inizio del Novecento, questa zona si è caratterizzata da una chiusura verso la società ospitante. In questo senso, gli immigrati provenienti da diverse provincie del Triveneto, hanno costruito una cultura locale mista, con l'influenza dei diversi dialetti e tradizioni delle comunità specifiche di provenienza. In realtà, ciò che si osserva a partire dall'architettura locale, dalla centralità della religione, visibile sia nella presenza fisica della chiesa al centro delle località sia nella cristianizzazione della geografia locale con i tabernacoli (in veneto capiteli) messi lungo le strade, o dalla riproduzione di tradizioni di socialità dei paesi di nascita, è la rielaborazione della terra di partenza in quella di arrivo (Beneduzi 2011).

A differenza dell'immigrazione verso lo stato di São Paulo, maggiormente indirizzata alla sostituzione della manodopera schiava nelle piantagioni di caffè o, successivamente, al lavoro urbano nella capitale, gli stati di Santa Catarina (nel sud del Brasile) e Espírito Santo (nella regione sudest) hanno vissuto un processo di occupazione della terra simile a quello del Rio Grande do Sul.[2] Nonostante le peculiarità locali, l'esperienza della costruzione di comunità fortemente segnate dalla cultura dei paesi di provenienza sarà un elemento condiviso. Questi frammenti culturali, dove il dialetto sarà rilevante nell'auto-rappresentazione del gruppo, saranno fondamentali nei processi identitari.

L'esperienza effettiva del processo migratorio, nelle dinamiche specifiche che hanno caratterizzato l'occupazione degli stati del Rio Grande do Sul, Santa Catarina e Espírito Santo, costituisce un punto

---

[1] La politica di attrazione di immigrati europei da parte dell'Impero brasiliano — così come hanno fatto diversi altri Stati latinoamericani — era parte di una politica di trasformazione della popolazione locale, con una europeizzazione culturale ma, soprattutto, con uno "sbiancamento" del colore della pelle. Nel contesto scientifico della seconda metà dell'Ottocento, dove una gerarchia razziale applicava il concetto di evoluzione delle specie all'ambito sociale, mettendo all'apice della piramide le società bianche europee, le giovani nazioni latinoamericane cercavano di trasformare il loro meticciato, ritenuto causa dello scarso sviluppo, attraverso l'importazione di soggetti considerati geneticamente superiori. (Cfr. Seyferth 1996; Andrews 1998; Castañeda 2003).

[2] Cfr Pagnotta-Assis (2017); Dadalto (2011).

di partenza fondamentale per analizzare il problema centrale di questo saggio: come pensare l'immigrazione degli italo-brasiliani nell'Italia contemporanea come un processo di "ritorno". Il legame che si è costruito fra gli immigrati e la terra di partenza, così come il mantenimento di una memoria condivisa dell'esperienza migratoria che ha collaborato alla costruzione di una rappresentazione dell'Italia negli spazi di immigrazione, ha prodotto una particolare percezione collettiva dello spostamento, non più una realtà singolare dell'antenato ma una condizione familiare atemporale. Tramite le rielaborazioni mnemoniche, quel passato acquisisce una prospettiva di continuità nelle generazioni future e offre — in un tempo che non passa — la presentificazione dell'esperienza migratoria.

Se la memoria è il "collante" fra il vissuto migratorio della seconda metà dell'Ottocento e i discendenti delle terze o quarte generazioni di questi "pionieri",[3] è fondamentale pensare come queste dinamiche del ricordo si sono costituite in questi più di 140 anni dall'arrivo dei primi immigrati provenienti dal nord Italia. In questo senso, il primo momento evocativo delle vicende migratorie, lette in questo caso come un'epopea dell'immigrazione, riguarda i festeggiamenti dei 50 anni dell'immigrazione italiana nel Rio Grande do Sul. In una comunione di intenti fra la politica locale di valorizzazione degli immigrati europei (in particolar modo italiani e tedeschi) e la politica fascista (impegnata nella costruzione di un'immagine della grande Italia), le commemorazioni del 1925 acquisiscono un valore di ingrandimento delle gesta degli italiani nella crescita economica e umana del Rio Grande do Sul.

Partendo dalla lettura di Reinhart Koselleck sulla relazione fra presente e passato, dove il primo costituisce un punto di intersezione fra il vissuto e la narrazione, fra l'esperienza e il racconto, si può indicare che è il presente che pensa il passato e lo fa in una proiezione di futuro (Koselleck,2006). Il soggetto che ricorda abita il presente ed è la sua memoria a produrre un flusso di continuità tra i diversi vissuti comunitari: in un processo di straniamento e rielaborazione, la tradizione del gruppo viene portata alla luce e diventa narrazione. Questi

---

[3] Questo termine è utilizzato per nominare gli immigrati italiani nell'album commemorativo dei 100 anni dell'immigrazione italiana nel Rio Grande do Sul, prodotto nel 1975.

processi sono chiaramente riscontrabili nei diversi momenti di festeg-giamento etnico del fenomeno migratorio e, in particolar modo, di questi primi cinquant'anni, che finiscono per dare l'indirizzo mnemo-nico di lettura delle vicende che hanno riguardato l'immigrazione.

Oltre alla situazione politica locale e italiana, appena indicata, gli anni 1920, in primis nel caso del Rio Grande do Sul, sono caratterizzati anche dall'ascesa economica di un'élite di immigrati o di una prima generazione nata in Brasile, che cerca di rileggere il vissuto familiare e comunitario. La chiave di lettura di questo passato del gruppo etnico è data dal presente, dalla situazione di vittoria sulle avversità e su questo "fare l'America" del gruppo che ha conquistato una posizione econo-mica e politica di rilievo. In questo caso, l'elaborazione di un'epopea migratoria, dove la vittoria viene rafforzata dall'ingrandimento delle difficoltà affrontate nel processo di occupazione della foresta selvaggia, è fondamentale per esaltare il ruolo civilizzatore del gruppo etnico e la grandiosità della *stirpe italica*.[4] L'album commemorativo vuole mettere in risalto alcune rappresentazioni positive dell'identità del gruppo, che hanno garantito un'impor-tante collaborazione al progresso economico e umano del Rio Grande do Sul, come l'operosità dell'immigrato, la sua grande religiosità e l'alta moralità dei costumi; sono queste caratteristi-che infatti che hanno permesso un presente così trionfale delle comu-nità immigrate (Beneduzi 2015).

Questo processo di rielaborazione del passato, di costruzione della memoria del gruppo etnico, fondato anche sull'oblio delle esperienze fallimentari che non sono parte di ciò che si vuole ricordare, è segnato anche dall'intersezione fra memoria individuale e collettiva, perché — come afferma Maurice Halbwachs — il ricordo del singolo è attraver-sato da quello del gruppo, anche se la memoria personale è costitutiva di quella comunitaria (Halbwachs 1994). Nelle dinamiche di elabora-zione della narrazione sul passato del gruppo, l'élite immigrata parlava di sé stessa nell'esaltare l'operosità etnica, e sovrapponeva memorie nella rievocazione di un vissuto comune. In un certo senso, la colletti-vità — nel presente — si può appropriare della vittoria sull'avversità

---

[4] Queste dinamiche, in momenti successivi e con le loro specificità, saranno presenti anche negli stati di Santa Catarina e Espírito Santo.

che è stata conquistata dai primi immigrati, e che si può inserire come continuità delle prodezze eroiche di questi "padri fondatori" della comunità.

Queste rappresentazioni costruite nei festeggiamenti dei cinquant'anni dell'immigrazione saranno poi la base di partenza per i futuri lavori della memoria nelle successive commemorazioni etniche. Nell'album del centenario dell'immigrazione italiana,[5] si trova nuovamente l'immagine precedente, ovvero l'immagine di una colonizzazione fondata sull'operosità del lavoratore rurale, sul forte cattolicesimo e su una morale sana. Tuttavia, in questo nuovo momento storico in cui la dittatura civile-militare che controllava il Brasile degli anni 70 del Novecento desiderava esaltare i gruppi immigrati, amanti dell'ordine, il termine chiave che caratterizzava la memoria dello spostamento e dell'insediamento nella nuova terra era quello del "pioniere". Questo concetto porta con sé l'immagine dell'individuo coraggioso e laborioso che apre nuove vie: quello che ha trasformato gli spazi selvaggi in terra fertile, in progresso, in civiltà, ed è uscito vittorioso.

Non sono tuttavia soltanto gli anniversari del fenomeno migratorio a segnare il processo di costruzione e diffusione di una memoria dell'immigrazione italiana in Brasile e di un'immagine sull'immi-grato. A partire dagli anni 80 del Novecento, infatti, si osserva un *revival* etnico molto forte, con l'aumento delle ricerche individuali e familiari sulle radici etniche, sulla provenienza degli antenati e sui legami con la Penisola Italica. In questo stesso decennio, si avverte una crescita rilevante nei processi di gemellaggio fra paesi italiani e brasiliani, coinvolgendo gli spazi che hanno ricevuto l'immigrazione italiana di fine Ottocento e quelli che hanno accolto i discendenti di questi pionieri in migrazioni successive.

Le relazioni politiche, economiche e culturali che i processi di gemellaggio cercano di costruire si fondano sul riconoscimento dei legami che uniscono i due comuni (o istituzioni varie) che partecipano all'accordo. Nel caso dei paesi che hanno accolto immigrati italiani, l'esperienza stessa dell'immigrazione e l'idea di un'origine storico-

---

[5] AA.VV. *Centenário da Imigração Italiana: 1875-1975.* Porto Alegre: Edel, 1975.

etnica comune diventa l'elemento promotore del gemellaggio. Allo stesso tempo, le attività che coinvolgono i due soggetti giuridici della collaborazione, finiscono per attivare una memoria etnica e un senso di affiliazione, contribuendo a rafforzare un senso di appartenenza e a consolidare l'identità etnica.

Il caso del gemellaggio fra i comuni di Encantado, nel Rio Grande do Sul, e Valdastico, nel Veneto, è emblematico in relazione a questo aspetto della memoria come legame originario e promotore di rappresentazioni di italianità. Come descritto nel sito del comune italiano, l'accordo, presentato al consiglio comunale di Encantado il 27 dicembre 1991, era frutto del riconoscimento di un legame fra la culla degli antenati degli abitanti del comune e i loro discendenti:

> Per quanto incredibile possa sembrare, il nostro avvicinamento con San Pietro Valdastico ebbe inizio attraverso la fotografia di una lapide commemorativa posta nel cimitero del paese Italiano. La fotografia ci indicò il nostro passato ed aiutò ad identificare le famiglie d'immigranti italiani che arrivarono nella regione. Come storiografo e ricercatore, Gino Ferri scelse le informazioni, e fece un paragone con i discendenti dei nostri primi immigrati e quindi mise a punto il processo di "Gemellaggio" […] Il progetto presentato era nobile. Stabiliva un vincolo legale alla vita reale. Gemellava la culla dei nostri antenati alle famiglie discendenti da loro. Più che mai saremo stati legati alle nostre radici.[6]

Alla fine della citazione si può trovare questa capacità di attivazione dell'appartenenza, perché, a partire da questo gemellaggio, formula giuridica di una realtà storica, gli abitanti di Encantado sarebbero ricondotti alle loro radici, alla terra dei loro antenati. Gli scambi di visite fra i due comuni, con comitive che attraversavano l'oceano per

---

[6] Comune di Valdastico, Gemellaggi, Città Gemellata — Encantado (Brasile) (http://www.comune.valdastico.vi.it/web/valdastico/vivere/vivere-interna?p_p_id=ALFRESCO_ MY-PORTAL_CONTENT_PROXY_WAR_myportalportlet_INSTANCE_nc6A&p_p_ lifecycle=1&p_p_state=normal&p_p_mode=view&template=/regioneveneto/myportal/html-generico-detail&uuid=457891f6-ade4-430b-a492-017a9a9af358&contentArea=_ Valdastico_vivere-interna_Body1_&selVert=menu-contestuale_5ba82b8f-9bdf-4775-8acf-4f0ba7fe4fee).

consolidare questo rapporto fra fratelli, fra interscambi culturali, economici e turistici, rafforzava una comune appartenenza etnica.

Nel caso di Rio Jordão (Siderópolis), comune dello stato di Santa Catarina, l'indicazione dello storico del gemellaggio è ancora più rappresentativa di questa prospettiva del legame etnico fra le due sponde dell'Oceano e della narrazione dell'operosità:

> A história do Gemellaggio entre Rio Jordão e Forno Di Zoldo inicia em meados de 1895, quando aproximadamente 30 famílias provenientes da cidade italiana, chegaram à localidade de Rio Jordão, em Siderópolis, em busca de melhores condições de vida. A comunidade, localizada próxima a Serra Geral e margeada pelo Rio Mãe Luzia, destacou-se aos olhos dos colonizadores por se assemelhar à terra natal. Ali se estabeleceram em meio à mata virgem e reconstruíram suas histórias.[7]

Perciò, la firma dell'accordo — nel dicembre del 1995 — è la mera formalizzazione di una realtà che risale a un secolo prima, quando le famiglie della Valzoldana avevano trasformato la foresta vergine in terra feconda. Allo stesso tempo, l'articolo sul sito del comune di *Siderópolis* dà risalto al legame linguistico ancora presente con il "dialetto vecchio" ancora utilizzato da molti discendenti (secondo la coordinatrice dei festeggiamenti dei vent'anni del gemellaggio, senza alterazioni in tutti questi anni), così richiamando l'attenzione dei rappresentanti del comune Zoldano. Un'altra volta si osserva l'idea di un'origine comune che viene evidenziata, e anche di caratteristiche culturali che sono rimaste nel tempo e costituiscono il legame naturale fra la terra di partenza e quella di arrivo degli immigrati della fine dell'Ottocento.

Nello stesso tempo storico in cui si sviluppano gli accordi di gemellaggio, ovvero nell'ultimo decennio del XX secolo, avvenne una grande crescita delle feste familiari, dove gli antenati che avevano lasciato l'Italia alla ricerca di una nuova vita in Brasile vengono commemorati. In questo fenomeno si può osservare l'intreccio fra memoria individuale e collettiva indicato da Maurice Halbwachs, essendo le

---

[7] "Pacto de amizade entre Rio Jordão e Forno Di Zoldo completa 20 anos" (https://www.sideropolis.sc.gov.br/noticias/index/ver/codMapaItem/5719/codNoticia/336896).

stesse rappresentazioni degli immigrati che motivano la nascita dei gemellaggi e che creano un legame fra la Penisola e il Brasile, presenti nelle descrizioni dell'esperienza familiare. Il quadro presentato nella "madre" delle commemorazioni, il cinquantenario dell'immigrazione italiana, nel 1925, venne però rielaborato senza tralasciare la sua essenza: l'operosità, la cattolicità e la sana morale.

Nel caso delle feste di famiglia, come ad esempio quella dei Bernardi, la commemorazione concerne la trasposizione dell'epopea riguardante il gruppo etnico al vissuto del singolo, perché si parla del sacrificio personale dell'antenato che ha permesso una vita nuova ai suoi discendenti:[8] la memoria collettiva segna quella individuale mentre viene rafforzata da quest'ultima. In questi eventi, il ricordo del vissuto migratorio è parte fondamentale della liturgia rievocativa ed è per questo che, nel caso dei Bernardi, il sito degli incontri della famiglia (ormai ne sono avvenuti due e vi è il conto alla rovescia per il terzo) rammemora il viaggio di Maria Teresa, Francesco, Giovanni, Maria Luigia, Domenico e la mamma (vedova) Anna che avevano lasciato la loro terra, a Cesiomaggiore, in provincia di Belluno.[9]

Il recupero dell'origine, anche con la concreta identificazione del paese di partenza, e la diffusione di questa radice comune nelle feste, come nel caso dei gemellaggi, attivano un senso di appartenenza etnica. Si crea un collegamento diretto fra il presente del discendente e l'esperienza passata degli avi, che diventa un continuum del vissuto familiare. Nonostante la funzione intima dell'incontro, queste feste funzionano come elemento che rafforza l'appartenenza etnica, riaccendendo la memoria individuale. In questi contesti, vengono plasmate le rappresentazioni di italianità e le raffigurazioni sull'Italia che passano a costituire l'immaginario dei discendenti sulle loro origini e sulla terra di provenienza dei loro antenati.

Fra gemellaggi e feste di famiglia, il contesto degli anni 1990 vede anche la crescita delle feste etniche in generale, come possono essere la

---

[8] Il secondo incontro è segnato dalla visita alla località rurale dove la famiglia Bernardi si è insediata, a Nova Pádua, Rio Grande do Sul, Brasile; occasione per ascoltare la storia della famiglia e dell'immigrazione italiana. (Cfr http://www.encontrofamiliabernardi.com.br/informacoes-2-encontro-da-famlia-bernardi.html).

[9] Cfr http://www.encontrofamiliabernardi.com.br/informacoes-histrico-da-nossa-famlia. html.

Festa da Polenta a Venda Nova do Imigrante (Espírito Santo) o la *Noite Italiana* a Antônio Prado (Rio Grande do Sul). Il grande aumento di questo tipo di festeggiamento sicuramente è legato alla sua potenzialità economica, con importanti guadagni che arrivano alla comunità. Tuttavia, portano con sé anche la ricerca di un collegamento mnemonico con il passato etnico dei paesi di immigrazione italiana e funzionano come strumenti di attivazione della memoria etnica.

Nel caso della festa nel comune di *Antônio Prado*, che ha avuto la sua nascita nel 1981, l'italianità è associata all'abbondanza del cibo, all'allegria e alla propensione a commemorare tutti gli avvenimenti della vita quotidiana. Come indicato nella pagina di apertura del sito dedicato all'evento, l'obiettivo principale della festa è "sem dúvida reproduzir da forma mais fiel possível os costumes dos imigrantes italianos que chegaram à região há mais de 140 anos".[10] Come si può osservare, l'evento si propone come un legame mnemonico tra il passato del paese (ma anche della regione) e i suoi pionieri, con la possibilità di un tuffo nel passato, la presentificazione dell'esperienza migratoria e l'attivazione della memoria della comunità.

Anche nel caso della *Festa da Polenta*, che acquisisce maggior visibilità negli anni '90, anche se creata alla fine degli anni 1970, questo obiettivo di mantenimento della cultura degli antenati è chiaramente presente. Il fondatore dell'evento, Don Cleto Caliman, anche lui discendente di immigrati italiani, indica il carattere di preservazione culturale e di costruzione di identità inerente alla kermesse:

A Festa não está só limitada aos comes e bebes, está caminhando para uma maior preservação da cultura italiana trazida pelos nossos avós que sofreram com o progresso. Essa é a nossa identidade e maior expressão da cultura ítalo-brasileira do Estado.[11]

In realtà, a partire dal XXI secolo, la festa è divenuta più complessa con l'introduzione di eventi preparatori che sono parte del ciclo di produzione del granturco, elemento di base per la produzione della polenta, e la creazione di un gruppo di danza folcloristica. In

---

[10] "Noite Italiana" (https://www.noiteitaliana.com.br/index.php).
[11] "Breve histórico da Festa da Polenta" (http://www.festadapolenta.com.br/historia).

questo processo di invenzione della tradizione e della stessa terra di partenza, un concetto di italianità e di Italia viene forgiato intorno a questa festività. Il momento in cui si pianta il granturco diventa parte del calendario di eventi culturali della festa e costituisce uno spazio di rievocazione e diffusione di quella che viene presentata come la cultura degli avi:

> Várias gerações se encontram para reviver os costumes do início da chegada das primeiras famílias de imigrantes italianos em Venda Nova. [...] Sempre no mês de março em uma das propriedades da comunidade, o evento, além de cultivar a matéria prima principal da polenta [...] também recria o modo de cultivo de antigamente, quando as famílias tinham poucos recursos. A ideia é reviver, da mesma forma que os nonnos, todo o ritual da cultura do milho, que sempre foi o principal alimento de subsistência do lugar. Homens, mulheres e crianças se vestem tipicamente. [...] Além de reproduzir as vestes e o modo de produção, vários rituais são mantidos como o lanche distribuído no meio do trabalho e a confraternização ao final, com músicas e muitas comidas típicas. [...] Depois de terminados os trabalhos, uma mesa farta espera os voluntários. Enquanto saboreiam as delícias oferecidas, todos conversam, relembram histórias e, como sempre, cantam as mais lindas cancionetas italianas.[12]

Come nella *Noite Italiana*, anche la festa de Venda Nova do Imigrante presenta questa immagine di italianità associata al mondo contadino, all'operosità dell'immigrato, ma anche all'allegria, all'abbondanza del cibo e alla musica. I discendenti — in questo momento di rievocazione del passato — imparano com'è la vera Italia, quella portata dai loro antenati, ed è di questa Italia vissuta negli spazi di immigrazione che molti italo-brasiliani partono alla ricerca quando intraprendono il viaggio inverso a quello dei loro avi, in direzione alla Penisola Italica.

Sono diverse le feste etniche che riempono il calendario di eventi degli stati del Rio Grande do Sul, Santa Catarina e Espírito Santo, come quella di Urussanga (Santa Catarina) chiamata *Ritorno alle Origi-*

---

[12] *Ibidem.*

ni, o la *Settimana Italiana di Bento Gonçalves* o ancora *Il Giorno dell'Etnia Italiana* a Serafina Corrêa (Rio Grande do Sul). Hanno caratteristiche comuni a quelle che sono già state descritte e l'obbiettivo è sempre la preservazione del passato della comunità che, attraverso i pionieri, è collegato alla terra di partenza: l'Italia.

Si è potuto vedere come le narrazioni sul fenomeno migratorio, sin dalle commemorazioni del cinquantenario dell'immigrazione italiana, abbiano prodotto una memoria condivisa dalla comunità etnica. In realtà, e con più forza negli ultimi 30 anni, si può vedere la costruzione di un'Italia immaginata che è frutto delle rielaborazioni mnemoniche di un continuum di esperienze che mette insieme gli immigrati della fine dell'Ottocento e i loro discendenti. Come spesso si ascolta nei racconti migratori, da parte degli eredi di questi pionieri, il plurale maiestatico diventa la persona principale del racconto, in particolar modo quando si descrive il momento in cui "noi siamo partiti" o in cui "noi siamo arrivati". L'uso della prima persona plurale del verbo inserisce il narratore (discendente dell'immigrato) nella narrazione, e il vissuto dell'antenato diventa quello della famiglia e dello stesso discendente. Questo uso del "noi" al posto del "loro" o del "lui/lei" costituisce l'elemento fondamentale per capire l'idea di "ritorno" presente in questa migrazione degli italo-brasiliani verso l'Italia, nel XXI secolo.

Una finestra sulla dinamica di "ritorno" in quanto una memoria mitica-delegata può essere visualizzata a partire dai casi di due italo-trentini intervistati; mentre in un caso, si riscontra questa ricerca della terra dell'antenato, un trisavolo trentino, nell'altro, invece, si osserva come la scoperta dell'italianità viene attivata a partire da un incontro con la storia della famiglia. In entrambe le situazioni si vede come un'Italia immaginata si trasforma in faro per la scoperta delle radici e, allo stesso tempo, in spazio di frustrazione per l'impossibilità di trovare nella concretezza del vissuto il luogo mnemonico immaginato.

Il primo passo è conoscere i protagonisti di questo viaggio, due giovani discendenti di emigrati della provincia di Trento, una ragazza e un ragazzo, che provengono dallo stato di Santa Catarina (lei) e Espírito Santo (lui); e successivamente ripercorrere il processo di elaborazione dei loro progetti di spostamento, così come anche i primi contatti nella terra dei loro avi, attraverso il racconto della loro storia migratoria,[13] permettendo in questo modo di entrare più in profondità nelle dinamiche di straniamento fra uno spazio immaginato e un altro vissuto.

Paola — pseudonimo utilizzato per identificare la ragazza, nel rispetto della sua privacy — era una studentessa dall'Università di Trento, sposata, e che apparteneva al ceto medio. Della storia della sua vita, credo si possano sottolineare due elementi precedenti all'immigrazione: uno riguarda la sua infanzia in Brasile e la costruzione dell'immagine dell'Italia, mentre l'altro si relaziona alla scelta precoce dello spostamento in Italia, ancora nell'adolescenza.

La ragazza di Santa Catarina, ancora bambina si era spostata con la famiglia ad un altro stato brasiliano, il Paraná, in una zona non caratterizzata dall'immigrazione italiana. Infatti, dagli altri gruppi etnici che abitavano la città, loro erano identificati come "gli italiani". Tutti gli anni Paola lasciava questa *terra straniera* per passare le vacanze nel suo paese natio, nella casa di suo nonno. In questo contesto, conviveva con il dialetto trentino, il cibo e le canzoni della tradizione, e veniva a conoscenza della storia degli antenati attraverso i racconti tramandati in famiglia. In realtà, ad ogni vacanza, Paola ritornava alla sua Italia, quella costruita in questa zona di immigrazione italiana dello stato di Santa Catarina, che diventa per lei l'immagine dell'Italia.

Paola diceva nella sua intervista che il suo vincolo con l'Italia era molto forte e che la migrazione era una maniera di saper tutto di questo luogo oggetto dei racconti sentiti. Grazie alle storie tramandate in famiglia, lei poteva sapere ciò che era successo con il suo trisavolo, che era emigrato, ma in Italia poteva accedere alla storia di quelli che erano rimasti, che era anche questa parte della sua storia:

> queria descobrir tudo daqui, como é que era, como as pessoas que... porque meu tataravô saiu daqui e deixou oito irmãos, então eu queria saber outra história porque a história daquele que foi a gente sabe, mas daqueles que ficaram como viviam os nosso ante-

---

[13] I racconti sono parte di un insieme di interviste semi-strutturate realizzate nel 2012 con immigrati italo-brasiliani a Trento, di un progetto finanziato dal Consiglio Nazionale della Ricerca brasiliano (CNPq).

passados aqui, como é que era a vida deles, entender um pouco, algumas, alguns traços eu consegui reconhecer (Paola 2012).

Il secondo punto riguarda la decisione presa ancora nell'adolescenza, quando il governo italiano ha offerto un corso professionalizzante nella sua regione. Anche se la tematica non era di suo interesse, il fatto di essere tenuto da "italiani dall'Italia" le ha fatto iscriversi e partecipare. Fu questo contatto che confermò il suo desiderio di tornare alla terra dei suoi antenati; e quando conobbe colui che poi sarebbe divenuto suo marito, la prima questione affrontata fu quella riguardante il suo spostamento, al quale non pensava di rinunciare.

Mateus invece non ha avuto lo stesso trascorso familiare, con una immagine sull'Italia elaborata sin dall'infanzia. Il suo rapporto con un'identità trentina nasce nel momento in cui deve raccogliere informazioni e documenti per il processo di riconoscimento della sua cittadinanza italiana. In quel periodo, dalla conoscenza del luogo specifico di provenienza del suo antenato, nel paese accanto a Trento, si sviluppa un nuovo senso di appartenenza, e anche il ricordo affettivo dei racconti di suo nonno hanno portato all'acquisizione di una nuova consapevolezza, che lui non proveniva soltanto da un territorio, inteso come spazio geografico, ma da una realtà storica impregnata di sensibilità che attraversavano la memoria familiare.

Con il *ritorno* (l'arrivo effettivo in territorio italiano), la distanza culturale fra l'Italia immaginata e quella trovata dopo lo spostamento viene sempre più confermata dagli intervistati, si osserva in realtà una riscoperta della brasilianità, a partire dalla percezione delle caratteristiche locali (di Trento), ovvero chiusura, riservatezza e formalismo, e di quanto queste si differenziassero dalle proprie, molto più brasiliane, apertura, accoglienza, informalità:

eu sou brasileira, e por me ter deparado com essa realidade hoje do trentino de que eles são um pouco mais tímidos e reservados, eu disse poxa eu não sou assim, então assim, eu não sou exatamente aquela... não, não segui aquela linha de italiano ou enfim o que era há 150 anos atrás, eu sou brasileira, quer dizer poxa aos 26 anos você se dá conta de que você é brasileira. (Paola 2012)

Questa nuova percezione dell'appartenenza alla brasilianità avviene nello stesso tempo in cui vi è una presa di coscienza della differenza e della non-accettazione come parte del gruppo. Come sottolineava Mateus, l'italo-brasiliano comunque sempre sarà l'altro, perché non condivide gli stessi codici culturali e non partecipa alla medesima esperienza identitaria:

> cê nunca vai ser um deles, cê nunca vai ser, por mais que cê tenha cidadania, por mais que cê tenha o nome deles, nunca, porque mesmo talvez a falada vai ficar um sotaque, então vão notar, vão te perguntar, a tua história não adianta, não muda, eu lembro que na época eu até pensava, porque que eu não nasci aqui, tipo eu fazia esse tipo de questionamento, graças a Deus, que eu não nasci aqui. (Mateus 2012)

È importante sottolineare, a proposito della lettura presentata da Mateus, che la sua realtà in Italia è stata segnata da una brutta esperienza legata ai *parenti italiani*. Appena arrivato, era stato molto ben accolto da una famiglia che viveva nello stesso comune di provenienza del suo antenato e condivideva lo stesso cognome. Loro avevano anche aiutato Mateus nella ricerca del lavoro, il quale, attraverso i loro contatti, riuscì a iniziare a lavorare. Tuttavia, in questo spazio lavorativo lui visse una brutta esperienza, in un conflitto con il proprietario del locale, a causa delle condizioni di sfruttamento del suo lavoro. Alla fine, questi *parenti* presero le difese del proprietario, loro concittadino, e si allontanarono da Mateus. Come lui disse nell'intervista, nonostante la cittadinanza, nonostante lo stesso cognome, non si sarà mai uno di loro.

Diversamente, Paola aveva ancora la speranza di trovare quell'Italia e quegli italiani che aveva conosciuto nei racconti di famiglia; come indicava nell'intervista, forse non era ancora riuscita ad andare nel posto giusto. Magari fuori dalla città, in campagna, avrebbe trovato quel contadino che sarebbe potuto diventare il collegamento con il suo trisavolo e con le narrazioni dell'infanzia: "mas esperava encontrar de certa forma resquícios, eu sempre digo talvez eu não tenha ido pro interior suficiente, talvez subindo a vale de Non de novo, talvez assim e consiga encontrar isso né" (Paola 2012). In realtà, Paola è alla ricerca di quell'Italia della memoria dell'immigrazione, dell'abbondanza del cibo, dell'allegria, dell'operosità contadina; un'Italia che ci tiene alla tradizione, senza rendersi conto che quello spazio esiste soltanto in quanto memoria collettiva di un'esperienza vissuta nel Brasile di fine Ottocento.

Ad ogni modo, l'esperienza a Trento non produce un totale abbandono dell'appartenenza costruita nelle vacanze dell'infanzia, Paola non si scopre soltanto brasiliana ma qualcos'altro, un soggetto diasporico attraversato da un'identità che può essere identificata come *in-between*: "Me sinto em casa [em Trento], [...] sendo uma imigrante, mas se sentindo em casa. [...] me sinto bem aqui" (Paola 2012). Questa sensazione della giovane italo-trentina può essere identificata come una sensazione comune in questa esperienza di rientro: anche se l'italo-brasiliano non ritrova quell'immagine costruita prima del viaggio, allo stesso tempo trova frammenti identitari che producono questa sensazione ambivalente.

Alla fine, si può affermare che il Novecento ha prodotto una memoria sull'immigrazione italiana che si è sovrapposta alla migrazione stessa e ha costruito nei discendenti un immaginario condiviso sull'Italia. In questo processo, si osserva l'elaborazione di un continuum temporale che unisce immigrati e discendenti come partecipi di una medesima esperienza, attualizzata dalle diverse tipologie di rievocazioni etniche. Di conseguenza, il discendente che parte verso l'Italia, nel XXI secolo, alla ricerca di un ritorno alla terra degli antenati, un ritorno alle radici, porta nel suo bagaglio una certa immagine della Penisola che è segnata dagli eventi commemorativi. Il contatto con il quotidiano italiano conduce ad uno straniamento, perché quel luogo della memoria non viene trovato, forse per il fatto di non essere mai esistito, e ad una nuova riflessione sull'identità personale, recuperando elementi dormienti di un'identità brasiliana. Il ritorno effettivo non avviene, non perché loro non sono partiti fisicamente dall'Italia di fine Ottocento ma perché quello spazio-tempo che cercano non è mai esistito, è parte di una costruzione mnemonica elaborata in Brasile.

OPERE CITATE

AA.VV. *Centenário da Imigração Italiana: 1875-1975*. Porto Alegre: Edel, 1975.

Andrews, George Reid. *Negros e Brancos em São Paulo (1888-1988)*. São Paulo: EDUSC, 1998.

Beneduzi, Luís Fernando. *Os fios da Nostalgia. Perdas e ruínas na construção de um Vêneto imaginado*. Porto Alegre: Editora da UFRGS, 2011.

_____. "Fra risanamento religioso e rafforzamento della razza: il processo di costruzione della memoria dell'immigrazione nel sud del Brasile negli anni 1920". *Zibaldone* 3, 2015: 122-136.

Castañeda, Luiza. "Eugenia e casamento". *História, Ciências, Saúde* 10, 3, 2003: 901-930.

Cenni, Franco. *Italianos no Brasil*. São Paulo: Editora da Universidade de São Paulo, 2003.

Dadalto, Maria Cristina. "Trajetórias migrantes: ambivalência na interação 'nós' e os 'outros'". *Dimensões* 26, 2011: 24-43.

Halbwachs, Maurice. *Les cadres sociaux de la mémoire*. Parigi: Albin Michel, 1994.

Koselleck, Reinhart. *Futuro Passado*. Rio de Janeiro: Editora PUC Rio/Contratempo, 2006.

Pagnotta, Chiara; Assis, Gláudia de Oliveira. "Os italianos no espaço público de Santa Catarina (Brasil). Entre epopeia e festas étnicas". *Confluenze. Rivista di Studi Iberoamericani*, Bologna, 9, 1, 2017: 77-105

Sayad, Abdelmalek. "O retorno: elemento constitutivo da condição do imigrante", *Travessia*, São Paulo, 13, n. esp., 2000: 1-34.

Seyferth, Giralda. "Construindo a nação: hierarquias raciais e o papel do racismo na política de imigração e colonização" in Maio, Marcos; Santos, Ricardo, *Raça, Ciência e Sociedade*. Rio de Janeiro: FIOCRUZ, 1996.

Interviste

Entrevista a Paola, Trento, 22 de fevereiro de 2012.

Entrevista a Mateus, Trento, 16 de junho de 2012.

Sitografia

http://www.festadapolenta.com.br/historia
https://www.noiteitaliana.com.br/index.php
http://www.encontrofamiliabernardi.com.br
https://www.sideropolis.sc.gov.br
http://www.comune.valdastico.vi.it

Viaje a Italia
Reencuentros y desencuentros de jóvenes migrantes

Ana Sagi-Vela González
UNIVERSITÀ DEGLI STUDI DI MILANO-BICOCCA

El considerable número de migrantes hispanoamericanos que ha elegido Italia como país de destino en los últimos veinticinco años conlleva la presencia de una consistente generación intermedia que ha vivido de manera particular el proceso migratorio. El hecho de llegar en edad escolar para, en muchos casos, reunirse con la familia después de un largo período de relación a distancia marca de forma inexorable el inicio de su experiencia en el país de acogida. A través del análisis del discurso de jóvenes migrantes y de su reelaboración del viaje migratorio, trataré de delinear el modo en el que perciben esta situación paradigmática, antes — el dolor de la separación, el anhelo de volver a estar con los seres más queridos, las expectativas de una vida mejor, el temor por vivir en un país nuevo — y después — la confrontación con la nueva realidad, la añoranza, las dificultades —, para así identificar los que pueden llegar a ser factores determinantes en la conformación de la propia identidad.

En los últimos veinticinco años el flujo migratorio desde Hispanoamérica ha determinado la presencia en Italia de una consistente generación intermedia[1] que ha vivido de manera particular el proceso migratorio. En estas páginas analizaré las percepciones de jóvenes migrantes hispanoamericanos en relación con el proceso migratorio y los discursos que elaboran sobre su propia identidad. Después de ubicar el fenómeno dentro del contexto sociopolítico que lo genera y describir sus principales características, ofreceré algunos testimonios de la expe-

---

[1] En este trabajo, con la noción de generación intermedia — comprendida en las denominadas segundas generaciones (Ambrosini, Molina 2004) — nos referimos a los individuos que, según la segmentación decimal aplicada por Rumbaut (2004), abandonan el país de origen antes de los 6 años (generación 1.75), entre los 6 y los 12 años (1.5) o de los 13 a los 17 años (1.25).

riencia migratoria de estos jóvenes con el fin de definir algunos de los factores que influyen en la construcción discursiva de la identidad.

Las corrientes migratorias entre Italia y América Latina, protagonizadas por los italianos emigrados en el siglo XIX al nuevo mundo, sobre todo a Argentina, fluyen en sentido inverso en las últimas cinco décadas con la llegada de hispanoamericanos a este país. A partir de los años setenta, de forma tímida y gradual en un primer momento hasta alcanzar su punto máximo en la primera década del presente siglo, miles de latinoamericanos han emigrado a Italia en busca de un futuro más prometedor. Por el contrario, los dos países de procedencia de la mayor parte de los hispanoamericanos que han llegado a Italia, Perú y Ecuador[2], en los últimos cincuenta años pasaron de ser receptores de migración a emisores de migrantes, convirtiéndose a partir de la década de los noventa en una de las regiones con mayor emigración del mundo[3]. Como veremos, la particularidad de estos nuevos flujos migratorios viene determinada por el contexto económico, político y social del mundo actual globalizado; conceptos como transnacionalismo y superdiversidad caracterizan a la población migrante del nuevo milenio, lo cual exige políticas públicas adecuadas a la condición multidimensional de las sociedades del presente siglo (Vertovec 2007).

En el caso que nos ocupa, la duración y continuidad del proceso migratorio que tiene su origen en países hispanoamericanos hace posible la existencia de una generación intermedia de migrantes, consti-

---

[2] Según los últimos informes anuales sobre la presencia de inmigrantes peruanos y ecuatorianos en Italia elaborados por la Agenzia Nazionale Politiche Attive del Lavoro, la comunidad peruana y ecuatoriana ocupan, respectivamente, la decimocuarta y decimosexta posición entre los ciudadanos provenientes de países que no pertenecen a la Unión Europea (ANPAL 2017), http://www.lavoro.gov.it/priorita/Pagine/Le-comunita-migranti-in-Italia-rapporti-2017.aspx. De todo el territorio nacional, Lombardía es la región que acoge a más del 40 % de esta población, con cincuenta y un mil peruanos y cuarenta y tres mil ecuatorianos (ORIM 2018).

[3] Como señala Altamirano (2004), existe una correlación entre el volumen de emigración y la estabilidad política y económica de estos países. En el caso del Perú, desde 1997, con el inicio de la recesión económica y la crisis política originada por la corrupción de la clase dirigente, se produce un aumento significativo de la emigración, en particular de los jóvenes, alcanzando su punto álgido en el año 2000, período de mayor inestabilidad política. En líneas generales, en las últimas décadas, la situación migratoria de Ecuador es similar a la peruana. Aquí, a finales de los años noventa, la grave crisis económica que atravesó el país supuso que se incorporaran sectores campesinos e indígenas a la población migrante que tradicionalmente provenía de las áreas urbanas o semiurbanas.

tuida por jóvenes que llegaron a Italia en la primera infancia o en edad escolar, que representa un terreno fértil para el estudio del bilingüismo y la construcción de las identidades en contextos migratorios[4]. En 2011, tras constatar la presencia cada vez más numerosa de este colectivo también en la comunidad universitaria[5], iniciamos un proyecto de investigación de corte sociolingüístico en la Universidad de Milán-Bicocca entre los estudiantes hispanoamericanos[6]. De la información recopilada a través de un cuestionario se desprende que la totalidad de los encuestados en el momento en el que llegó a Italia contaba con alguien ya instalado en el país; para más de tres cuartos partes se trataba de algún miembro de la familia nuclear, generalmente la madre, quien llevaba viviendo en Italia entre uno y doce años, con un promedio de cinco años de relación a distancia.

Estos datos se han podido complementar con la información recogida por medio de entrevistas personales semidirigidas. Estas siguen un guion estructurado en tres ejes temáticos: la experiencia migratoria, los usos y comportamientos lingüísticos y la percepción de la propia identidad. Las nueve entrevistas seleccionadas para este artícu-

---

[4] La consistencia numérica de hispanoamericanos en Italia ha propiciado la producción de numerosos estudios enfocados en este colectivo desde diferentes disciplinas, como la sociología (Ambrosini, Queirolo 2007; Boccagni 2013; Lagomarsino 2006) y la sociolingüística (Bonomi 2018, Calvi 2014, 2016).

[5] Los alumnos que proceden de algún país hispanoamericano en la Universidad de Milán-Bicocca representan el 1,2 % del total de estudiantes, porcentaje en aumento desde 2005. Mientras que en el año académico 2005-2006 se inscribieron 232 hispanoamericanos y en 2010-2011, 391, en el año académico 2016-2017 lo hicieron 582, de los cuales un 41,4 % eran peruanos y un 29,9 %, ecuatorianos (datos proporcionados por la oficina de estadística de la Universidad Milán-Bicocca). De forma que las aulas son un reflejo de la composición demográfica de la sociedad, como se desprende del último informe sobre la inmigración en Lombardía realizado por ORIM, el cual registra el número creciente de peruanos y ecuatorianos que se establecen en la región entre 2001 y 2018 — de los 19 400 peruanos y 6 100 ecuatorianos de 2001 a los 50 700 y 42 600, respectivamente, de 2018 —, alcanzando la cifra máxima en 2014, con cincuenta y seis mil peruanos, y en 2011, con un máximo de cincuenta mil doscientos ecuatorianos (ORIM 2018, 25).

[6] El proyecto desarrollado en el departamento de Estadística y Métodos Cuantitativos de la Escuela de Economía y Estadística está financiado por el fondo para la investigación de la Universidad Milán-Bicocca. Algunos resultados de la investigación han sido publicados en González Luna, Lisi, Sagi-Vela González 2016 y Lisi, Sagi-Vela González 2017. El material que presento en esta sede forma parte del corpus obtenido a través de un cuestionario sobre usos y comportamientos lingüísticos, al que han respondido cincuenta y tres estudiantes, y de once entrevistas personales.

lo, realizadas entre noviembre del 2015 y abril del 2018, recogen los testimonios de dos hombres y siete mujeres de entre veintidós y veintisiete años, siete de nacionalidad peruana y una ecuatoriana, que llegaron a Italia a diferentes edades (entre los cinco y los dieciocho años), además del caso de una salvadoreña nacida en Italia, cuyos padres migraron siendo adolescentes hace ya treinta años. Dado el sector de la población en el que se centra la investigación, en su mayor parte menores en el momento del arribo a Italia, y los resultados obtenidos en el cuestionario—los cuales evidencian que cuando llegaron alguno de sus padres, si no los dos, ya estaban establecidos aquí desde hacía diversos años—, el fenómeno de la reagrupación familiar es clave en su trayectoria migratoria.

En el último cuarto del siglo pasado se produjo un cambio significativo en la naturaleza de los flujos migratorios en Europa. De la migración de posguerra, que se esperaba temporal, alentada por los gobiernos de los países del centro y el norte europeo con el objetivo de reclutar trabajadores de los países del sur en los programas de reconstrucción económica, estos últimos, los países del sur, han pasado a ser el foco de atracción de migrantes desde mediados de los setenta, en respuesta a las medidas mucho más restrictivas de los países tradicionalmente receptores. Asimismo, la reagrupación familiar, basada en el derecho de vivir en familia, se convierte en la forma más efectiva para sortear las mayores restricciones que paulatinamente adoptan las políticas migratorias de los países miembros de la Unión Europea (Pérez-Nievas, Vintila 2013).

Por otra parte, como consecuencia de la feminización de las migraciones, la literatura reciente sobre migración privilegia el estudio de las familias transnacionales, en cuyo seno el concepto de maternidad se transforma y da paso a nuevas estrategias en la crianza y el cuidado de los hijos. Desde esta perspectiva, la migración procedente de Latinoamérica ha sido tratada ampliamente, tanto la dirigida a Estados Unidos (Dreby 2010; Hondagneu-Sotelo, Ávila 1997) como con destino a Europa (Sørensen 2007). En el contexto italiano, algunos estudios se centran en la experiencia biográfica de las madres migrantes en Italia (Ambrosini, Boccagni 2007). Sin embargo, se echan en falta trabajos que aborden las relaciones transnacionales desde el punto de vista de los hijos. Este trabajo trata de llenar parte de ese vacío indagando en las diferentes maneras en las cuales perciben esas relaciones los que se quedaron (cuando sus padres migraron) y luego vinieron (al reunirse con ellos), analizando cómo estos sujetos se representan y reelaboran mediante el discurso la experiencia migratoria y la propia identidad.

La evolución del proceso migratorio implica una serie de reacomodos en las relaciones familiares. Con la marcha de los padres, los hijos quedan al cuidado de otras personas, normalmente parientes cercanos, estableciéndose nuevos vínculos afectivos y dependencias. Al mismo tiempo, se trata de mantener en la distancia las relaciones entre los que parten y los que se quedan para, al llegar el momento del reencuentro, restablecer lo que se ha perdido sin la presencia física. A través de algunos testimonios de los protagonistas más jóvenes de este proceso mostraré las dinámicas de estas relaciones familiares transnacionales y pondré en evidencia algunos aspectos de la experiencia migratoria que pueden intervenir en la construcción de la identidad. Se trata de testimonios sobre la manera de afrontar la vida familiar cuando los padres migran, sobre las expectativas y la realidad confrontadas en el propio viaje y sobre la percepción que se tiene de uno mismo entre dos culturas, dos lenguas, dos mundos (cfr. Portes et alii 1999). Llegar a un país nuevo y desconocido, aprender una nueva lengua, adaptarse al nuevo estilo de vida, a un nuevo sistema educativo, a nuevos compañeros de escuela, integrarse en una sociedad completamente diferente a la propia son algunos de los retos que afrontan estos jóvenes. Las estrategias para salir adelante veremos que son diversas, como también los resultados.

1. LA SEPARACIÓN, EL VIAJE Y EL REENCUENTRO

Los estudios recientes sobre las relaciones familiares transnacionales echan por tierra los estereotipos negativos sobre los efectos perniciosos que una visión conservadora y patriarcal de la familia atribuye a la migración femenina (Pedone 2008). Las investigaciones ponen de relieve, antes bien, las diversas estrategias que las familias transnacionales emplean para desempeñar de manera eficaz, con frecuencia delegando en las personas más cercanas, las obligaciones de los progenitores.

> Mi mamá se vino acá cuando yo tenía dos años y medio… Entonces yo mi madre los primeros siete años nada. Mi papá cuando yo tuve cuatro años. Por eso mi mamá me contó que cuando ella me llamaba, o cuando yo llegué, yo la llamaba Consuelo. Hasta los diez años yo siempre la llamaba Consuelo… Porque yo he crecido con la hermana de mi mamá, que ella ya tenía dos hijos… Me dejaron con ella porque mi abuelita ya era un poco… con la edad estaba un poco más cansada, y también mi tía estaba acá, entonces tenía también mi primo. Tener a mí y a mi primo, los dos, era mucho para ella. Entonces a mí me llevaron a donde mi tía y ahí siempre estaba bien, yo me encontraba bien con ella… Y mi tía, mi tío, para mí, son segundos padres, mis primos son mis hermanos… Siguen allá. [P_M_8_24_Z][7]

Es posible que para esta joven peruana el hecho de que la partida de los padres se produzca en dos momentos diversos distanciados en el tiempo haya mitigado el dolor de la separación, que no se trasluce en la narración. También puede que la edad del menor en el momento del distanciamiento — en este caso cuando contaba menos de tres años — o el periodo prolongado de la relación a distancia disminuya los efectos de la separación en la memoria. A medida que la edad aumenta, y con ella la conciencia del hecho, el recuerdo se aviva, como queda patente en el relato de una joven que vivió este episodio cuando tenía nueve años.

> Mi mamá vino primero. Me dejó con mis tías y ella vino a trabajar acá… Ha sido difícil… porque por más de dos años no la he visto a mi mamá… Y entonces pues he crecido con mi abuela, con mis tías, mis tíos... Me acuerdo solo que lloraba… lloraba porque no sabía cuándo iba a regresar. [P_M_11_22_C]

---

[7] El código para identificar las entrevistas que aparece entre corchetes al final de las citas se corresponde con las iniciales del país de origen — Perú (P), Ecuador (E), El Salvador (ES) —, el sexo — mujer (M), hombre (H) —, la edad de migración, la edad en el momento de la entrevista y una letra para su identificación.

La incertidumbre sobre el momento del reencuentro aparece con frecuencia en el discurso, lo que produce angustia e inseguridad. En contraposición, casi todos los testimonios de los jóvenes evidencian la articulación de una sólida red de cuidados en el país de origen, como ampliamente describe la literatura sobre el tema (Yeates 2012). Esta cadena de cuidados garantiza los vínculos afectivos y contrarresta las otras ausencias. Estos lazos pueden adquirir tal relevancia en la vida de los menores que incluso, cuando llega el momento del reencuentro con la madre o el padre, la separación de las personas que ejercieron esos roles en su ausencia es igualmente dolorosa.

> Vine con once años. Mi mamá ya había vivido aquí como siete años. Yo vine con mi papá [...] Cuando yo iba a venir me dijeron otra mentira... Porque piense que fueron casi seis años que estuve sola con mi tía, que era la tía de mi mamá... Y me dijeron que íbamos a ir de vacaciones acá, solo de vacaciones... porque yo dejar a mi tía era imposible, o sea, yo no me podía desprender de ella... yo estaba muy ligada a ella, en práctica era como mi mamá... Eso fue el golpe más fuerte, más que la escuela, más que la dificultad de aprender el italiano... Por eso [durante] un año yo contaba los días para regresarme [a Perú], *señaba*[8] los días en el calendario. [P_M_11_22_Q]

La separación física de los progenitores por lo común es temporal y los hijos se reúnen con sus padres apenas las condiciones en el país de destino lo permiten. Por lo general, la entrada de los menores en el país de acogida se tramita por la vía legal que posibilita la reunificación familiar, un proceso largo, complejo y gravoso cuyo éxito se supedita a la situación económica y social del solicitante (Ranci 2011, 233). Esto significa que no siempre aviene en el tiempo planificado, como relata esta mujer peruana cuya madre prefirió esperar a que fuera aceptada la solicitud de reunificación para toda la familia.

---

[8] En la transcripción de las entrevistas las cursivas señalan las interferencias de la lengua italiana en el discurso producido en español. También se han mantenido, sin señalarse, las incorrecciones lingüísticas de otro tipo, como en esta cita la forma del pasado del verbo decir.

Yo me vine con los dieciocho años… Sí, *propio* en el último momento fue que ya se podía hacer con la… el pedido familiar, solo para los hijos hasta los dieciocho, *propio* en el límite. Mi papá ya llevaba alrededor de… será… siete, ocho años que estaba acá. También se demoró un poco porque mi mamá no quería venir ella sola y al final para traernos a los tres se tomó bastante tiempo […] Nosotros logramos venir a la tercera solicitud que hizo mi papá, las dos primeras fueron negadas y, bueno, la primera era emocionante porque pensábamos que ya íbamos a ir… Eso fue cuando tenía más o menos trece años… Al momento que nos negaron el ingreso también fue muy triste la primera vez. En la segunda todavía nutría cualquier esperanza, pero no tanto como la primera y, bueno, ya la tercera me parecía una broma decir que voy a llegar, lo veía imposible. [P_M_18_25_C]

La red familiar y social que sostiene a los niños que se quedan en la patria se reconstruye en el país de destino una vez culminado el proyecto migratorio familiar. El reencuentro muchas veces supone adaptarse a la nueva situación familiar, que a menudo incluye a nuevos miembros. Es el caso de la familia de esta joven ecuatoriana que antes de su reciente llegada a Italia llevaba desde los cinco años separada de ambos padres.

Yo llevo aquí dos años, con diecisiete años llegué. Mi abuela, que lleva mucho tiempo aquí y se regresó el año que yo vine, ya tenía diecisiete años viviendo aquí, y después de como cuarenta años regresó a Ecuador. Aquí está mi papá y mi mamá. Tengo un tío en Roma… Mi papá tiene aquí exactamente dieciséis años, mi mamá tiene catorce, si no me equivoco, y mi papá tiene su conviviente y mi mamá también. Cada uno hizo su vida acá… También tengo una hermana que está en Ecuador. Pero ella vino, lo que pasa es que no le gustó, se regresó. Se quedo aquí tres meses y luego se regresó, no le gustó, era muy frío, decía. [E_M_17_19_H]

La migración a mayor edad hace más difícil el proceso de adaptación, como evidenciaba en el anterior comentario la joven ecuatoriana sobre la experiencia de su hermana, quien renunció a la reanudación de la convivencia familiar. También se pone de manifiesto en el siguiente testimonio de la mujer peruana que llegó a Italia junto a su madre y su hermano a la edad límite para solicitar la reunificación familiar. En él subraya la dificultad que supuso reconstruir las relaciones mantenidas con un océano de por medio.

> Los primeros días era muy bonito porque todo era nuevo. Yo llegué en el mes de febrero, ese año había tanta nieve y para mí era algo nuevo que nunca la había visto. Los primeros días y seguramente semanas era todo emocionante para mí porque, bueno, todavía no iba a la escuela, tenía los días libre, veía la nieve… Pero ya luego cuando tenía que hacer mis documentos, buscar… lo veía difícil… Y, bueno, en familia, aunque los primeros días era bonito, pero también nos fue difícil porque era nuevamente convivir en cuatro y… es difícil… Y hace casi pocos años que recién… digamos que hemos vuelto a unir el vínculo que había hace años, pero hasta recién… No me esperaba que iba a ser tanto, porque siempre he sido bien apegada a mi papá… Sin embargo, no era igual…
> [P_M_18_25_C]

2. LA REALIDAD: UNA LENGUA NUEVA, UNA NUEVA VIDA

La imagen de que en Italia "eran todos altos y gringos… todos claros de piel" que esta joven conserva de sus once años pronto se desvaneció: "cuando llegué *en* Puglia, que ahí son todos un poco más morenos, y dije, no son italianos" [P_M_11_22_C]. Las expectativas no suelen cumplirse; son numerosos los comentarios que describen cómo la idea que se habían formado del país y sus gentes no se corresponde con la realidad.

> Mi idea, cuando vivía en Perú, era que las casas acá eran grandes, era como castillos que cuando uno es pequeño se imagina… Y cuando llegue acá, pues los cuartos son pequeños, a diferencia con Sudamérica que sí se vive… *anche* en pobreza es todo grande… Acá los espacios son bien pequeños… Me pareció extraño.
> [P_M_18_25_C]

El aprendizaje de la lengua italiana se convierte en el primer paso para la integración en la comunidad escolar. De las experiencias narradas resulta gratificante constatar que la incorporación en el sistema educativo viene facilitada por la propia institución y que son contados los incidentes que denotan actitudes xenófobas. La multiculturalidad manifiesta en las aulas italianas es un reflejo de la sociedad plural que las acoge.

> El primer día del colegio estaba perdido. Por ejemplo, en el dictado decían 'virgola' y yo escribía 'virgola'. No tengo un recuerdo feo porque me ayudaron mucho. Habían muchos extranjeros y había un curso aparte para nosotros. Mientras los otros iban a clase, por ejemplo de francés, nosotros íbamos a clase de italiano. Había dos peruanos, un argentino, una china y un filipino. Y el primer periodo cuando empecé a estudiar italiano olvidaba el español. Por ejemplo, cuando le escribía *letteras* a mi papá, el 'que' no lo escribía con la cu, lo escribía con la che. Y ahí me di cuenta de que no tenía que dejar el español. Cuando hablaba con mi papá le daba risa, bromeaba un poco siempre. *Anche* la profesora *me decía no dejar* la lengua madre. [P_H_9_27_F]

2.1. INTEGRARSE EN EL GRUPO, PERO ¿CUÁL Y CON QUÉ LENGUA?

El establecimiento de relaciones sociales informales con la comunidad autóctona se revela como un aspecto importante del proceso de integración en la nueva sociedad (Ambrosini, Bonizzoni 2012, 221). La percepción de aislamiento de la comunidad hispanoamericana en la universidad que describe la única exponente entrevistada de la segunda generación en sentido estricto no refleja, en este sentido, un contexto integrador. Si bien la exclusión parece ser voluntaria.

> Lo que veo yo es que algunos hispanoamericanos quieren estar siempre entre ellos, o sea, hacen un club, y por eso los italianos no se acercan [...]. Aquí en la universidad yo conocí a un grupo de hispanoamericanos [...] No me gusta mucho, porque veo que tienen que integrarse... y ellos decidieron eso [...] Y hablan español entre ellos o... también cuando algunos italianos están ahí... Yo creo que no es respetuoso. [ES_M_0_25_A]

Por lo general, la migración a edades tempranas propicia una rápida inclusión en las dinámicas sociales del país de acogida, que los mismos actores perciben, como se manifiesta en el relato de esta joven peruana que llegó a Italia con cinco años junto a su hermano menor.

> Acá no tengo amigos latinos, hispanoamericanos. Todos mis amigos son italianos. Con los pocos amigos hispanoamericanos hablamos en italiano. Hablamos en español cuando hay alguien que no lo entiende [...] Me gustaría volver a Perú. Mi hermano tiene veintiún años. No piensa regresar. Se ha adaptado, integrado demasiado bien. Llegó cuando tenía tres años, yo cinco, casi seis años. [P_M_5_23_P]

Asimismo, la edad de llegada sirve para justificar la elección del círculo social: "Mis primos llegaron más grandes, trece, catorce años. Tienen amigos peruanos y ecuatorianos. Yo no. Tengo amigos de familia, nada más" [P_M_8_24_Z]. A veces la falta de integración en la nueva sociedad determina el regreso al país de origen.

> Uno de mis primos que tenía acá diez años ahora se fue en verano a Tocache, porque él es de Tocache, y se decidió *fermar*. Llamó a sus padres y les dijo, yo no vuelvo. Porque él nunca se encontró bien aquí, no le gustaba, nunca salía, no frecuentaba... Si frecuentaba, frecuentaba gente siempre hispanos. [P_M_8_24_Z]

La lengua, en palabras de Charaudeau, "nos hace partícipes de un pasado, crea una solidaridad con él, hace que nuestra identidad sea parte de la historia y que, de hecho, nosotros tengamos algo que ver con nuestra propia filiación, por muy lejana que sea ésta" (2009, 61). Un pasado que deja un sustrato cultural que aflora cuando surge la necesidad, como en el caso de esta mujer salvadoreña nacida en Italia, a quien durante la infancia su abuela le hablaba en español mientras la cuidaba.

> [El español] No... sí, yo siento que me pertenece porque el primer año al liceo, cuando lo estudié, yo no estudié nada, era todo... algo que ya tenía en mi cabeza [...] Porque siempre me han hablado en español cuando estaba chiquita, es como un recuerdo. [ES_M_0_25_A]

La elección lingüística entre los migrantes que comparten la lengua materna está determinada por una multiplicidad de factores individuales y sociales (edad de migración, país de origen, experiencia de vida, condiciones familiares, grado de aculturación y de cohesión del grupo de pertenencia, conciencia étnica, actitudes de la sociedad receptora sobre la migración, etcétera) que intervienen de acuerdo a cada situación comunicativa particular, la cual, por su parte, introduce sus propios determinantes (función, contexto, interlocutores, canal, mensaje). La siguiente observación sobre los paisanos que privilegian el uso del italiano revela un prejuicio extendido entre los hispanoamericanos que ostentan la actitud lingüística opuesta y utilizan el español en sus relaciones con personas que comparten su lengua materna. Como apunta esta mujer peruana, la crítica no siempre está justificada, pues en determinados casos no se trata de no querer usar la lengua, sino de no poder usarla debido a la competencia limitada en la lengua originaria.

> Se ve extraño encontrar a un connacional y que te hable en italiano... Es extraño y te califican mal. Los demás dicen, pero si también viene de Sudamérica, ¿por qué habla el italiano? Ven como que el italiano es algo superior y que esa persona siendo de un país no quiere hablar su idioma. Pero a veces es algo equivocado, porque hay algunos que son de padres sudamericanos y nacen acá, o vienen desde pequeños, y los hemos señalado, y luego nos hemos enterado que no, que esos *son nacidos* acá y ellos el español ya no lo hablan, *anche* si uno viéndolo, uno dice que son sudamericanos. [P_M_18_25_C]

La edad de migración se demuestra un factor determinante, aunque no exclusivo, de la actitud y el comportamiento lingüístico: mientras esta mujer que llegó a los cinco años afirma que el italiano le viene "automático, espontáneo, como si fuera mi lengua madre" [P_M_5_23_P], este joven que lleva desde los nueve años en Italia sigue sintiendo el español como su propia lengua, más porque el italiano es, dice, "como la nacionalidad, aunque estoy de tantos años aquí, me siento peruano" [P_H_9_27_F]. Por otra parte, la exigencia de adaptarse a la nueva sociedad lleva a algunos a tomar una decisión drástica y a renunciar de forma voluntaria al uso de su lengua materna, con la consiguiente pérdida de las competencias lingüísticas. El hecho de culpabilizarse por esta limitación proporciona un punto de reflexión sobre los efectos emocionales del proceso de aculturación.

> Yo, cuando llegué acá en el verano, dije, yo tengo que ir en septiembre al colegio. Sin entender ninguna palabra, ¿no? Mi papá me compró un libro y me aprendí la *pronuncia* y todo, y en tres meses llegué al colegio con algo. Y desde ahí decidí, no hablé más español porque me dije, yo a mi casa no hablo español, solo italiano, y hablé solo italiano. Por eso también perdí el español, eso fue mi culpa. O entiendo o no entiendo, y si no entiendo, me reprueban. Mis padres siguieron hablándome en español y yo hablaba en italiano. [P_H_12_22_C]

En definitiva, la elección de la lengua en los intercambios comunicativos entre los jóvenes hispanohablantes residentes en Italia denota una toma de posición que arroja luz sobre la propia identidad, pero ¿cómo se percibe dicha identidad?

3. ¿Y YO QUIÉN SOY?

Las identidades son "construidas de múltiples maneras a través de discursos, prácticas y posiciones diferentes, a menudo cruzados y antagónicos […] en un constante proceso de cambio y transformación" (Hall 2003, 17). Los contextos migratorios, a su vez, favorecen las "identidades oscilantes" (Calvi 2014, 125). Así, en la elaboración del discurso para definir la identidad prevalecen las respuestas titubeantes de los jóvenes entrevistados. En el caso de la estudiante salvadoreña, su respuesta espontánea a la pregunta sobre su sentido de pertenencia fue "del mundo", aunque termina por adoptar una identidad local: "No completamente italiana... Sí, pero también... no sé… Yo me siento en mi casa cuando estoy en lugares como Londres, París... [...] también en Milano, pero... no solo Milano [...] Sí, más milanesa que italiana" [ES_M_0_25_A].

En los casos en los que aparece en el discurso la noción de cultura se relaciona, por lo general, con el país de origen, a pesar de ser más prolongado el periodo transcurrido en Italia. Es el caso de estas dos jóvenes: "Soy peruana crecida en Italia. Me siento peruana, *aunque si* no lo aparento culturalmente" [P_M_5_23_P], afirma la primera marcando la diferencia entre el ser y el parecer. La segunda introduce el criterio de la naturalización, que aparece como elemento discriminatorio en la percepción identitaria en diversas ocasiones: "como cultura [me siento] peruana, mucho más peruana. Yo todavía no tengo la nacionalidad italiana. Yo soy peruana solo" [P_M_8_24_Z]. No obstante, esta última matiza su respuesta manifestando una firme lealtad étnica, pese a su intención de nacionalizarse por razones prácticas:

> Y si me hubieran metido años atrás el hecho del elegir *fra l'una e l'otra*, me quedaría peruana. Pero ahora voy a tratar de agarrarlo por cuestiones de estudios, pues, de aseguraciones y todo, pero si tendría que elegir... Años atrás tenías que renunciarlo, pero nunca lo hubiera hecho... Yo, por cultura, por origen, yo nunca voy a dejar eso. Más bien, por vida, cotidianidad y todo, sí me siento más italiana, pero por origen, cultura, todo lo que pueda venir de Perú, nunca renunciaría... jamás, jamás... [P_M_8_24_Z]

Se establece aquí una diferencia interesante entre el país de origen, la cultura, lo 'inalterable' y el país de acogida, la cotidianidad, lo 'voluble' (soy peruana y nunca dejaré de serlo; ahora no soy italiana, pero lo seré). Del mismo modo, en el discurso de esta joven peruana de migración más reciente que las narradoras de los testimonios anteriores sale a relucir la nacionalidad como condición *sine qua non* para la adscripción étnica. También ella se excusa por querer adquirir la nueva nacionalidad, al asegurar que no renunciará a la primera, la cual 'va a mantener'.

> Es un poco raro, porque... como todavía no tengo la *cittadinanza*, no me siento completamente italiana. Por eso yo digo siempre peruana [...] hasta que llegue el certificado [...] Es una fase de transición [...] Pero igual voy a mantener las dos nacionalidades. [P_M_11_22_C]

Un discurso diferente que justifica la autoadscripción a la nación ítala es el de este joven peruano, el cual no concibe atribuirse la identidad de un país que apenas conoce, a pesar de haber migrado cuando tenía doce años.

> Yo no me siento peruano [...] Porque conozco verdaderamente poco, no puedo considerarme una persona que no soy. Hay personas que me critican por eso, ¿por qué no? Porque simplemente no tengo la cultura suficiente para decir, bueno, soy peruano. [...] Y lo poco que conozco no es que me haya gustado tanto. Seguramente italiano, porque me falta demasiada noticia... He vivido diez años aquí y doce años allá... pubertad, adulta y adolescencia. Conozco muchas más cosas de aquí. Y cuando he ido después de doce años, al hablar con mis primos y amigos, encontré un mundo de diferencias. [P_H_12_22_C]

Que las identidades fluctúan, y más a estas edades, lo demuestra la forma en la que se identifica la única entrevistada mayor de edad en el momento de su llegada a Italia, donde lleva residiendo siete años: "¿Si me considero italiana? Ahorita ya sí, un poco" [P_M_18_25_C].

4. Conclusiones

Los descendientes de los precursores del proceso migratorio familiar viven una doble experiencia de la migración, la protagonizada primero por sus padres y la que experimentan después de forma directa como migrantes. La repetición de esta vivencia, sentida con diferente intensidad y con efectos diversos, los sitúa en una posición privilegiada para el conocimiento y la comprensión del fenómeno de las migraciones transnacionales, puesto que en ellos confluyen las dos perspectivas, la de los que se quedan y la de los que se van. La reelaboración de la experiencia a través del discurso aporta información valiosa sobre las diferentes maneras en las que los sujetos perciben los procesos migratorios de acuerdo con los diversos factores que inciden en esta percepción. Algunos de estos se derivan del bagaje cultural del individuo o de la experiencia migratoria vivida, otros del contexto socioeconómico y de la situación familiar particular, siendo filtrados los unos y los otros por la propia personalidad. Todos ellos, en fin, repercuten en la imagen que uno se forma de sí mismo y de los otros, esto es, en su identidad.

Por otra parte, al tratarse de jóvenes estudiantes universitarios pertenecientes a las segundas generaciones y, por tanto, individuos que se encuentran en un momento decisivo de su desarrollo personal como sujetos que se incorporarán en breve, si no es que ya lo han hecho, en su rol de adultos al mundo laboral, representa un campo de estudio paradigmático del cambio social y de los procesos de integración de los migrantes en las sociedades receptoras. En este sentido, un desarrollo futuro de la investigación, que contemple las trayectorias seguidas por estos jóvenes en la sociedad que los acoge, seguramente arrojará luz sobre las transformaciones en el sentido de pertenencia, así como en la percepción de la migración por parte de la sociedad de acogida. Asimismo, a medida que el corpus de nuestra investigación se amplíe y la recogida de datos se prolongue, los resultados adquirirán mayor relieve.

Bibliografía

Altamirano, Teófilo, "El Perú y el Ecuador: nuevos países de emigración," in Programa Andino de Derechos Humanos (a cura di), *Globalización, Migración y Derechos Humanos*. Quito: UASB-PADH/Unión Europea/COSUDE/ Ediciones Abya-Yala, 2004: 237-252.

Ambrosini, Maurizio; Boccagni, Paolo (a cura di), *Il cuore in patria. Madri migranti e affetti lontani: le famiglie transnazionali in Trentino*. Trento: Cinformi, 2007.

Ambrosini, Maurizio; Bonizzoni, Paola (a cura di), *I nuovi vicini. Famiglie migranti e integrazione sul territorio. Rapporto 2011*. Milano: Fondazione Ismu, 2012.

Ambrosini, Maurizio; Molina, Stefano (a cura di). *Seconde generazioni. Un'introduzione al futuro dell'immigrazione in Italia*. Torino: Fondazione Agnelli, 2004.

Ambrosini, Maurizio; Queirolo Palmas, Luca. "Lecciones de la inmigración latina a Europa e Italia," in Yépez I., Herrera G. (a cura di), *Nuevas migraciones latinoamericanas a Europa*. Quito: FLACSO-OBREAL, 2007: 95-112.

Boccagni, Paolo. "'I'm not like all these Ecuadorians'. Promises and dilemmas of immigrants' selective ethnicity appropriation." *Social Identities* 20.1 (2013): 57-73.

Bonomi, Milin. *Mestizos globales. Transnacionalismo y prácticas discursivas en la población hispana en Italia*. Milano: FrancoAngeli, 2018.

Calvi, Maria Vittoria. "Lingua, memoria e identità nei racconti di migranti ispanoamericani." *Altre Modernità*, Numero speciale (June 2014): 124-139.

_____. "Spagnolo e italiano nelle seconde generazioni di migranti ispanofoni in Italia." *Quaderns d'Italia* 21 (2016): 45-62.

Charaudeau, Patrick. "Identidad lingüística, identidad cultural: una relación paradójica," in de Bustos Tovar J. J., Iglesias Recuero S. (a cura di), *Identidades sociales e identidades lingüísticas*. Madrid: Editorial Complutense (2009): 51-67.

Dreby, Joanna. *Divided by borders: Mexican migrants and their children*. Berkeley/Los Angeles/London: University of Californi Press, 2010.

Hall, Stuart. "¿Quién necesita 'identidad'?," in Hall S., du Gay P. (a cura di), *Cuestiones de identidad cultural*. Buenos Aires: Amorrortu, 2003.

Hondagneu-Sotelo, Pierrete; Ávila, Ernestine. "I'm here but I'm there: the meanings of Latina transnational motherhood." *Gender and Society* 11 (1997): 548-71.

Lagomarsino, Francesca. *Esodi e approdi di genere. Famiglie transnazionali e nuove migrazioni dall'Ecuador*. Milano: FrancoAngeli, 2006.

González Luna, Ana M.; Lisi, Laura; Sagi-Vela González, Ana. "El contacto lingüístico entre el español y el italiano en la comunicación digital." *Cuadernos AISPI* 8 (2016): 17-34.

Lisi, Laura; Sagi-Vela González, Ana. "Estudiantes de español hispanohablantes: representaciones de una lengua migrada," in Calvi M. V., Hernán-Gómez Prieto B., Landone E. (a cura di), *El español y su dinamismo: redes, irradiaciones y confluencias*. Roma: AISPI Edizioni (2017): 71-89.

Osservatorio Regionale per l'integrazione e la multietnicità (ORIM). *L'imigrazione in Lombardia. Rapporto 2018*. Milano: Polis-Lombardia, 2018.

Pedone, Claudia. "'Varones aventureros' vs. 'Madres que abandonan': reconstrucción de las relaciones familiares a partir de la migración ecuatoriana." *REMHU* 16.30 (2008): 45-64.

Pérez-Nievas, Santiago; Vintila, Daniela. "La transición a un nuevo ciclo migratorio: evaluando el diseño y los resultados de las políticas de reagrupación familiar en España y en Europa." *Revista de Estudios Políticos* 161 (2013): 171-206.

Portes, Alejandro; Guarnizo, Luis E.; Landolt, Patricia. "The study of transnationalism: pitfalls and promise of an emergent research field." *Ethnic and Racial Studies* 22.2 (1999): 217-237.

Ranci, Dela (a cura di). *Migrazioni e migranti. Esperienze di cura a Terrenuove*. Milano: FrancoAngeli, 2011.

Rumbaut, Rubén G. "Ages, life stages, and generational cohorts: decomposing the immigrant first and second generations in the United States." *International Migration Review* 38.3 (Fall 2004): 1160-1205.

Sørensen, Ninna N. "Transnational family life across the Atlantic: The experience of Colombian and Dominican migrants in Europe," in Sørensen N. N. (a cura di), *Living across worlds: diaspora, development and transnational engagement.* Geneva: International Organization for Migration, 2007, 151-176.

Vertovec, Steven. "Super-diversity and its implications." *Ethnic and Racial Studies* 30.6 (2007): 1024-1054.

Yeates, Nicola. "Global care chains: a state-of-the-art review and future directions in care transnationalization research." *Global Networks* 12.2 (2012): 135–154.

Migrazioni intellettuali

L'EMIGRAZIONE RUSSA IN SUDAMERICA
Itinerari geografici e coreutici

Laura Piccolo
UNIVERSITÀ DEGLI STUDI ROMA TRE

LE TOURNÉES DEI DANZATORI RUSSI IN SUDAMERICA

L'America Latina ha rappresentato dalla fine dell'Ottocento una tappa quasi obbligata per le compagnie ballettistiche europee. Due sono le *tournées* dei *Ballets Russes* di Sergej Djagilev (1872-1929)[1] nel 1913 e nel 1917 — sebbene senza il proprio impresario che soffriva di mal di mare[2]. Già alla vigilia della prima, quando ancora la compagnia si trovava a Londra, dalla capitale argentina un telegramma avvisò che "tutti gli abbonamenti *erano* esauriti fino alla poltrona più economica" (cit. in Mosejkina 2012, 239). Al Colón di Buenos Aires i *Ballets Russes* si esibirono circa un mese[3] con diciotto spettacoli (quattro in più di quelli previsti)[4], per poi proseguire a Montevideo e, infine, a Rio de Jainero.

Nel complesso la *tournée* durò più di due mesi con più di trenta repliche distribuite nei teatri di diversi paesi e la partecipazione di più di settanta artisti. Il pubblico rimase colpito dalla bellezza delle scenografie e dei costumi, dall'originalità delle musiche e dall'abilità dei danzatori della compagnia, in particolare dai vivaci eventi di costume che

---

[1] La bibliografia sui *Ballets Russes* è sterminata. Per una sintesi in italiano si rimanda ad es. a Veroli 2013, 13-26.

[2] "Diaghilev was terrified of the sea, so we were not really surprised to hear he would not be with us on tour: on the other hand it was strange to think of Nijinsky travelling without him" (Sokolova 1989, 48).

[3] "The Colòn Theatre […] was a handsome structure, exactly like any large European theatre. Its public was to some extent made up of regular subscribers to its opera season […]. We remained in Buenos Aires for a month, during which our popularity visibly increased" (Grigoriev 1953, 88).

[4] E interessanti furono non solo le recensioni sui quotidiani sudamericani ma anche su quelli russi che davano notizie controverse su pubblico e successo della *tournée* vedi ad es. Mosejkina 2012, 240-241.

li accompagnarono. Durante i ventuno giorni di viaggio sul transatlantico Avon, Vaclav Nižinskij (1889-1950) — cui i giornali avevano dato ampio spazio anche prima dell'inizio della *tournée* — conobbe la sua futura moglie, la contessa Romola Pulszky (1891-1978), figlia di una nota attrice ungherese. "Sebbene non fosse una vera ballerina" (Sokolova 1989, 50)[5], Romola partì con la compagnia, ma fu l'unica a viaggiare in prima classe insieme a Nižinskij con il quale trascorreva molto tempo.

Il matrimonio ebbe luogo il 10 settembre nella chiesa di San Miguel Arcángel a Buenos Aires con una cerimonia metà in latino metà in spagnolo[6]. La notizia delle nozze fu per Djagilev una "ferita terribile" (Fédorovski 2002, 93) e insanabile che portò al licenziamento del ballerino e, ormai, ex amante, ufficialmente causato dal rifiuto di Nižinskij di danzare in uno degli spettacoli previsti, facendosi sostituire da Aleksandr Gavrilov (1892-1960; cfr. Grigoriev 1953, 89), ma tutti, come osserva Sokolova, avevano ben chiaro il sottotesto del telegramma di Djagilev al danzatore ed ex amante: "il suo matrimonio era ovviamente la vera ragione" (Sokolova 1989, 50).

Le loro strade, tuttavia, si incrociarono ancora: nel 1916 Djagilev lo fece liberare dall'internamento in Ungheria con un ingaggio per la *tournée* negli Stati Uniti e, l'anno successivo, Nižinskij partecipò alla seconda *tournée* dei *Ballets Russes* in Sudamerica. La compagnia, partita da Barcellona il 4 luglio 1917 sulla nave Reina Victoria Eugenia, si esibì inizialmente al Teatro Solis di Montevideo, poi al Teatro Municipal di Rio de Janeiro proponendo anche alcuni spettacoli al Municipal San

---

[5] Elemento che agli occhi della compagnia non suscitava grande meraviglia poiché, come ricorda Lydia Sokolova "Diaghilev, who never let pass an opportunity to make up to influential people, had allowed her to study with us, although she was not really a dancer" (Sokolova 1989, 46). Su di lei e sul suo ingaggio vedi anche Grigoriev 1953, 86.

[6] Il fidanzamento fu annunciato in occasione di una sosta a Rio dal barone Dimitri de Gunzburg, finanziatore dei *Ballets Russes*. Rammenta Grigoriev: "What was my surprise, therefore, when Baron Gunzburg suddenly announced that they were to be married! To start with, we merely took this as a joke: it sounded too improbable to be serious" (Grigoriev 1953, 57). Sokolova suppone che "Romola had prevailed on Gunzburg, who was a friend of hers, to help her organise this affair, and a ring had presumably been bought at Rio. The rest of us thought it was tragic and dreaded Diaghilev's reactions" (Sokolova 1989, 49). Sokolova aggiunge ulteriori dettagli in un'intervista a John Drummond (cfr. Drummond 1998, 146-147). Sul ruolo di Nižinskij nei *Ballets Russes* vedi ad es. cfr. Garafola 1998, 51ss.

Paolo e, infine, al Colòn di Buenos Aires (cfr. Grigoriev 1953, 125-131). La seconda venuta di Nižinskij — "più taciturno e irritabile che mai" (ibid., 128), ormai vittima dei primi segni di squilibrio — si intrecciava con l'attività di Ricardo Güiraldes (1886-1927) e González Garaño (1886-1969) che proposero al danzatore il progetto del balletto dai temi indigeni *Caaporá* (vedi Beccacece 2010) con la promessa di rincontrarsi l'anno seguente in Svizzera e l'intento di coinvolgere anche Igor' Stravinskij (1882-1971), progetto poi naufragato per lo stato di salute di Nižinskij, allontanatosi definitivamente dalle scene nel 1919[7].

L'America Latina ospitò inoltre diversi danzatori della diaspora djagileviana, tra questi Bronislava Nižinskaja (1891-1972), Aleksandra Danilova (1903-1997), Julija Sedova (1880-1969) e le due *tournées* di Anna Pavlova (1881-1931): la prima, nel 1917, in contemporanea con la seconda dei *Ballets Russes* proprio a Buenos Aires e che toccò anche Cile, Perù, Bolivia, Equador, Venezuela, Costa Rica, Panama e Cuba (vedi Mosejkina 2012, 243); la seconda che si concluse a Rio nel luglio 1928. A queste si aggiungono le *tournées* di numerose compagnie tra cui nel 1929 l'Opéra Russe della eclettica Marija Kuznecova (1880-1966) accompagnata da Boris Romanov (1851-1957), nonché gli spettacoli di Clotilde (1893-1974) e Aleksandr Sacharov (1886-1963) e, più tardi, quelli di Tamara Tumanova (1919-1966). Cruciali si rivelarono le *tournées* dei *Ballets Russes* del Colonello W. de Basil che, dal 1942 al 1946, furono impegnati in una sorta di *tournée* permanente tra Cuba, Brasile, Argentina, Cile, Perù, Urugay, Ecuador, Bolivia, Colombia, Costa Rica, Panama, Honduras, Guatemala, San Salvador (cfr. Sorley Walker 1983, 107ss.).

Non mancano poi i falsi russi come Paul Petrov (pseudonimo di P. Pedersen) ma anche personaggi eccentrici come Norka Russkaja (letteralmente "visone russo"), pseudonimo della danzatrice svizzera Delia Franciscus (1899-?) che, la notte del 4 novembre del 1917, ballò coperta da un mantello trasparente nel cimitero di Lima (cfr. Stein 1989). E falsi russi sono 'creati' anche in terra latinoamericana quando durante

---

[7] Per un ragguaglio piuttosto esaustivo sulle singole rappresentazioni di entrambe le *tourneés* (data, teatro, balletti presentati, ecc.) si veda ad esempio Pritchard 2009, 130-131 (per il 1913) e 156-158 (1917). Sulle vicende anche contrattuali di Nižinskij e su alcune discrepanze tra le memorie di Romola e Grigor'ev cfr. Fraser 2009, 16ss.

le *tournées* venivano a mancare alcuni elementi, come Alexandra Golovina (Elsa Garcia Galvez) o Louis Trefilov (Luis Trapaga) danzatori negli anni Quaranta della compagnia del Colonel de Basil.

Per quanto riguarda i russi 'reali' si tratta nella maggior parte dei casi di danzatori di passaggio, comete di palinsesti seppur emblematici delle scene sudamericane, ma vi sono anche russi che si stabilirono più lungamente nel continente latino come Boris Romanov (1891-1957) impegnato dal 1928 al 1932 al Colón di Buenos Aires, Tat'jana Leskova (1922), pronipote dello scrittore Nikolaj Leskov nata a Parigi, che nel 1944, si trasferì a Rio de Janeiro dove fondò una scuola e divenne direttrice del baletto del Teatro Municipal (cfr. Braga 2010, Mejlach 2008). In altri paesi altri russi avevano beneficiato dell'eco delle *tournée* della Pavlova e dei *Ballets Russes*, avendo poi negli anni successivi la possibilità di aprire alcune scuole di danza come Nina Verešinina (1909 o 1910-1955) a Brasilia, Tamara Grigor'eva (1918-2010) in Argentina o Nikolaj Javorskij (1891-1947) attivo a Cuba (cfr. Mosejkina 2012, 244; Vasil'ev-Lopato 2011, 62; Triguero Tamayo 2010).

In questo saggio la nostra attenzione si rivolgerà al destino di due dei tanti danzatori russi meno conosciuti: Ileana Leonidoff e Dimitri Rostoff. Si tratta di due artisti che arrivarono in Sudamerica solo dopo la Seconda guerra mondiale e una serie di peregrinazioni in Europa e — per quanto riguarda Rostoff — in altri continenti.

In questa sede non è nostra intenzione ricostruire la storia dell'emigrazione russa in Sudamerica, tema che meriterebbe uno studio dedicato, si pensi soltanto al contributo degli emigrati bianchi in Paraguay negli anni della guerra in Bolivia (1932-1935) e ai progetti di ricostituire proprio qui un nucleo culturale ed etnico russo, poi naufragati[8]. Tuttavia, possiamo notare che se i 'russi' — in particolar modo i russi tedeschi, e, dagli anni Ottanta, gli ebrei — avevano scoperto l'America Latina già nella seconda metà dell'Ottocento[9], l'emigrazione o la permanenza nel

---

[8] Tra tutti i paesi latini, il Paraguay era visto come una sorta di terra promessa dove "trasferire […] tutta la cultura russa, la letteratura, la musica, la scienza, e qui produrranno rigogliosi fiori" (Parčevskij 1937, 109). Anche se poi si rivelò meno 'favoloso' di quanto pensato, vedi Kurganskij 2009, 6.

[9] Sull'emigrazione russa prima del 1917 cfr. tra gli altri Kurganskij 2009, 5-7; Ehrenhaus-Garrido 2012, 6 ss. Sulla emigrazione "secondaria" in particolare dei contadini e dei lavoratori

continente, più o meno lunga, di ballerini e coreografi russi può dirsi costante a partire dalla seconda metà degli anni Venti, spesso, preceduta da un'esperienza lavorativa nei teatri e nelle accademie o scuole tersi-coree europee. La maggior parte dei danzatori originari dell'ex Impero russo approdavano, soprattutto in Argentina e in Brasile, avendo già acquisito la cittadinanza di un seconda patria, anche in ragione del decreto delle autorità sovietiche del 15 dicembre 1921 ("della privazione dei diritti di cittadinanza per alcune categorie di soggetti che vivono oltreconfine") che aveva privato della cittadinanza molti artisti già emigrati, o sem-plicemente impegnati in *tournées* estere, che d'improvviso si ritrovarono apolidi e cercarono di rifondare la propria carriera in altri paesi.

Pur non esistendo ad oggi dei lavori di ampio respiro dedicati all'emigrazione coreutica russa in America Latina[10], possiamo indicare alcune caratteristiche tipologiche che differenziano l'emigrazione "ar-tistica" da quella delle prime ondate[11], accomunate dall'appartenenza sì all'Impero russo, ma non dall'essere "russo". Come sottolineano Ehrenhaus e Garrido:

a diferencia de otros países europeos no fueron la falta de tierras o las penurias económicas los factores para dejar sus hogare. Emigraron porque ya no se sintieron valorados. La inmigracíon estuvo compuesta principalmente por alemanes del Volga, judíos, finlan-deses, ucrainos y polacos, personas que por su religíon, idioma u origen, fueron blanco de la política de rusificacíon iniciada por el zar Alejandro III (Ehrenhaus-Garrido 2012, 69).

---

stagionali cfr. Mosejkina 2003, 153 ss. A quest'ultimo lavoro si rimanda inoltre per un ragguaglio sui periodici dell'emigrazione russa in America Latina. Sulla presenza russa in Sudamerica, soprattutto dopo la Rivoluzione del 1917, si rimanda ad esempio a Mosejkina 2011, benché non siano qui riportati dati su Ileana Leonidoff e Dimitri Rostoff come di altri russi arrivati in Sudamerica con la cittadinanza di un altro paese europeo. Vedi anche Mosejkina 2013, 162-172; Vladimirskaja 1995, 158-160.

[10] Sull'emigrazione coreutica russa in America Latina esistono ad oggi pochissimi studi generali, se non singoli lavori dedicati alla danza nei singoli paesi vedi ad es. Malinow 1963 o Mariño-Aguirre 1994.

[11] Sulla periodizzazione dell'emigrazione russa in Sudamerica — che si distingue nettamente da quella della diaspora russa europea che vede la prima ondata dopo il 1917 — cfr. ad esempio Nečaev 2010; Haluani 2013, 93 ss.

Quello che invece contraddistingue i danzatori e i coreografi russi originari dell'ex Impero zarista, a nostro avviso, non è solo il carattere 'esotico' rispetto al contesto sudamericano, ma proprio la 'russicità', divenuta già nei primi anni del XX secolo sinonimo di profonda e prestigiosa preparazione artistica, soprattutto per quel che concerne il ballo, che si accompagnava solitamente ad un bagaglio di pregresse esperienze europee, come nel caso di Ileana Leonidoff e Dmitrij Rostoff.

ILEANA LEONIDOFF

"In russo il mio nome è Elena, ma mi chiamo Ileana, che significa la stessa cosa ma in anticoslavo"[12]: Elena Sergeevna Pisarevskaja — questo il vero nome di Ileana Leonidoff — nacque a Sebastopoli in Crimea nel 1893. Approdò in Italia probabilmente intorno al 1911 insieme alla madre, raggiunta poi dalla sorella, anche lei danzatrice nota con lo pseudonimo Lida Marskaja[13]. Iniziò la sua carriera come cantante, il 6 marzo 1916 nella Sala dell'Accademia Filarmonica di Roma, al concerto del baritono Ivan Kopščik, allievo di Antonio Cotogni (1831-1918), interpretando due romanze su musiche di Mascagni e Arenskij[14]. Nello stesso anno avrebbe dovuto cantare in una serata di beneficienza al Teatro Nazionale ricca di imprevisti: l'allora famosa attrice e danzatrice francese Stasia Napierkowska (1891-1945) all'ultimo non si presentò e Ileana, che non era riuscita a cantare a causa di una laringite, improvvisò delle danze con Tais Galickaja. Tra gli spettatori vi era anche Anton Giulio Bragaglia (1890-1960) che, oltre a recensire l'evento su «Cronache di Attualità» (Bragaglia 1916, 4), scelse le due giovani artiste come interpreti del suo film *Thais*, girato quello stesso anno con le scenografie di Enrico Prampolini (1894-1956)[15].

---

[12] Lettere di Ileana Leonidoff e Iosif Massera a Anna Massera, s.d. (probab. 1922), Archivio privato, Famiglia Massera-Giršfel'd-Tokarev. Ringrazio Evgenija Tokareva per avermi consentito di accedere ai materiali qui presentati.

[13] Sulla famiglia di I. Leonidoff si rimanda a Piccolo 2009, 17ss; Tokareva 2014, 39-52.

[14] Cfr. Locandina del concerto conservata all'Archivio Storico del Teatro dell'Opera, Album 2, sez. 2, p. 1. Su Kopščik vedi http://www.russinitalia.it/dettaglio.php?id=299 (ultimo accesso 05.06.2018).

[15] Su *Thais* vedi Lista 2001. Su Tais Galickaja non si hanno notizie certe, stando a una conversazione privata con Antonella Vigliani Bragaglia, l'artista sarebbe rimasta in Italia e

Negli anni del cinema muto italiano la Leonidoff recitò in almeno quindici film e fondò, insieme al regista Aldo Molinari (1885-1959), che l'aveva diretta in diverse pellicole tra le quali *Saffo* (1918) e *Maria di Magdala* (1918), i *Balli russi Leonidoff* che, negli anni Venti, divennero molto più familiari al pubblico italiano rispetto agli originali *Ballets Russes*. Ileana riprese sapientemente gli elementi più innovativi della composita 'creatura' djagileviana — l'armonia fra musica, scenografia e costumi, la scelta di motivi legati all'orientalismo, alla commedia dell'arte o, ancora, al folklore russo e, in generale, una scelta dosata di motivi e opere russe ed europee — inserendoli, tuttavia, nel proprio repertorio coreutico-interpretativo nel quale era dominante la mimoplastica da lei stessa teorizzata già negli anni Dieci in un articolo-manifesto intitolato *Il mimodramma* (Leonidoff 1918, 10).

La formula vincente intorno alla quale Ileana costruì il proprio successo e la regia della propria immagine fu quella di danzatrice russa ma "italiana d'elezione". E in questo modo si presentò anche nelle *tournées* estere (Francia, Austria, Olanda, Germania ecc.) e in America Latina. Apice del suo successo in Italia fu la sua nomina nel 1927 a direttrice della prima scuola di ballo del Teatro Reale dell'Opera di Roma. Nel presentare la sua candidatura Ileana rimarcava che non sarebbe stata "un'intrusa"[16] avendo ottenuto la cittadinanza italiana anni prima grazie al matrimonio avvenuto l'8 dicembre 1921 (poi annullato nel 1931) con Giuseppe Massera, un russo di origine italiane che aveva lasciato la Russia dopo la Rivoluzione[17]. Nel suo progetto avanzato al Governatorato la danzatrice prevedeva la creazione di un corpo di ballo del teatro parallelamente allo sviluppo della danza maschile affidata a quello che da circa quattro anni era il suo *partner*, Dimitri Rostoff. Non sappiamo se alla sua nomina abbia contribuito anche l'aspetto finanziario, dal momento che Ileana chiese un compenso molto contenuto

---

avrebbe sposato il critico e regista Cesare Meano (1889-1957), per ulteriori dettagli sul film e sull'artista vedi Piccolo 2009, pp. 23-29.

16 Lettera di Ileana Leonidoff a Enrico San Martino di Valperga, Senatore del Regno. Presidente della R. Accademia di S. Cecilia. Archivio Storico dell'Accademia di S. Cecilia, Archivio postunitario, a. 1927, b. 288, f. 160 "4/819".

17 Cfr. *Un matrimonio annullato*, "Corriere della Sera", 15 luglio 1931, p. 4. Sulla famiglia dei Massera vedi Tokareva 2014, 39-52.

spiegando di essere mossa da "un vero e sincero entusiasmo per la formazione di un'accademia di danze esemplare, che potrà essere, e dovrà essere l'orgoglio di Roma, e la sua indipendenza assoluta da Milano"[18].

Ileana fu direttrice e coreografa del Teatro Reale dell'Opera di Roma dal 1927 al 1931, anno in cui sulla stampa venne più volte contestata (cf. Piccolo 2009, 181 ss.). Questo non fermò tuttavia la sua carriera che continua in Europa soprattutto come coreografa: il 4 marzo 1934 è al Calderón di Barcellona con la compagnia dell'*Opéra Russe* di Parigi del principe georgiano Aleksej Cereteli e, nel dicembre 1938, è alla Scala di Milano con *Mahit* di Pick-Mangiagalli. Le sue tracce in Italia si dissolvono dopo il 1939 quando curò le coreografie del *Il cappello a tre punte* di Manuel de Falla al Carlo Felice di Genova.

DIMITRI ROSTOFF

Dmitrij Nikolaevič Kul'čickij (noto come Dimitri Rostoff) nacque nell'odierna Charkiv nel 1898, figlio dell'istologo Nikolaj Kul'čickij (1856-1925), ultimo ministro della pubblica istruzione dell'Impero Russo[19]. La rivoluzione sconvolse la sua esistenza: dopo l'arresto del padre, Rostoff si trasferì da Pietrogrado a Odessa per studiare all'Istituto di artiglieria (cfr. Golubinov 2016, 29). Approdò alla danza già adulto quando, partito volontario con l'Armata bianca nel 1918, a fine guerra si trovò internato in Polonia dove per mantenersi iniziò a suonare il violino sia per le compagnie cinematografiche locali, sia nella *troupe* del teatro del campo. In questo periodo scoprì anche il suo talento canoro, come scrisse alla madre il 20 settembre 1921: "Dio mi ha premiato con delle notevoli capacità artistiche e con la voce"[20]. Dopo

---

[18] Lettera manoscritta di Ileana Leonidoff a Tommaso Bencivenga del 27 giugno 1927, Archivio Storico Capitolino, Rip. X (1920/1953), b. 73, f. 6, "Scuola Danze teatro Lirico" s.d. 1927 (1 doc. 1928). Sulla nomina di Ileana Leonidoff e l'apertura della Scuola vedi Piccolo 2009, 147ss.

[19] Per una ricostruzione dettagliata della biografia di Rostoff si rimanda ai lavori di Golubinov (2011 e 2016), suo pronipote che ha ordinato recentemente l'archivio di famiglia offrendo agli studiosi preziose informazioni sull'artista russo.

[20] Lettera di D.N. Kul'čickij a E.V. Kul'čickoj del 20 settembre 1921, Kul'chitskii Family Collection, Leeds Russian. Archive, Leeds University Library. Ms 1365/20 cit. in Golubinov 2016, 31.

aver partecipato ad alcune *tournées* si riunì alla famiglia fuggita nel frattempo a Londra, dove trovò un impiego come suonatore di *domra* (strumento che impara velocemente a suonare) nell'orchestra organizzata da Evgenij Sablin (1875-1949), rappresentante della Russia in Inghilterra e fondatore, grazie all'aiuto della moglie, Nadežda Baženova (1892-1966), a Londra nel 1924 del Russkij dom (La casa russa, cfr. Kaznina 2001, 161-185; Kononova 2016).

Qui nel 1924 Rostoff venne 'scoperto' da Ileana Leonidoff che divenne sua insegnante di danza, lo accolse come danzatore nella sua compagnia nella sua *tournée* inglese e, in seguito, lo portò con sé in Italia facendone il suo *partner* almeno fino al 1933. Come abbiamo accennato, nel 1927 Dmitrij Rostoff diventò il primo pedagogo di ballo nelle classi maschili nella neonata scuola di danza del Teatro Reale dell'Opera di Roma, nonché coreografo con Ileana del primo corpo di ballo del teatro. Il loro sodalizio si sciolse, probabilmente, nel 1934 quando Rostoff fu ingaggiato dalla *Levitov-Dandré Russian Ballet*, con la quale partecipò ad una *tournée* in Sudafrica, in Estremo Oriente e in Australia, per poi unirsi, nel 1936, ai *Ballets Russes* del Colonel W. de Basil (poi dal 1939 al 1940 *Original Ballet Russe*) sorti dopo la scissione dei prestigiosi *Ballets Russes* di Montecarlo. Nella nuova creatura del Colonel W. de Basil, Rostoff divenne presto il nuovo astro di Fokin: nel 1937 fu per la prima volta lo zar Dodon ne *Le coq d'or*. Come ricorda lo stesso Fokin "l'americano Platov (questo, naturalmente, non è il suo vero cognome) era molto bravo, e, con mia meraviglia, uno zar Dodone molto russo. Solo quando lo sostituì D. Rostov risultò che poteva essere ancora più russo. Ritengo Rostov uno straordinario Dodone" (Fokin 1962, 327). Il suo ruolo più incisivo fu quello di Paganini su musica di Rachmaninov che debuttò il 30 giugno 1939 al Covent Garden Theatre di Londra. Come ricorda lo stesso Fokin "Il nostro balletto ha avuto successo ed è stato accolto con entusiasmo [...]. In Paganini Rostov è stato molto bravo, bello e demoniaco" (ibid., 536)[21].

---

[21] Per altri dettagli sulla carriera "europea" di Rostoff, vedi Piccolo 2009.

ILEANA LEONIDOFF E DIMITRI ROSTOFF IN AMERICA LATINA

Non si conosce la data precisa dell'arrivo di Ileana Leonidoff in America Latina, probabilmente dopo il 1946, anno della morte della madre a Nizza. Sono note, invece, le sue collaborazioni, nel 1947, con il Teatro Cervantes e con il Municipal di Buenos Aires. È anche nota la sua attività pedagogica nella città di La Plata. Il suo lavoro è, ad oggi, attestato almeno in altri tre paesi (Perù, Bolivia e Ecuador) ma appare soprattutto interessante la modalità con cui Ileana costruì la nuova immagine di sé in quella che fu il sua terza 'casa' dopo la Russia e l'Italia: si presentò, infatti, ancora una volta — esattamente come in Italia negli anni Venti — come danzatrice russa ma "italiana d'elezione", non a caso la stampa locale la definì "allieva di Raffaele Grassi alla Scala di Milano", "étoile di Nicola Guerra" che si era perfezionata con Aleksandr Volinin, *partner* di Anna Pavlova, nonché come la professoressa "che inizierà i suoi allievi ai segreti della scuola russa, francese e italiana"[22]. Il fugace incontro con D'Annunzio al Teatro Grande di Brescia nel 1922 che la consacrò già in Italia "la divina Ileana" — testimoniato dalla copia del *Notturno* con dedica autografa del Vate —, venne esibito da Ileana nel nuovo continente con "giusto orgoglio"[23]. Completa il biglietto da visita di Ileana l'esperienza pedagogica e artistica presso il Teatro Reale dell'Opera di Roma. Uno degli aspetti più interessanti che riguardano questa artista, vera e propria fenice dell'arte tersicorea, fu proprio la capacità di rigenerarsi dalle proprie ceneri, di modulare ovunque il mito di se stessa e di dialogare con le autorità dei vari paesi che la ospitarono per diffondere e rinnovare la danza anche a livello istituzionale, corifea di un linguaggio artistico innovativo e, al contempo, tradizionale.

Chiusa l'esperienza argentina, il 10 novembre del 1951 a La Paz Ileana fondò una scuola nella quale si formerà il Ballet Oficial boliviano, che venne poi sapientemente trasformata in Academia Nacional de Danza nell'ambito delle iniziative per creare un primo teatro lirico nazionale poi abbandonato dopo la rivoluzione del 1952. Ciononostante, Ileana venne nominata direttrice del Balet Oficial de la Academia Nacional de Danza de Bolivia. Per questa vasta operazione artistico-

---

[22] Anónimo, *La fundación del teatro lírico*, «Ultima hora», 25.7.1951.
[23] Anónimo, *El Ballet oficial de la Academia de Danza*, «El País», 29.11.1952.

istituzionale Ileana fu — prima donna — insignita del Cóndor de los Andes e del titolo di cavaliere del lavoro, incidendo indelibilmente il proprio nome nella storia coreutica boliviana, accanto a quelli di Klary Greiner che aveva introdotto nel paese la danza classica e Valentina Romanova (morta nel 1952), allieva di Marta Graham, che aveva invece portato quella contemporanea. Il suo successore alla guida dell'Accademia sarà Ismael Hernández già suo allievo in Argentina dal 1948. Come era accaduto con il teatro reale dell'Opera così in Bolivia Ileana riuscì a creare un corpo di ballo di allievi e professionisti impegnati in *tournées* in diverse città boliviane ma anche di altre nazioni: la sua troupe debuttò nel dicembre 1953 al Teatro Municipal di Lima di fronte alle più alte cariche peruviane[24]. È nel corso di questa *tournée* che l'artista russa conobbe l'archeologo Carlos Zevallos Menéndez (1909-1981), promotore della nascita della Escuela de ballet de Guyaquil che la invitò in Ecuador dove Ileana fu attiva per circa otto anni. I rapporti con le istituzioni boliviane erano già da tempo tesi: in un'intervista lei e il marito, André Gardes, avevano denunciato "l'assoluto disinteresse che le autorità dell'istruzione dimostrano per le necessità economiche dell'Accademia"[25]. Restano comunque dei dati importanti, giacché alla sua partenza l'Academia Nacional boliviana contava più di trecentocinquanta allievi e un corpo di ballo di circa cinquanta elementi: quello che a Ileana non era riuscito a Roma riesce invece a La Paz.

Per quanto riguarda l'esperienza ecuadoriana, in quegli anni a Guayaquil si sviluppò un vivace centro culturale e artistico: la Casa de la Cultura. Già dagli anni Trenta dopo i successi riscontrati a Quito, il danzatore e coreografo francese Raymond Adolphe Maugé Thoniel (1905-1950) si era stabilito a Guayaquil, dove aveva fondato un'accademia di danza presso la Casa de la Cultura "Núcleo Guayas". A questa scuola partecipavano soprattutto le giovani ragazze di buona famiglia con l'accordo dell'aristocrazia locale[26].

Al suo arrivo Ileana trova una reltà tersicorea vitale, sebbene vi fosse ancora ostilità nei confronti della danza maschile (cfr. Mariño-

---

[24] Anónimo. "Ballet boliviano debuta mañana en Lima." *La Prensa*, 25.12.1952.
[25] Anónimo. "Posible Renuncia de les Directores del Ballet." *El Diario* (Bolivia), 26.7.1953.
[26] Sulla danza in Ecuador vedi Mariño, Aguirre (1994).

Aguirre 1994, 114): coreografie e compagnie miste erano qualcosa al limite del pornografico (ibid., 125). Ancora una volta Ileana accettò la sfida nel tentativo di conciliare avanguardia e tradizione: se da un lato proseguì l'opera di Maugé nell'educazione coreutica delle fanciulle e delle danzatrici professioniste, dall'altro contribuì a sdoganare dai pregiudizi la danza maschile formando ballerini quali Antonio Ramirez, Pedro Jaramilo e Jorge Cordóva, quest'ultimo considerato il "primo ballerino dell'Ecuador"[27].

Ultima tappa di questo itinerario sudamericano — a noi noto — di Ileana Leonidoff fu il Perù. Nel 1962 venne invitata a fondare una scuola di ballo presso la Casa de la Cultura di Trujillo. Alcuni dei suoi allievi sono oggi ancora attivi quali coreografi e pedagoghi in diverse parti dell'America Latina. Nell'ottobre del 1965 il corpo di ballo della Casa de la Cultura confluì nella carovana artistico-culturale di Chan Chan, formata da diversi artisti, che esordiro alla televisione e nella capitale peruviana.

Nel 1965 si dovrebbe chiudere la lunga parentesi di Ileana Leonidoff in Sudamerica, che per più di venti anni l'ha vista come fondatrice e direttrice delle più importanti istituzioni coreutiche dei diversi paesi in cui ha lavorato, artista capace di trasmettere la tradizione russa, italiana, europea e di valorizzare, al tempo stesso, le forze creative locali. Le ricerche su Ileana Leonidoff non sono ancora concluse: ad oggi non è chiaro né dove né quando sia morta. Nel marzo 1966 i giornali peruviani annunciarono il suo ritorno in Europa che forse è coinciso con l'abbandono, ormai settantenne, delle scene. Ad oggi non abbiamo trovato testimonianza del suo rientro in Europa, sappiamo soltanto che in questa data si interruppe il rapporto che l'artista aveva mantenuto con il Teatro dell'Opera di Roma, al quale per anni ha inviato notizie, recensioni e foto della sua attività oltreoceano, forse con l'intento di non recidere il filo che la univa all'Italia, in una orchestrazione meditata della sua memoria, russa, italiana e sudamericana.

---

[27] "Jorge Córdova es, a su vez, el primer bailarin del Ecuador. El progreso que ha alcanzado en este ultimo año es verdaderamente sorprendente", Anónimo, "El Ballet de la Casa de la Cultura en el 9 de octubre." *El Universo*, 18.7.1956, p. 5.

Questa figura "minore" del panorama coreutico russo ha avuto in realtà un ruolo cruciale nella ricezione e comprensione dei "balli russi" in primo luogo in Italia, ma come si è visto anche in Sudamerica. Per anni è stato ignorato o sottovalutato il suo ruolo nel "mancato incontro" tra l'Italia e Djagilev: negli anni Venti, quando finalmente i *Ballets Russes* avevano riscosso favore rispetto alle *tournée* precedenti, Ileana Leonidoff si sovrappose ai *Ballets Russes* con la sua compagine russo-italiana e il suo repertorio simil-djagileviano. E, sebbene in misura minore visto il successo in Sudamerica di compagnie russe come i *Ballets Russes* del Colonnello de Basil, nelle istituzioni da lei fondate e dirette Ileana forgiò una originale idea di danza russa che ha affidato a generazioni di danzatori.

Non meno rilevante è la costante costruzione della propria immagine: quello che Ileana trasferisce in Sudamerica è in primo luogo un repertorio che, come abbiamo detto, già in Italia, negli anni Venti, aveva ripreso le istanze più originali e innovative dei *Ballets Russes* diagileviani e della mimoplastica adattandole al pubblico — allora ancora provinciale — italiano e riscuotendo un successo senza precedenti. Probabilmente il più grande talento di questa artista è stato di essere ambasciatrice del proprio linguaggio artistico: negli anni Cinquanta e Sessanta ripropose il suo repertorio degli anni Venti (pensando ad esempio a balletti come *Il Cavadenti*, *La Pazzia di Ofelia*, *Sèvres de la Veille France*) e valorizzò la sua attività di attrice cinematografica proponendo alcuni suoi film quali *Maria di Magdala* al pubblico ecuadoreno e peruviano.

A questo si aggiunge un ruolo fondamentale che Ileana ha avuto sia in Italia sia in Sudamerica: quello di donna colta e imprenditrice di se stessa. Come aveva fatto in Italia Ileana diede slancio all'educazione fisica femminile e alla liberazione della danza da obsoleti pregiudizi da un lato; dall'altro ha sdoganato e dato impulso alla danza professionale maschile.

Sebbene si fossero separati già in Italia, i destini di Ileana e Rostoff s'intersecano a più riprese in Sudamerica. Nel corso di una *tournée*, che portò il suo Paganini fokiniano anche a Rio nel maggio 1942, nel 1943 Rostoff decise di stabilirsi a Lima. Come osserva Kathrine Sorley Walker:

to the rest of the world these years in South America from 1942 to 1946 posses something of the aspect of the Children of Isreael's wanderings in the desert. It looks very differents from a Latin American standpoint. Little has been known about the tours and no one outside the sub-continent had previously really bothered to work out even where and when they performed. (Sorley Walker 1983, 121)

Nella capitale peruviana lavorò inizialmente con Kaye McKinnon (? -1986), statunitense, moglie del compositore Luís Pacheco de Céspedes (1893-), fondatrice della Escuela des Ballet Peruano e dal 1967 del Ballet Nacional, per poi nel 1943 diventare il responsabile della sezione coreutica dell'Associación de Artistas Aficionados de Lima[28]. Con i suoi allievi e alcuni danzatori stranieri, tra cui Tamara Tumanova, fondò una troupe che si esibiva stabilmente al Teatro Minicipal di Lima e che nel 1949 è protagonista di una *tournée* europea (cfr. Golubinov 2016, 35-36). Nel 1948 Rostoff si trasferì in Cile dove fondò una scuola di danza mentre nel biennio 1959-1960 si stabilì temporaneamente a Londra dove insegnò danza per tornare a Lima nel 1961 in qualità di direttore del Ballet Miraflores del Teatro Municipal di Lima. Nel 1977 rientrò definitivamente a Londra dove si spense il 23 novembre 1985.

Da una lettera di Rostoff alla sorella del 1953 vieniamo a sapere che lui e Ileana si incontrarono nuovamente a Lima nel 1953. Ma è come se fosse tardi, la trova invecchiata e i loro balletti sembrano quasi in competizione:

in maniera assolutamente inaspettata davanti ai miei occhi è apparsa Ileana. È venuta in vacanza dalla Bolivia (lavora presso il teatro municipale e ha tre mesi di ferie). Inizialmente sembrava che con il marito fossero quasi scappati da La Paz per il comunismo incalzante, ma ora vedo che cercano con l'aiuto dell'ambasciata di portare qui il loro balletto [...]. Fisicamente Ileana è certo molto cambiata e parla lentamente [...]. Ci siamo visti è stato bello, ma ho come l'impressione che lei non abbia molta fiducia in me e non l'abbia in nulla [...] sarà interessante vedere i suoi balletti[29].

---

[28] http://aaalima.blogspot.com/ (ultimo accesso 10.2.2019).
[29] Lettera di D. Rostoff a M.N. Kul'čickaja del 28 novembre 1953 (Lima), Kul'chitskii Family Collection. Leeds Russian Archive. Leeds University Library MS 1365/248 cit. in Golubinskij 2016, 55.

OPERE CITATE

Beccacece, Hugo. "Nijinsky, y el ballet argentino que no fue". *La Nación*, 10.12.2010, https://www.lanacion.com.ar/1331861-nijinsky-y-el-ballet-argentino-que-no-fue - (ultimo accesso 6.12.2018).

Braga, Suzana. *Tatiana Leskova: uma bailarina solta no mundo*. Rio de Janeiro: Globo, 2010.

Bragaglia, Anton Giulio. "Le canzoni dei Cosacchi e Thaïs Galizky". *Cronache d'Attualità*, 30 luglio 1916: 4.

Drummond, John. *Speaking of Diaghilev*. London-Boston: Faber and Faber, 1998.

Ehrenhaus, Sofía, Garrido, Marcela. *La inmigración rusa en la Argentina*. Buenos Aires: Museo Roca, 2012.

Fédorovski, Vladimir. *L'histoire secrète des Ballets Russes. De Diaghilev à Picasso, de Cocteau à Stravinsky et Noureyev*. Paris: Editions du Rochers, 2002.

Fokin, Michail. *Protiv tečenija. Vospominanija baletmejstra. Stat'i, pis'ma*. Leningrad-Moskva: Iskusstvo, 1962.

Fraser, John. "The Diaghilev Ballet in South America: Footnotes to *Nijinsky*, Part One". *Dance Chronicle*, vol. 5, No. 1 (1982): 11-23.

Garafola, Lynn. *Diaghilev's Ballets Russes*. New York: Da Capo Press, 1998.

Golubinov, Viktor Vladimirovič. "Choroš, krasiv i demoničen". *Balet*, 2011, n. 6: 44-45.

_____. "Artist i pedagog Russkogo Baleta Dimitrij Rostov (D.N. Kul'čickij): 'Bog nagradil menja dovol'no porjadočnymi artističeskimi sposobnostjami'", in *Ljudi i sud'by Russkogo Zarubež'ja*. Vyp. 3. Moskva: Institut vseobščej istorii RAN, 2016: 27-57.

Grigoriev, Sergei Leonidovich. *The Diaghilev Ballet 1909-1929*. Transl. by Vera Bowen. London: Constable, 1953.

Haluani, Makram. "Rusia en América Latina: variables, implicaciones y perspectivas de su presencia en el hemisferio occidental", *Politeia*, n. 36 (2013): 83-124.

Kaznina, Ol'ga Anatol'evna. "Russkie v Anglii: iz perepiski E. V. Sablina", in *Rossika v SŠA. Sbornik statej*. Moskva: Institut političeskogo voennogo analiza, 2001: 161-185.

Kononova, Margarita Michailovna. *Evgenij Sablin: žizn' kak služba i služenie: dokumental'naja biografija russkogo diplomata-emigranta, byvševo poverennogo v delach Rossii i Velikobritanii*. Moskva: Novyj Chronograf, 2016.

Kurganskij, Konstantin Sergeevič. "Belaja Emigracija v Latinskoj Amerike: popytka sochranenija russkoj kul'tury, tradicionnogo byta i pravoslavnoj very (na primere Argentiny i Paragvaja)". *Kul'turnaja žizn' Juga Rossi*, 2009, n. 4 (33): 5-7.

Leonidoff, Ileana. "Il mimodramma". *Il Mondo* (Milano), 1918, n. 5: 10.

Lista, Giovanni. *Cinema e fotografia futurista*. Milano: Skira, 2001.

Malinow, Inés. *Desarrollo del ballet en la Argentina*. Buenos Aires: Ediciones Culturales Argentinas, 1963.

Mariño S., Aguirre M., *Danzahistoria. Notas sobre el ballet y la danza contemporanea en el Ecuador*. Quito: Subsecretaría de Cultura, Ministerio de Educación de l'Ecuador, 1994.

Mejlach, Michail. *Evterpa, ty? Chudožestvennye zametki. Besedy s artistami russkoj emigracii*. Tom I: Balet. Moskva: Novoe Literaturnoe Obozrenie, 2008.

Mosejkina, Marina Nikolaevna. "Russkie v stranach Latinskoj Ameriki v 20-30-e gg. XX v.: povsednevsnost' kolonizacii". *Vestnik RUDN*, 2003, n. 2: 153-166.

_____. *"Rassejany, no i rastorgnuty": russkaja emigracija v stranach Latinskoj Ameriki v 1920-1960 gg*. Moskva: Rossijskij universitet družby narodov, 2011.

_____. "Russkij balet S. Djagileva v Latinskoj Amerike", in *Sled požara v Rusija. Ruskata emigrantska literatura i izkustvo v evropejski kontekst. Naučno i kulturno nasledstvo na ruskata diaspora v B"lgarija (1920-1940)*. Veliko T"rnovo: Velikot"rnovskija universitet "Sv. Kiril i Metodij", 2012: 238-246.

_____. "Pavel Petrovič Šostakovskij i russkaja pravoslavnaja obščina Argentiny". *Rossija i sovremennyj mir. Problemy. Mnenija. Sobytija*. 2013, n. 4: 162-172.

Nečaev, Sergej Ju. *Russkie v Latinskoj Amerike*. Moskva: Veče, 2010.

Nižinskaja, Bronislava. *Rannie vospominanija*. 2 vol. Moskva: ART, 1999.

Parčevskij, Konstantin Konstantinovič. *V Paragvaj i Argentinu. Očerki po istorii Južnoj Ameriki*. Pariž, Les éditeurs Réunis, [1937?].

Piccolo, Laura. *Ileana Leonidoff: lo schermo e la danza*. Roma: Aracne, 2009.

Pritchard, Jane. Serge Diaghilev's Ballets Russe — An Itinerary. Part 1: 1909-1921. *The Journal of the Society for Dance Research*, Vol 27, No. 1 (Summer, 2009): 108-198.

Sokolova, Lydia. *Dancing for Diaghilev*, ed. by R. Buckle. San Francisco: Mercury House, 1989.

Sorley Walker, Kathrine. *De Basil's Ballets Russes*, New York: Atheneum, 1983.

Stein, William W. *Mariátegui y Norka Rouskaya: crónica de la presunta "profanación" del cementerio de Lima en 1917*. Lima: Amauta, 1989.

Tokareva, Evgenija Sergeevna. *K istorii odnoj sem'i v emigracii: balerina Ileana Leonidova i ee rodnye*, in *Ljudi i sud'by Russkogo Zarubež'ja*. Moskva: IVI RAN, 2014: 39-52.

Triguero Tamayo, Ernesto Rafael. *Nikolai Yavorsky un maestro ruso en la isla del ballet*. Santiago de Cuba: Ediciones Santiago, 2010.

Trombetta, Sergio. *Vaslav Nižinskij*. Palermo: L'Epos, 2008.

Vladimirskaja Tat'jana L'vovna. "Russkie emigranty v Paragvae", *Voprosy Istorii*, n. 11-12 (1995):158-160.

Vanzini, Marcos G. (comp.). *Personalidades Religiosas de la ciudad de Buenos Aires: Hombres y mujeres creyente que dejaron su huella*. Buenos Aires: Gobierno de la Ciudad de Buenos Aires, 2012.

Vasil'ev, Aleksandr, Lopato Ljudmila. *Carica parižskich kabare*. Moskva: ANF, 2011.

Veroli, Patrizia. "Il mito dei Ballets Russes", in Veroli, Patrizia e Vinay, Gianfranco (a cura di), *I Ballets Russes di Diaghilev fra storia e mito*. Roma: Accademia Nazionale di Santa Cecilia, 2013. 13-26.

L'ARIA DELLA GRANDE MELA

Angelo Capasso
SAPIENZA UNIVERSITÀ DI ROMA

A partire dalla fine degli anni '30, con il tragico esordio delle vicende belliche, New York si attesta a nuova capitale dell'arte. Conta già un numero di presenze dall'Europa che si sono guadagnate notorietà da quasi un ventennio, grazie al sostegno di scrittori e artisti americani quali Gertrude Stein, Edward Steichen e, soprattutto, del fotografo Alfred Stieglitz il quale, con la sua galleria 291 e la rivista *Camera Work*, promuove costantemente le mostre di artisti delle avanguardie europee (Scott, 44).[1] L'evento che aveva segnato la celebrazione dell'arte dei modernisti dall'antico continente è l'Armory Show del 1913, quando l'American Association of Painters and Sculptors aveva sponsorizzato l'esposizione di un numero di opere di impressionisti, cubisti, espressionisti, tra i quali il "Nudo che scende le scale" di Marcel Duchamp, che aveva contrassegnato quell'edizione della fiera americana gettando scompiglio tra i partecipanti. Duchamp ci offre l'immagine più efficace per segnare simbolicamente il passaggio della staffetta tra Parigi e New York: nel 1919, portò con sé dalla capitale francese il suo ready made "Air de Paris" come souvenir per i suoi amici collezionisti e mercanti Louise e Walter Arensberg: un'ampolla di vetro per usi medi-ci il cui contenuto si presentava come il cimelio di una storia gloriosa ormai da archiviare.

La via che lega l'Italia a New York ha segnato generazioni e fortune diverse. Il primo nome italiano che ricorre negli annali dell'arte newyorkese è quello di Leo Castelli. Castelli è a New York dal 1941: da Parigi, dove è emigrato negli anni '30, si trasferisce a New York in seguito all'invasione tedesca della Francia ed alle leggi razziali. A New York, Leo Castelli si impone rapidamente seguendo una strategia mer-

---

[1] La prima mostra è dedicata a Matisse, Picasso e Rodin (1906).

cantile del tutto originale: intende lavorare soprattutto le nuove leve dell'arte americana. Attraverso John Cage, Castelli fa la conoscenza di Robert Rauschenberg il quale condivide lo studio e gran parte delle giornate con Jasper Johns. I due hanno in comune finanche il frigorifero: prezioso punto di incontro tra i due ma anche luogo di ispirazione di un'opera, come ricorda Willem De Kooning: "Quel figlio di puttana di Castelli riuscirebbe a vendere una lattina di birra vuota di Jasper." E così accadde: Johns realizzò una scultura con due lattine di birra a grandezza naturale e Castelli riuscì a venderle (Jones, 53). La casa di Leo Castelli nell'East Hampton diviene presto la sede dei party per gli artisti dell'Espressionismo Astratto: Jackson Pollock, Willem de Kooning, Robert Rauschenberg, Jasper Johns, Cy Twombly sono le giovanissime star americane che Castelli conta nella propria scuderia ed intende promuovere a livello internazionale. Nel 1957 s'inaugura la Leo Castelli Gallery in un appartamento della Settantasettesima Strada; in seguito il gallerista triestino si sposta strategicamente a Soho, il quartiere dove vivono le nuove leve dell'arte. Il fiore all'occhiello del suo lavoro di gallerista Castelli lo ottiene con il premio alla carriera ricevuto da Robert Rauschenberg alla Biennale del 1964: primo americano ad essere celebrato a Venezia. Quell'evento scatenò una ridda di polemiche, si gridò perfino al complotto della CIA (Jones, 110).[2] Fabio Mauri, artista e scrittore d'arte, parla della Biennale del 1964 come di una Pearl Harbor per l'Europa.

> F.M.: Nel 1964 ci fu lo sbarco della Pop Art americana alla Biennale in dimensioni e perfezioni di opere gigantesche. Tutti gli autori italiani ed europei, ma romani soprattutto, ebbero la sensazione di un grande successo, che tutto ciò per cui avevano lavorato, le loro sperimentazioni, aveva avuto ragione, tanto è vero che l'America era arrivata con un formato grandioso di quegli stessi materiali e idee. Io ebbi la sensazione di una Pearl Harbor. Gli americani dimostravano una capacità di operare su grandi dimensioni, con livelli di perfezione tecnica. Noi, tutti senza una lira, con studi minuscoli, operavamo con materiali terribilmente effimeri. Se tu vedi le opere di quegli anni

---

[2] Castelli lavorò per l'Office of Strategic Services, poi Central Intelligence Agency (CIA) durante la Seconda guerra mondiale.

sono estremamente fragili, telai poveri, distorti, cose fatte in casa con chiodi e martello. Vedendo Oldenburg, Jim Dine, Klein, Warhol, gli artisti italiani di quegli anni che lavoravano già su quella linea di ricerca hanno pensato di aver avuto ragione. Io sentii che l'America non ci avrebbe accolto, infatti, tutti i pittori italiani che sono andati a New York non sono stati accolti. Tra il '64 e il '68 ho esposto pochissimo, pensando che era triste questo destino: mi ero accorto che eravamo periferici, non culturalmente, ma geograficamente, anzi storicamente, come il Libano. Ho impiegato diversi anni per recuperare questo punto. Il lavoro successivo è anche una forma di risposta.

A.C.: Non sarà forse l'idea di mercato, più che l'arte, a essere stata vincente...

F.M.: Non c'era mercato in America. Il mercato è cominciato dopo. Leo Castelli mi invitava a colazione ogni volta che andavo a New York. Si rivolgeva a me, che all'epoca lavoravo alla casa editrice Bompiani, perché non riusciva a pubblicare in America i libri su Andy Warhol e Jasper Johns. Siamo stati i primi, con Gabriella Drudi, a pubblicare la Pop Art sull'*Almanacco Letterario Bompiani*.[3] Nelle nuove edizioni dell'Almanacco inserii vistosamente notizie sull'arte contemporanea: Burri, Fontana, Colla, Scarpitta, Rotella, Schifano, Festa, Angeli, Lo Savio, e quindi Rauschenberg, Klein, Warhol, Jasper Johns, Marca Relli, sono stati tutti pubblicati in modo eclatante da noi, in Italia. Gli artisti americani li conoscevamo, venivano a Roma, passavano alla galleria di Plinio de Martiis. [...] Vista oggi la nostra arte era profetica, ma anche, nel fondo, diversa. Noi dovevamo fare i conti con l'Europa. Con un'Europa molto affogata e antica. (Capasso 2007, 225)

A testimonianza del fallimento del "sogno americano" di una generazione, Mauri ricorda la vicenda di Salvatore Scarpitta. Scarpitta, artista nato a New York nel 1919 da padre siciliano e madre polacco-russa, cresciuto a Los Angeles, dal 1936 si trasferì a Roma, dove frequentò l'accademia di Belle Arti. Visse in Italia tra il 1936 e il 1958; durante la Seconda guerra mondiale servì la Marina degli Stati Uniti con l'incarico di ritrovare e catalogare le opere trafugate dai nazisti.

---

[3] Negli anni 59-60 Fabio Mauri dirige la sede romana di Bompiani. Redige i primi numeri dell'*Almanacco Letterario Bompiani*, al quale collaborano tra gli altri Gabriella Drudi, Gillo Dorfles, Umberto Eco, Furio Colombo.

Scarpitta incontra Leo Castelli in Italia alla fine degli anni '50, e grazie a quell'incontro decide di trasferirsi a New York dove, nel 1959, dopo una mostra dedicata a Giuseppe Capogrossi, la galleria di Castelli inaugura la sua prima personale americana "Extramurals": 6 enormi tele realizzate con bende e fasce di tessuto perimetrano la galleria. La mostra raccoglie i favori della critica e dei suoi colleghi americani. Scarpitta entra così nel circuito del critico/teorico del modernismo Harold Rosenberg, fa amicizia con Kline, de Kooning, Guston, Marca Relli, Rothko. Il prendere piede della Pop Art delinea però un solco profondo tra l'arte italiana e l'arte americana.

GDP: Il tuo rapporto con l'arte americana quale è esattamente? Ad esempio con la Pop Art?
SS: Mi interessò marginalmente, perché mi sono sentito spettatore e non partecipante. Ho conosciuto tutti gli artisti pop, perché eravamo nella stessa galleria, ma la loro era un'arte che in fondo mi interessava poco. Nel 1963[4] feci una mostra da Leo, c'erano alcune persone che guardavano un mio quadro, che ora è nel museo Cran Art dell'Illinois, che dicevano: "È un'opera vecchia, tratta di tragedie umane." Allora rimasi terribilmente ferito, perché mi resi conto che le cose umane erano fuori dall'America, che si stava avvicinando alla Pop Art. Sai, io avevo visto aerei bombardare città e quindi non li potevo esaltare. E così ho lasciato i miei amici pop giungere alla loro maturità umana in mezzo agli altri loro coetanei e ora a distanza di 20/25 anni vediamo che fanno dei bei fiorelloni gialli e noi, invece, siamo sempre interessati all'umanità. Con ciò non voglio esprimere nessuna critica, solo precisare una questione storica. È quello che un popolo vive. L'ultimo quadro prima di fare le auto da corsa era incentrato su cosa significa paracadutarsi sopra la foresta vietnamita, dopodiché mi sono detto che se ci sono altre guerre voglio dichiararle a me stesso; le corse per me sono una forma di guerra tra i partecipanti che dispongono di una tecnologia formidabile e di una delicatezza fino alla morte, perché l'aggressione va collocata dove non nuoce ad altri che a se stessi. Allora, la corsa mi dà un'enorme tranquillità quando ritorno nel mio studio, dove c'è un silenzio da chiesa. E ciò non c'entra con il

---

[4] 27 Aprile 1963 nella galleria di Castelli a 4 East 77th Street.

Futurismo, non c'entra con l'estetica. È un sogno d'infanzia che accade e si avvera per amore. (Di Pietrantonio, 86)

In piena epoca Pop, nel 1969, Castelli ospita una nuova mostra di Scarpitta dal titolo "Race Cars." Il critico B. H. Friedman nel suo testo "The Ivory Garage" sottolinea la distanza tra le opere in mostra e l'oggetto Pop: le macchine da corsa di Scarpitta appartengono ad un vissuto personale che è completamente assente negli oggetti di Warhol, Lichtenstein, Oldenburg (Friedman, 2).[5] Quella profondità storica e della memoria si propone come un ingombro che crea impaccio nella scena spensierata della nuova arte newyorkese.

> L'America sembrava di casa: un centro affine, dove, (errore grave), recare il dono di una forma di tradizione esperta. Una disperazione terribilmente ragionata. Nessun calcolo più maldestro poteva essere concepito. Scarpitta e le sue tele, le bende delle figlie, sorelle, moglie furono inghiottite dalla nuova realtà americana. Dal centro di Roma alla periferia di New York il passo, non breve, fu fatale. New York si disponeva ad essere un cratere più che una città. (Mauri, 87,88)

Gianfranco Baruchello ha un ricordo diverso di Leo Castelli. Instaura presto un'amicizia con Castelli e con sua moglie Ileana Sonnabend, gallerista anche lei. Grazie a Ileana Sonnabend, Baruchello viene inserito nella grande mostra "The New Realists," la mostra che per la prima volta mette insieme il gruppo dei Nouveaux Réalistes di Pierre Restany (in una lettura in superficie assimilabili all'arte Pop per affinità iconografica)[6] e gli artisti americani. Le immagini di Baruchello vivono però in una estetica del quotidiano in cui l'oggetto si radica profondamente nell'etica e nella politica. Ne è un esempio il "Multipurpose Object" che Baruchello ha concepito proprio a New York:

> [...] un meccanismo tra l'ironico e il dissacrante del militarismo di cui il Vietnam era la scena più tragica del momento. L'oggetto accompagnato da un testo che ne chiariva la funzione fu offerto al

---

[5] Il testo è stato pubblicato per la prima volta su *Art News*, nel numero di Aprile 1969.
[6] Tra gli italiani figurano oltre Baruchello, Enrico Baj, Tano Festa, Mimmo Rotella e Mario Schifano.

Dipartimento della Difesa americano nel 1966 prefigurando l'esercizio della mano su un'arma che in realtà non aveva né canna né calcio ma era costituito per emettere rumori allusivi. L'operazione fu completata dalla risposta del Pentagono che ringraziava per l'offerta anche se non rivestiva alcun interesse per gli Stati Uniti. Questo spirito era presente in altri oggetti quali armi finte, manifesti da affiggere in strada ma anche in azioni di lunga durata come Artiflex e Agricola Cornelia S.p.A. (Capasso 2012, 76)

Negli stessi anni, Mario Schifano è un altro artista italiano ad aprire una collaborazione con Ileana Sonnabend, che ha conosciuto attraverso Plinio De Martiis, gallerista de La Tartaruga di Roma, subito dopo il suo divorzio da Leo Castelli. In occasione della personale di Schifano alla Tartaruga, Ileana Sonnabend acquista le opere in mostra e offre a Schifano uno stipendio mensile per avere l'esclusiva sul suo lavoro. Come nel caso di Baruchello, Ileana Sonnabend è il tramite che consente a Schifano di essere parte del gruppo dei New Realists, cui partecipa con un'opera di perfetto tenore Pop: "Propaganda" (un dettaglio ingigantito del brand della Coca-Cola). Durante la sua collaborazione con Sonnabend, Schifano conosce Jasper Johns e Robert Rauschenberg con i quali s'instaura subito una dura competizione che condurrà il rapporto di amicizia tra Schifano e la gallerista verso un deteriorarsi irreversibile, accelerato anche dalla scarsa ortodossia di Schifano nei confronti dell'iconografia Pop, tanto amata da Sonnabend. Le repentine trasformazioni della pittura di Schifano lo rendevano poco appetibile per una gallerista che intendeva lanciarlo sul mercato americano.

Per toccare con mano quel mondo mitologico, nell'autunno del 1963 Schifano s'imbarcò sul transatlantico Cristoforo Colombo in compagnia della giovanissima Anita Pallenberg conosciuta al Caffè Rosati. Trovò uno studio al 791 Broadway, dove vivevano Frank O'Hara e il suo partner Joe LeSueur. Frank O'Hara fu un sincero sostenitore del lavoro di Mario Schifano. Insieme realizzarono una piccola pubblicazione dal titolo "Words and Drawings" esposta per la prima volta nel 1964 a Roma, nella libreria Ferro di Cavallo.[7] Purtroppo dell'amicizia tra l'artista e il poeta non c'è traccia in nessuna delle biografie su O'Hara, malgrado il poeta avesse dedicato in modo esplicito un suo componimento, "Poem," all'artista romano. L'unico testo a riportare il nome di Mario Schifano è *Digressions on Some Poems by Frank O'Hara: A Memoir* di Joe LeSueur, in cui il nome del pittore compare nella lista delle opere della collezione di O'Hara. In realtà l'apprezzamento di Frank O'Hara aveva delle motivazioni profonde e riguardavano soprattutto il suo disagio nei confronti della scena artistica che si andava configurando a New York.

What might have made Schifano's art look a bit behind the times to many New Yorkers—its focus on landscape and the figure, however removed from naturalism, and the primacy it gave to drawing—would have been just what endeared it to O'Hara, who was unhappy with how the New York scene was evolving. He had not entirely facetiously dubbed his own style of poetry "personism," but the new art was suddenly going all cool and impersonal. He couldn't abide Pop art, for instance; nor, later, would he take a shine to Minimalism. When Andy Warhol approached O'Hara about posing for a portrait, the poet turned him down flat. "But you pose for Larry Rivers," Warhol objected. "You're not Larry Rivers," was O'Hara's comeback. Rivers's high-spirited pastiches of old-fashioned history painting still looked fresh to O'Hara—an art spared from "theoretical considerations and / the jealous spiritualities of the abstract," as he'd once written. A similar compromise between rebellion and tradition is evident in Schifano's work of this period, particularly in his collaboration with O'Hara. The affinity between Schifano's work and Rivers's was clear enough to the young Donald Judd, still better known as a critic than as an artist, in his dismissive review of Schifano's 1964 show at the New York branch of Rome's Odyssia Gallery, for which O'Hara's "Poem—for Mario Schifano" served as catalogue text. (Schwbasky 2018)

---

[7] Edito in una nuova edizione dall'Archivio Mario Schifano 2019. I testi, in italiano e inglese, sono di Anita Pallenberg, del giornalista Furio Colombo, dei critici d'arte Achille Bonito Oliva e Raphael Rubinstein e dell'artista Paolo Buggiani. Con una poesia inedita di Gerard Malanga.

Rauschenberg e Johns ebbero un rapporto tumultuoso non soltanto con Schifano. Anche Michelangelo Pistoletto ricorda le difficoltà
nate dall'incontro con i due protagonisti del New Dada. Assieme ai
dettami di Castelli – "se vuoi sfondare, questo il senso, devi trasferirti a
New York e prendere la cittadinanza americana. Dimenticati di essere
europeo" (cit. in Dantini) – Pistoletto ricorda gli atti di intimidazione di
cui fu oggetto: i suoi "quadri specchianti" in deposito da Castelli
furono "presi a martellate" e danneggiati da un rivale mai rivelatosi,
provvisto tuttavia di "un'influenza decisiva" sulle scelte della galleria.
"In quel momento mi sono davvero spaventato," ammette Pistoletto.
"Ho pensato che qualcuno avrebbe potuto anche uccidermi" (cit. in
Dantini). Il mondo di New York si prestava a dedicarsi soprattutto agli
artisti americani. Le difficoltà con Leo Castelli porteranno Pistoletto a
costruire una via alternativa in seno al proprio lavoro. La Pop Art era
diventata ormai l'arte del grande mercato.

> Arrivato alla fine del 1964, Leo Castelli mi dice: sbrigati a fare quadri
> perché sono stati tutti venduti e piazzati nei musei, voglio fare una
> tua mostra subito. Allora ho lavorato come un matto, sono partito e
> arrivato a New York, mi ricordo che nel taxi c'erano, da una parte
> Solomon, che aveva curato il padiglione americano alla Biennale di
> Venezia del 1964, quando aveva vinto Rauschenberg, e dall'altra Leo
> Castelli. Quest'ultimo afferma: "Senti, devi venire negli Stati Uniti
> oppure per te qui non c'è più niente da fare. Stai avendo un grande
> successo, però o entri nella nostra grande famiglia o non è possibile
> continuare". Da quella volta non sono più andato per quindici anni
> negli Stati Uniti. Questo per dire come sia ritornato in Italia a fare gli
> Oggetti in meno e abbia reagito ad una concezione di mercato che
> rendeva potente un dominio culturale e pratico che ti forzava a
> sentirti o parte di un clan o solo. Ho scelto di essere solo, perché
> forte della mia convinzione che quanto avevo sviluppato era un
> lavoro nato su un territorio culturale non diseredato, ma di profonda
> eredità. (Celant 1976, 31)

Il ciclo degli "Oggetti in meno" (1965-1966) nasce dall'esigenza di
legare l'arte "alla spontaneità e alla contingenza." Gli oggetti "in meno"
sono opere che non appartengono al lavoro di Pistoletto se non come
possibilità di operare per sottrazione: ognuno diverso dall'altro, come

se si trattasse delle opere di artisti diversi in una mostra collettiva, questi infrangono il dogma della riconoscibilità dell'artista attraverso il suo lavoro, ciò che con la Pop si stava assestando come un marchio commerciale standardizzato. Gli "Oggetti in meno" sono, infatti, accolti molto freddamente dalla critica, tanto che determinano un congelamento del valore di mercato dei precedenti quadri specchianti che avevano ottenuto grande successo in Europa e negli USA. Anche rispetto ai galleristi Sonnabend e Castelli, con i quali Pistoletto lavorava, la produzione di queste opere costituisce un motivo di incomprensione e infine di rottura del contratto che li legava.

La Biennale del 1964 è il punto di partenza dei 25 anni trascorsi a New York da Baldo Diodato. Alla Biennale, Diodato incontra il titolare della Galeria Bonino di New York dal quale riceve l'invito ad attraversare l'oceano. Nel 1966 la Galeria Bonino dedica una mostra all'arte italiana con opere di Agostino Bonalumi, Enrico Castellani, Mario Ceroli, Laura Grisi, Paolo Scheggi, Cesare Tacchi.[8] In quello stesso anno Diodato arriva a New York, seguito a breve distanza di tempo da Renato Mambor e Mario Ceroli. I tre condivisero uno studio e grazie alla Galeria Bonino ottennero un rimborso mensile col quale potevano comprare i materiali necessari a portare avanti il loro lavoro. Come nella consuetudine di molti artisti italiani, Mambor resistette a New York pochi mesi; Ceroli vi rimase per circa un anno; Diodato si installò a New York e per periodi sempre più lunghi vi rimase senza fare ritorno in Italia. A New York incontrò Tano Festa al quale ricorda di aver consigliato un buon *hardware store* dove acquistare il materiale per le "finestre" cui stava lavorando. Anche Tano Festa resistette poco a New York. Diodato riuscì, invece, a trovare una via per sopravvivere all'interno del sistema newyorkese organizzando il proprio lavoro tra *lectures* e mostre in Università e gallerie private, unendo quindi il valore culturale dell'arte a quello commerciale. Vi riuscì grazie all'amicizia con l'artista americano (italiano di nascita) Italo Scanga, docente alla Rhode Island School of Design di Philadelphia. L'efficacia di questo modo di intendere il suo lavoro di artista ha portato Diodato a realizzare nel 1975 una grande mostra al New Jersey State Museum, dove raccoglie il

---

[8] Galeria Bonino 7 west 57th Street, New York. 11 ottobre - 5 novembre 1966.

proprio lavoro, tra le strutture elementari, coloratissime, quasi un'interpretazione ironica del Minimalismo, e i suoi "frottage": ovvero la "pittura fatta con i piedi." I *frottage* di Diodato consistono in una trasposizione del disegno automatico di Max Ernst nella registrazione del movimento del traffico pedonale sulle strade. Il più noto tra i suoi *frottage* è realizzato nel 1974 sulla J.F.K. Square di Philadelphia, dove l'artista distende un lenzuolo di carta di sei metri per sei che raccoglie dopo ore di passaggio pedonale: è il calco dei movimenti frenetici che hanno affollato quello scorcio di città. Negli anni Settanta, quando Soho diviene il nucleo più caldo per l'arte a New York, Diodato si trasferisce a Greene Street: qui conosce Rauschenberg, Lichtenstein, Schnabel, stringe amicizia con i critici Eric Fish, Richard Price, Judd Tally.

Considerata la lunga permanenza a New York, Baldo Diodato è testimone anche della lenta trasformazione dell'arte, dalle pratiche concettuali al ritorno alla pittura. New York è la capitale del *post-modern*, e mentre Diodato continua a "dipingere con i piedi degli altri" (Capasso 2019), estendendo il proprio lavoro anche ad una nuova figurazione più vicina al Pop, nella Grande Mela sbarca la Transavanguardia italiana, nata attorno alle teorie di Achille Bonito Oliva. Al gruppo di Chia, Cucchi, Clemente, De Maria e Paladino, si aggiungono alcuni artisti americani, tra cui David Salle e Julian Schnabel. Gli unici italiani a stabilizzarsi in città sono Chia e Clemente.[9] Ma è Clemente a penetrare più profondamente nel contesto newyorkese. Si trasferisce definitivamente a New York nel 1981, e nel 1984 è già una star, partecipando ad un progetto grandioso di collaborazione per una serie di opere realizzate a sei mani assieme Andy Warhol e Jean-Michel Basquiat. Una sorta di rivisitazione dei *cadavres exquis* surrealisti che compone: immagini della pubblicità realizzate con silhouette ritagliate in fogli di carta, segni arcaici da graffiti metropolitani e ritratti e autoritratti in stile neoespressionista. Il ritorno alla pittura apre una stagione italiana all'interno di un flusso culturale dell'arte che non è legato alla

---

[9] Sandro Chia torna a Roma alla fine degli anni '90, dopo alcune disavventure con il gallerista Charles Saatchi (Lindemann, 81, 213).

sperimentazione, quanto piuttosto a ristabilire le sorti delle prime avanguardie europee, proponendo forme e colori di quella tradizione.

La pittura dai toni classici è tradizionalmente associata alla cultura italiana. Già Domenico Gnoli, con un tipo di figurazione che riproponeva la Metafisica di De Chirico, aveva avuto fortuna a New York da giovanissimo in una personale da Sidney Janis nel 1969. La mostra si tenne l'anno prima della sua morte prematura nella città che aveva scelto come nuova patria. Allo stesso modo, dal 1993 Carlo Maria Mariani portò a New York la sua pittura di figura nata in Italia nel contesto dell'arte concettuale: il ritorno all'arte classica si produce come un gesto intellettuale, "citazionista," della memoria. Tale stile "non è compiacimento tecnico, né una forma di accademismo, ma nasce, alla fine dei Settanta, come un'operazione di sfida all'avanguardia, divenuta ormai conformista, e si sviluppa come scelta, da parte dell'artista, di un registro simbolico proprio di una pittura modellata sullo stile neo-classico settecentesco, molto vicino alla figurazione Preraffaellita, in un'epoca governata dalle più diverse declinazioni del concettuale" (Ebony, 62), come racconta l'artista stesso a Pier Vittorio Tondelli:

CMM: Indubbiamente concettuale. Nel senso che, attraverso la lettura, non so per quali... misteri, per cui uno, a un certo momento, venga proiettato e vada, così, a interessarsi di leggere testi di Winckelmann, Karl Philipp Moritz e dello stesso Mengs. La cosa mi interessò molto... Non so. Mi si aprì un mondo, un universo, un qualcosa che mi faceva appunto riabbracciare il mito della bellezza, dell'armonia.
PVT: Quando successe?
CMM: Be', fine 1974, primi del 1975. Quando eravamo in piena... in attività di happening, performance e... (Ride). Ed era naturalmente peccato mortale dipingere. Non solo, ma poi figuriamoci guardare a..."
PVT: Lei dipingeva già da molto tempo?
CMM: Molti anni fa, da giovanissimo, ho fatto... ho svolto un po' di attività per vivere: lavori commissionati, qualche affresco nelle chiese...
PVT: Dove?

CMM: Questo fa parte di un lato misterioso che si conoscerà post mortem... (Ride). Le Accademie di Belle Arti non mi hanno mai voluto... Per me, era il pane. Mi sono fatto le ossa. Svariate migliaia di metri quadri di pareti! Ho affrontato vaste dimensioni. Absidi, catini... Ho dipinto ovunque. (Tondelli)

Dal suo approdo a New York, Mariani ha vissuto nella Grande Mela per circa venti anni. Durante gli anni '90 assiste però ad un ritorno al Pop, sulla spinta dei Young British Artists che da Londra, dalle gallerie di Charles Saatchi e Jay Joplin riportano la pittura in un territorio ristretto, popolando la scena di installazioni con oggetti ad "alta definizione." L'artista italiano che riesce ad inserirsi in questo gruppo è un mattacchione goliardico, "eroe della classe operaia" (Bonami, 46), divertente, capace di sedurre i salotti newyorkesi con la sua ingenuità: Maurizio Cattelan, l'ultima star dell'arte italiana. Cattelan ha la fortuna di lavorare con galleristi giovanissimi ma con un destino scritto nell'oro: esordisce con Massimo De Carlo a Milano, con Emmanuel Perrotin a Parigi, ed è lanciato nel mercato angloamericano da Marion Goodman a New York. La Grande Mela lo accoglie come il Roberto Benigni dell'arte, produce anche dei cambiamenti nel suo lavoro. Rispetto alle prime opere di Cattelan prodotte in Italia, dedicate al "Bel Paese" negli anni di tangentopoli, a New York il lavoro di Cattelan assume uno slancio internazionale: la città lo vede per le strade mentre indossa delle enormi maschere carnascialesche di Picasso o Georgia O'Keefe. La fama nella Grande Mela lo porta a raggiungere quotazioni che i giovani artisti italiani del passato non avrebbero mai sognato: la "Ballata di Trotzky" è battuta da Sotheby's a New York per 2 milioni di dollari. E così per le sue altre opere concepite nella grande mela: da "Not Afraid of Love" a "La Nona Ora," capace di fare scandalo perché ha come protagonista papa Giovanni Paolo II. Il Guggenheim lo celebra con una grande retrospettiva dal titolo significativo "All," nel 2011, anche questo un fatto eccezionale per artista italiano non "storicizzato". Con sapiente strategia, appare e scompare dalle scene, annunciando anche di voler abbandonare la carriera di artista (anche questo un fatto eccezionale per l'arte). L'opera più recente fa ancora parlare di sé:

"America" un wc realizzato in oro a 18 carati installato all'interno del Guggenheim, accessibile ai visitatori come una normale toilette. L'opera viene proposta al presidente Trump, il quale aveva richiesto al Guggenheim un capolavoro di Van Gogh per la Casa Bianca. La sorte benevola che attornia Cattelan diviene contagiosa: al successo ottenuto da Cattelan negli Stati Uniti è legata, ad esempio, la fortuna del giovane critico e curatore d'arte Massimiliano Gioni, attualmente direttore del New Museum e direttore della 55ma Biennale di Venezia del 2013. I due si conobbero a New York alla fine degli anni '90, quando Gioni era inviato nella capitale americana per conto della rivista milanese *Flash Art*. L'accoppiata Gioni-Cattelan è protagonista di una serie di operazioni, tra mostre, *lectures*, pubblicazioni, fino a diventare un duo interscambiabile, in cui Gioni si presta ad assumere l'identità di Cattelan, rispondendo alle interviste per suo conto: un alter ego adatto al pubblico più intellettuale delle sue mostre. La grande eco della nuova fortuna per l'arte italiana a New York attrae una nuova generazione di artisti le cui sorti però continuano ad essere quelle degli artisti degli anni precedenti.[10] La nuova linea dell'arte è l'ironia post-moderna quale *koiné* dell'arte italiana. Più o meno incisiva, l'ironia italiana si sostituisce al sensazionalismo anglosassone. Oltre a Cattelan, altri protagonisti si alternano sulle scene newyorkesi: Vanessa Beecroft, Piero Golia, Francesco Vezzoli. Non provengono da famiglie proletarie come quella di Cattelan (sulla quale tra l'altro non si è mai avuto un concreto riscontro). Vivono sostanzialmente a New York anche se la nuova meta si profila in Los Angeles.

Giovanissima, Vanessa Beecroft espone per la prima volta a New York alla Andrea Rosen Gallery, poi al P.S.1. Nel 1996 realizza la prima mostra personale al Deitch Projects, a SoHo, nel 1996. Resta a New York fino al 2007, quando decide di trasferirsi a Los Angeles, che trova più interessante rispetto a New York, considerata ormai un "vecchio Impero" (Piccinini 2014). Il suo studio si trova nell'Art District vicino alla Mountain School of Art, la "scuola nomade" nata

---

[10] Nel 2000 viene istituito presso il Ministero degli Affari Esteri italiano il Premio New York, che attraverso un bando di concorso consente annualmente ai giovani artisti di avere una residenza nella capitale americana.

per iniziativa del primo artista italiano a stabilirsi a Los Angeles, Piero Golia. L'arte del post-moderno canta il ritorno all'ordine:

> [...] gli artisti sono tornati nello studio, hanno ricominciato a dipingere, scolpire, fare oggetti dal valore riconosciuto. È un ritorno all'ordine, ma è anche un atto liberatorio perché rivendica la qualità sperimentale dell'arte a discapito dell'urlo a tutti i costi. Non dobbiamo stupire più nessuno. (Piccinini 2014)

Sull'onda delle battute di spirito fatte ad arte si muove anche Piero Golia a Los Angeles dove, nel 2010, lascia anche un cimelio che celebra la sua personalità istrionica: la "Luminous Sphere," un globo luminoso installato sul tetto dello Standard Hotel su Sunset Boulevard, che si illumina rigorosamente soltanto quando l'artista è a Los Angeles. L'aria di New York sembra essersi dissolta. O meglio, permane nelle relazioni sociali, nel divismo che congiunge i due centri dell'arte: la Grande Mela e Los Angeles. Il maestro grande architetto delle relazioni con i divi è certamente Francesco Vezzoli, autore di piccoli film in stile Soap Opera che coinvolgono esclusivamente personaggi famosi tra i quali si riconoscono: Miuccia Prada, Cate Blanchett, Frank Gehry, Roman Polanski, Bernard-Henri Lévy, Lady Gaga, Sharon Stone, Eva Mendes, Bianca Jagger, Gore Vidal, Iva Zanicchi, Franca Valeri, Helmut Berger, Marisa Berenson. Alla Biennale di Venezia del 2005, Vezzoli suscitò un enorme clamore con il video-trailer dell'ipotetico remake del *Caligula* di Gore Vidal: cinque minuti di immagini ad alta temperatura erotica realizzate con Gore Vidal, Helen Mirren, Milla Jovovich, Benicio del Toro e Courtney Love.

Lontana ormai lustri dalle strade e dal mondo underground della Grande Mela (dove anche il Pop di Warhol era germogliato), l'aria di New York si respira in un non luogo generato dalla presenza di volti famosi. Se "l'imperativo è esserci," come sostiene il Warhol impersonato da David Bowie nel film di Julian Schnabel *Basquiat*, allora bisogna entrare nel video.

OPERE CITATE

Abbate, Fulvio. *Roma vista controvento*. Milano: Bompiani, 2018.

Bonami, Francesco. "Static of the Line: The impossibile Work of Maurizio Cattelan," in Francesco Bonami, Nancy Spector, Massimiliano Gioni (a cura di). *Maurizio Cattelan*. Londra: Phaidon Press, 2003.

Bonito Oliva, Achille (a cura di). *Baldo Diodato, Opere 1965-2016*. Milano: Prearo Editore, 2016.

Celant, Germano. "Intervista con Michelangelo Pistoletto." *Michelangelo Pistoletto*. Milano: Electa, 1976.

Celant, Germano, Anna Costantini (a cura di). *Roma-New York, 1948-1964: An Art Exploration*. Milano: Carta, 1993.

Capasso, Angelo. *Luoghi d'affezione, Paesaggio Passaggio*. Bruxelles: Snoek, 2003.

_____. *Opere d'arte a parole*. Roma: Meltemi, 2007.

_____. "Gianfranco Baruchello. Alla ricerca del nome e dell'immagine." *Flash Art*, N. 303 (giugno 2012).

_____. "Intervista con Baldo Diodato," 7 febbraio 2019, inedito.

Cohen-Solal, Annie. *Leo and His Circle: The Life of Leo Castelli*. New York: Knopf, 2010.

Dantini, Michele. "Michelangelo Pistoletto," "Michelangelo Pistoletto con Alain Elkann," "La voce di Pistoletto." *DoppioZero*, 2 Luglio 2013: https://www.doppiozero.com/rubriche/82/201307/michelangelo-pistoletto

De Bei Schifano, Monica, Luca Ronchi (a cura di). *Words & Drawings. Frank O'Hara Mario Schifano*. Roma: Archivio Mario Schifano, 2017.

Di Pietrantonio, Giacinto. "Salvatore Scarpitta, prendere la vita con velocità." *Flash Art*, N. 309 (aprile 2013).

Ebony, David. *Carlo Maria Mariani*. Berlino: Edition Volker Huber, 2003.

Friedman, B.H. "The Ivory Garage." *Art News,* Vol. 68, N. 2 (aprile 1969, p. 53).

Gastaldon, Giorgia. "Ileana Sonnabend e Mario Schifano: un epistolario (1962-1963)." *Storia dell'Arte*, gennaio-aprile 2015, Anno XLVI. Roma: Cam Editrice.

Guerrera, Antonello. "Trump chiede al museo Guggenheim un Van Gogh, gli offrono in alternativa un water d'oro," *la Repubblica*, 26 gennaio 2018: https://www.repubblica.it/esteri/2018/01/26/news/trump_chiede_al_museo_guggenheim_un_van_gogh_gli_offrono_in_cambio_un_water_d_oro-187299226/

Jones, Alan. *Leo Castelli, L'uomo che inventò l'arte in America*. Roma: Castelvecchi, 2007.

LeSueur, Joe. *Digressions on Some Poems by Frank O'Hara: A Memoir*. New York: Farrar, Straus, Giroux, 2004.

Lindemann, Adam. *Collecting Contemporary*. Köln: Taschen, 2006.

Mauri, Fabio. "La miserabilità e l'arte," in Carolyn Christov-Bakargiev, Marcella Cossu (a cura di), *Fabio Mauri, Opere e Azioni 1954 – 1994*. Milano: Editoriale Giorgio Mondadori, 1994.

Miracco, Renato (a cura di). *Instant Book. Italian Artists. New York*. Milano: Charta, 2009.

Perloff, Marjorie. *Frank O'Hara: Poet Among Painters*. Chicago: U of Chicago P, 1998.

Petrignani, Sandra. *Addio a Roma*. Venezia: Neri Pozza, 2012.

Piccinini, Laura. "La mia nuda verità", *Repubblica online*, 2 dicembre 2014: https://d.repubblica.it/moda/2014/12/02/news/vanessa_beecroft_artista_co rpo_intervista_storia-2392319/

Pistoletto, Michelangelo. "Gli oggetti in meno," *Michelangelo Pistoletto*. Genova: La Bertesca, 1966.

Rossi, Valentina, Maurizio Cattelan. *il doppio, Ricerche di S/Confine*, vol. V, n. 1 (2014). www.ricerchedisconfine.info.

Schwabsky, Barry. "Frank O'Hara & 'the Skies of Italy in New York'." *The New York Review of Books*, 17 febbraio 2018: https://www.nybooks.com /daily/2018/02/17/frank-ohara-and-the-skies-of-italy-in-new-york/

Scott, William B., Peter M. Rutkoff. *New York Modern: The Arts and the City*. Baltimora: The Johns Hopkins UP, 1999.

Staff, Hariett. "Reviewing Words & Drawings, Barry Schwabsky Paints a Portrait of Frank O'Hara & Mario Schifano's Collaboration." *Poetry Foundation*, 19 Febbraio, 2018: https://www.poetryfoundation.org/harriet/2018/02/reviewing-words-drawings-barry-schwabsky-paints-a-portrait-of-frank-ohara-mario-schifanos-collaboration.

Strinati, Claudio (a cura di). *Baldo Diodato. Periodi: Minimal Art (1965-2017), Frottages (1972-2015)*. Roma: L'Erma Editrice, 2017.

Subrizi, Carla (a cura di). *Baruchello. Certe idee*. Milano: Skira, 2012.

Tedeschi, F., F. Pola, F. Boragina (a cura di). *New York New York. Arte italiana. La riscoperta dell'America*. Milano: Electa, 2017.

Thompson, Don. *The Supermodel and the Brillo Box: Back Stories and Peculiar Economics from the World of Contemporary Art*. New York: Saint Martin's Press, 2015.

Tondelli, Pier Vittorio. "Carlo Maria Mariani. Quattro passi nell'antico." *Flash Art Italia*, Anno XLVI, N. 308, Milano, febbraio 2013: http://www.flasharton line.it/article/carlo-maria-mariani/.

POSTFAZIONE

Postfazione

Susanna Nanni

Università degli Studi Roma Tre

> Tutti gli esseri viventi esistono perché emigrano,
> dalle rondini ai pidocchi, dai pidocchi all'uomo.
> Se gli esseri viventi non si spostassero morirebbero.
> Dal punto di vista tassonomico l'uomo andrebbe annoverato
> tra le specie migratorie. Vivere significa migrare.
> (Adrián Bravi)

> io che sono un bulgaro che abita in Francia,
> prendo a prestito questa citazione da Edward Saïd,
> palestinese che vive negli Stati Uniti,
> il quale l'aveva trovata, a sua volta,
> in Erich Auerbach, tedesco esule in Turchia.
> (Tzvetan Todorov)

Le migrazioni, con la loro infinita varietà di cause, condizioni, modalità e conseguenze, attraversano la storia dell'umanità, costituiscono parte imprescindibile della mappa genetica della cultura, della tradizione e dell'identità delle società. Un numero incalcolabile di esseri umani ha abbandonato — volontariamente o forzatamente, temporaneamente o definitivamente, individualmente o in gruppi (ristretti o massivi) — il proprio spazio geografico di appartenenza, per "dirigersi verso" o "scappare da": nel primo caso, per conoscere altri mondi, vivere nuove esperienze, cercare nuovi orizzonti, altre forme di cultura e modi di vita, scoprire il lontano, l'ignoto, il proibito o l'idealizzato; nel secondo caso, per non sostenere o per lottare apertamente contro le ideologie dominanti e oppressive dei propri luoghi di origine. Ogni qualvolta rimanere nel proprio paese abbia significato vivere situazioni che spaziano dal "non riconoscersi" nel proprio luogo, al compromettere la propria incolumità fisica ed emotiva, è scaturita, laddove concretizzabile, la migrazione e il suo portato di fratture, dislocazioni e sradicamenti.

Compagne indissolubili della storia dell'umanità e di ogni essere umano (a partire dall'idea di nascita come migrazione primordiale nella vita di ognuno di noi), le migrazioni sono state indagate da molteplici punti di vista e con inesauribili declinazioni sul tema: numerosi e cospicui studi ne hanno considerato le implicazioni storiche, economiche, demografiche, politiche, culturali, antropologiche, ideologiche, sociologiche, religiose, filosofiche, psicologiche e psicoanalitiche. Un ampio e variegato ventaglio di manifestazioni artistiche — letterarie, plastiche, performative, cinematografiche — si è aperto dall'antichità ai nostri giorni nell'intento di comprendere, rappresentare, interpretare o esprimere gli effetti che le migrazioni causano nei soggetti che le vivono o le subiscono: dall'*Antico Testamento* all'*Eneide* e l'*Odissea*, dalle *Chansons de geste* al *Cantar de mio Cid*, alla *Divina Commedia*, i testi fondativi delle culture di ogni epoca hanno parlato di esilio, erranze e migrazioni.

Per la sconfinata vastità interpretativa che racchiude questo concetto, ma anche per la sua urgente attualità, i testi accolti nel presente volume analizzano le migrazioni nelle loro rappresentazioni particolari ma integrandole in un contesto di riflessione che mostra dialoghi e interconnessioni.

Sebbene il fenomeno delle migrazioni inviti a circoscrivere sociostoricamente le ricerche in coordinate concrete di tempo e di spazio, le curatrici del libro hanno ritenuto opportuno, per la natura eterogenea e sfaccettata del fenomeno, stabilire un dialogo tra i testi e le diverse tipologie migratorie in essi indagate, credendo fermamente che nella tessitura delle molteplici riflessioni possano sorgere concetti e nodi problematici che offrano nuove visioni e correlazioni, forse non ancora rilevate. Di fatto, sosteniamo che una prospettiva interdisciplinare, trasversale e ramificata — che non sia una mera giustapposizione di contributi provenienti da diversi campi d'indagine — permette di accedere a considerazioni più profonde che esplorino il fenomeno in tutta sua complessità. D'altra parte, la fisionomia stessa del continente americano, poliedrica e sfaccettata, sollecita l'articolazione di percorsi che indaghino territori complessi e permeabili attraverso focalizzazioni trasversali, in termini geografici e metodologici.

Per questo motivo, ognuna delle tre parti — macroaree di riflessione — in cui abbiamo deciso di suddividere il volume, accoglie ed avvicina testi che provengono da varie discipline e affrontano una molteplicità di fenomeni migratori di diversa natura, entità, origine, appartenenti a diversi periodi storici e aree geografiche: "Identità" (nelle culture transazionali e nelle culture urbane), "Narrazioni" (della memoria e dell'esilio), e "[E/im]migrazioni" (nei processi di "andata" e di "ritorno" e nelle migrazioni cosiddette "intellettuali") sono sezioni che dialogano tra loro, si confrontano, si arricchiscono e si completano.

Lungi, tuttavia, dal voler fornire delle riflessioni risolutive ed esaustive, i diversi saggi qui riuniti sono frutto del lavoro di specialisti sul tema che hanno permesso di identificare, all'interno dell'ambito di studi sulle migrazioni, quali siano le tematiche e le questioni che al giorno d'oggi rimangono in sospeso, irrisolte o irresolubili, e che, quindi, stimolano ulteriori analisi in divenire su un terreno di indagine fertile e in costante attualizzazione.

Il nostro intento, e auspicio, è che questo volume costituisca un valido contributo al campo di studi sulle migrazioni e che i lettori riconoscano in esso un materiale capace di suscitare nuovi interrogativi e prospettive di analisi per continuare a interpretare il passato ma anche il nostro presente.

L'edizione limitata del presente libro è del 2019, quando la pandemia del Covid-19 — con le sue tragiche conseguenze — non era ancora deflagrata. Gli interrogativi sorti allora sulle migrazioni, sulle configurazioni di nuove identità individuali e collettive, sulle narrazioni e le rappresentazioni di tali fenomeni in molteplici forme artistiche e generi letterari, appaiono oggi — a distanza di un anno — ancor più attuali e urgenti. Se prima della pandemia lo scenario politico (europeo ma anche americano) era già occupato da questioni prevalentemente migratorie e da diffuse spinte sovraniste che reclamavano l'innalzamento di muri e frontiere per salvaguardare la propria identità nazionale e/o continentale dall'"invasione" dello "straniero", oggi il pericolo del contagio epidemico sembra aver attivato all'ennesima potenza tale pulsione nella misura in cui chiunque, anche nella cerchia famigliare, può rappresentare una "minaccia".

La crisi pandemica non solo ha esasperato la nozione di comunità come fortezza identitaria e condotto all'implementazione di una politica immunizzante che ha reso la frontiera un cordone sanitario a tutela del corpo dei cittadini (da qui la sovrapposizione tra politica e medicina e l'imposizione di misure sanitarie che hanno rafforzato —

su un terreno già fertile — l'idea dell'immigrazione come la minaccia più inquietante per la comunità). Ma anche in ambiti più ristretti, pure individuali, decostruendo ogni distinzione convenzionale tra conosciuto ed ignoto, tra famigliare ed estraneo, la presenza invisibile di un virus in grado di attraversare ogni frontiera ha assolto l'innalzamento del confine attraverso il distanziamento sociale e l'imposizione di misure di sicurezza estreme, privilegiando la chiusura e la separazione all'apertura e l'integrazione. Non è facile osservare ed analizzare i processi *nel* momento in cui si stanno vivendo e soprattutto *dal* momento in cui ognuno di noi può potenzialmente diventarne tragico protagonista. Ma nel drastico restringimento dei confini spaziali e temporali (da nazionali e/o continentali a individuali, e da pianificazioni a lungo termine di futuri remoti all'ossimorica attesa di decisioni immediate), tra analisi lucide del fenomeno e farneticanti teorie complottiste alimentate da sentimenti di compressione delle proprie libertà, un monito sembra levarsi distintamente su tutti: non permettere che all'interno dei confini personali entri il virus dell'individualismo, dell'esclusione e dell'indifferenza perché la cifra eticamente più elevata della tanto agognata libertà, ora più che mai, è la solidarietà.

Aaron, Daniel 13-16
Aínsa, Fernando 111, 114, 117
Alburuquerque Fuschini, Germán 153
Alkon, Paul K 55
Altamirano, Teófilo 219
Ambrosini, Maurizio 218, 220, 222, 228
Ambrosiani, Per 144
Anagnostou, Georgios 7
Anderson, Benedict xi, 93
Andrews, George Reid 203
Aínsa, Fernando 111, 114, 117
Appadurai, Arjun xi, 107
Appleby, R. Scott 60
Arenas, Reinaldo xv, 152-162
Arseni, Alessandro 195
Avni, Haim 30
Aziz, Sartaj 87

Bakhtin, Mikhail Mikhajlovic 143-144
Barabtarlo, Gennady 143
Barbera Cardillo, Giuseppe 191
Barquet, Jesús 152
Barone, Giuseppe 194, 198
Battaglia, Rosario 179, 191
Baucom, Ian 96,
Baumbach, Wenke 36
Bauman, Zygmunt 69-70, 124-126
Bautz, Annika 63
Bayor, Ronald H. 92
Beccacece, Hugo 241
Belz, Frank-Martin 36
Beneduzi, Luís Fernando xvi, 203, 205
Bhabha, Homi 61
Boccagni, Paolo 220, 222,
Bolger, Dermot 54
Bonami, Francesco 267
Bond, Lucy 88
Bonito Oliva, Achille 262, 265

Bonizzoni, Paola 228
Bonomi, Milin 220
Bournot, Estefanía 109
Boyd, Brian 134, 136,144-146
Braga, Suzana 242
Bragaglia, Anton Giulio 244-245
Bravi, Adrián 170
Brodsky, Joseph 137-138
Butler, Judith 129, 131

Cabrera Infante, Guillermo 160
Cafarelli, Andrea 190
Calimani, Riccardo 24
Calvi, Maria Vittoria 220, 231
Campisi, Paul 13-14
Capasso, Angelo 258, 261, 265
Cappelli, Ottorino 18
Capó, Julio JR. 154
Carosso, Andrea xvii, 134
Castañeda, Luiza 203
Castronovo, Valerio 198
Cattarulla, Camilla xviii, 31, 115, 166
Cattelan, Maurizio 267-268
Cavarero, Adriana 121, 123, 126
Celant, Germano 263
Cenni, Franco 203
Cerasoli, Mario xiv
Cesereanu, Ruxandra 145
Chambers, Iain x
Checco, Antonino 191
Charaudeau, Patrick 229
Chiara, Luigi 191
Cicciò, Sebastiano Marco xvi, 190-193
Cohen, Robin 152
Connell, William J 18
Contreras Hernández, Jesús 49
Conyers, James L 58
Cooper, Sara Louise 137, 143
Cornwell, Neil 134
Corporaal, Marguérite 88, 93-94, 96
Cortázar, Julio 107

Cosco, Joseph 12
Crawford, Martin 58
Cronin, Michael 95

D'Angelo, Michela 198
D'Antonio, Bianca 198
Dadalto, Maria Cristina 203
Dantini, Michele 263
De Courten, Ludovica 198
de la Durantaye, Leland 144, 146
Del Giudice, Fabio 188
Del Raso, Joseph 18
del Socorro Castañeda Díaz, María
    xiii
Dell'Aversana, Marianna xv
Della Puppa, Francesco 40
Desmond, William 54
Devoto, Fernando 24
Di Mastteo, Angela xiv
Di Pietrantonio, Giacinto 260
Di Prima, Diane 7
Diminescu, Dana 44
Dolan, Jay. P 95
Doria, Marco 190
Dreby, Joanna 122
Drummond, John 240
Durczac, Jerzy 137, 143

Eagleton, Terry 88
Ebony, David 266
Eckel, Leslie 63
Ehrenhaus, Sofía 243-244
Etcheverry, Catriel 26
Ette, Ottmar x, xii
Esposito, Roberto 134

Fabietti, Ugo 107
Farber, Samuel 152
Fauri, Francesca 189
Flore, Vito Dante 190
Fédorovski, Vladimir 240
Ferrari, Andrea 27
Flannery, Eoin 54-56, 59
Fokin, Michail 247
Forester, Robert F. 6

Franco, Marina 166
Fraser, John 241
Friedman, B.H. 260

Gallagher, Matt 63
Gambino, Richard 7
Garafola, Lynn 240
Gardaphé, Fred 134
Garden, Alison 59, 61
Garrido, Marcela 243, 244
Gibbons, Luke 95-96
Gilroy, Paul 94, 96
Giardinelli, Mempo 116
Giorcelli, Cristina 166
Godayol, Pilar 136
Golubinov, Viktor Vladimirovič
    246-247, 252
González Luna, Ana M xiv220
Gramuglio, María Teresa 30
Grassi Orsini, Fabio 187
Gray, Kathryn N 63
Green, Geoffrey 145
Greenblatt, Stephen xi
Gries, Laurie E. xi-xii
Grigoriev, Sergei Leonidovic 239-
    241
Grillo, Rosa Maria 168
Grispo, Francesca 188
Gropallo, Tomaso 190
Guarnieri Calò Carducci, Luigi 153
Guelar, Diana 166
Guglielmo, Jennifer 7
Guissin, Avshalom 54

Habermas, Jürgen xi
Halbwachs, Maurice 205, 208
Hall, Stuart 231
Haluani, Makram 243
Haney López 6
Hannerz, Ulf 107
Hernández, Alejandro 119-130
Hippe, Janelle 155
Hondagneu-Sotelo, Pierrete 222
Huberman, Leo 152
Hutcheon, Linda 92

Hutchings, Kevin 56

Ingersoll, Earl G 53-54, 63
Ingersoll, Mary C 53-54, 63
Ingraham, Christopher 9
Iturriaga, Yuriria 37

Jacobson, Matthew 5
Jarach, Vera 26, 166
Jenkins, Lee 54, 57-59
Jenssen, Silvina 166
Jones, Alan 257
Jupp, Victor 36

Kaznina, Ol'ga Anatol'evna 247
Kelly, John 87
Kiberd, Declan 95
Kirby, Peadar 95
Klein, Christopher 89, 258
Kononova, Margarita Michailovna
    247
Koselleck, Reinhart 204
Kurganskij, Konstantin Sergeevič
    242-243
Kutzinski, Vera M ix, x, xii

La Gumina, Salvatore 193
Lagomarsino, Francesca 220
Lagonotte, Claire 152
Lee, Benjamin x, xi
Lefebvre, Henri 78
Leone, Mark P. 54-59
Leonidoff, Ileana xvii, 242-251
LeSueur, Joe 261-262
Levésque, Jacques 152
Levi Montalcini, Rita 24-25
Lévi-Strauss, Claude x
Levinsky, Roxana 29
Lincoln, Abraham 90-91
Lindemann, Adam 265
Lindner, Oliver 92
Linebaugh, Peter 96
LiPuma, Edward x, xi
Lisi, Laura 220
Lista, Giovanni 245

Lopreato, Joseph 13
Lotman, Yurij Mikhajlovich 135, 142
Lumsden, Ian 155
Lupi, Cecilia 187

MacMahon, Wendy Jane 160
Malighetti, Roberto 107
Malinow, Inés 243
Maragó, José Rodolfo 25
Mariño S., Aguirre 243, 250
Martínez, Oscar 119-129
Matera, Vincenzo 107
Mattison, Laci 133
Mauri, Fabio 257-258, 260
McCann, Colum xiv, 53-54
Mejía Estévez, Silvia 45
Mejlach, Michail 242
Melella, Cecilia 44
Meriggi, Marco 190
Merleau-Ponty, Maurice 111
Meyer, Jürgen 144
Mianowski, Mari 54
Miceli, Barbara xiv
Miracco, Renato 271
Mitchell, George 60, 62
Molina, Stefano 218
Molinari, Augusta 187, 189-190
Montiel, Inés 26
Moricola, Giuseppe 189
Moro, Andrea 141-143
Mosejkina, Marina Nikolaevna 240-
    243
Moses, A 93

Nabokov, Vladimir Vladimirovich
    xv, 134-144
Nanni, Susanna xv
Nečaev, Sergej 243
Neuman, Andrés xiv, 106-117
Nicklas, Pascal 92
Nikolina, Nataliya Anatolevna 143
Nižinskaja, Bronislava 240
Nur, Nadia 77-79

281

Ocasio, Rafael 158
O'Connor, John 58-59, 87
O'Neill, Peter 56, 59
Ostuni, Maria Rosaria 187

Pacheco, Lorena 115
Padilla, Heberto 153
Pagnotta, Chiara 203
Parčevskij, Konstantin
    Konstantinovič 242
Pasta, Francesco 79, 82
Pedraza, Silvia 157-158
Pedone, Claudia 223
Perassi, Emilia 167-168
Pérez-Nievas, Santiago 221
Petrowskaja, Katja 168
Phillips, Mike 136
Piccinini, Laura 269
Piccolo, Laura xvi, 244-245, 248
Pistoletto, Michelangelo 263-264
Pizzarroni, Fosca 193
Platone 154
Ponomareff, Constantin V 134-136,
    144
Pottroff, Christy x
Portes, Alejandro 222
Pressman, Jeremy 8
Prieto, José Manuel 153
Pritchard, Jane 241

Queirolo Palmas, Luca 220

Ramírez, Axel 37, 39
Ranci, Dela 225
Rapson, Jessica 88
Rediker, Marcus 96
Reguillo, Rossana 121, 126, 128
Reynaudi, Leone 189
Rigney, Ann 93, 97
Ricaute Quijano, Paola 39
Rice, Alan J. 58
Riis, Jacob A. 12
Roediger, David R. 5
Rojas, Rafael 152
Rollemberg, Denise 152

Romeo, Rosario 198
Roncagli, Giovanni 193
Roniger Luis 152, 166
Rostoff, Dimitri xvii
Rothberg, Michael 93
Rozenberg, Laura 26
Rugiati, Simone 41
Ruiz Mantilla, Jesús 43
Ruiz, Beatriz 166
Rumbaut, Rubén G. 219
Russo, Michele xv

Sacerdote de Lustig, Eugenia xiii, 23-
    33
Sagi-Vela González, Ana xvi, 220
Said, Edward 55, 57
Salerno, Salvatore 7
Santamaría Suárez, Sergio 49
Sassen, Saskia 81
Scranton, Roy 63
Scott, William B. 257
Senkman, Leonardo 166
Seyferth, Giralda 203
Sheller, Mimi xi
Simal, Monica 159
Simili, Raffaella 26
Sloan, Carolyn 55
Smith, Robert C 54
Smith, Roberta 84-85, 91-92
Smith, Saphora 8
Smolensky, Eleonora María 26, 30-
    31
Sokolova, Lydia 239-240
Sørensen, Ninna N. 222
Sorley Walker, Kathrine 241, 252
Sori, Ercole 189
Spadola, Carmelo Andrea 161
Ssosnowski, Saúl 166
Stabili, Maria Rosaria 182
Stein, Mark 134-35
Stein, William W. 242
Steiner, George 121, 128, 131
Stefanelli, Maria Anita xiv
Stubbs, Tara 54
Strunk Jr., William 13

Sweeney, Fionnghuala 56-57
Sweezy, Paul 152
Sznajder Mario 152, 166

Tamburri, Anthony Julian xiii, 8, 13, 18-19
Tarnopolsky, Daniel xv, 166-81
Tognonato, Claudio 165, 173
Tokareva, Evgenija Sergeevn 244-255
Toma, Piero Antonio 198
Tondelli, Pier Vittorio 266-267
Torres, Escobar 40, 44, 48-49
Trento, Angelo 152-153
Tricarico, Donald 18
Trigo, Abril 130
Triguero Tamayo, Ernesto Rafael 242
Tripodi, Giuseppina 25
Tutino, Saverio 152

Vasilishina, Y. N. 134

Vásquez, Juan Gabriel 108
Vecoli, Rudolph 7
Veroli, Patrizia 239
Vertovec, Steven 219
Vigevani, Vera 26, 166, 169
Vintila, Daniela 221
Viola, John M. 16

Vladimirskaja, Tat'jana L'vovna 243
Wanner, Adrian 139
Warner, Michael xi
Whelan, Kevin 94
White, E.B. 13
Wright, Julia M. 56
Wyllie, Barbara 138

Yankelevich, Pablo 166
Yeates, Nicola 224
Zagarrio, Vito 198

SAGGISTICA

Taking its name from the Italian—which means essays, essay writing, or non-fiction—*Saggisitca* is a referred book series dedicated to the study of all topics and cultural productions that fall under what we might consider that larger umbrella of all things Italian and Italian/American.

Vito Zagarrio
The "Un-Happy Ending": Re-viewing The Cinema of Frank Capra. 2011. ISBN 978-1-59954-005-4. Volume 1.
Paolo A. Giordano, Editor
The Hyphenate Writer and The Legacy of Exile. 2010. ISBN 978-1-59954-007-8. Volume 2.
Dennis Barone
America / Trattabili. 2011. ISBN 978-1-59954-018-4. Volume 3.
Fred L. Gardaphè
The Art of Reading Italian Americana. 2011. ISBN 978-1-59954-019-1. Volume 4.
Anthony Julian Tamburri
Re-viewing Italian Americana: Generalities and Specificities on Cinema. 2011. ISBN 978-1-59954-020-7. Volume 5.
Sheryl Lynn Postman
An Italian Writer's Journey through American Realities: Giose Rimanelli's English Novels. "The most tormented decade of America: the 60s" ISBN 978-1-59954-034-4. Volume 6.
Luigi Fontanella
Migrating Words: Italian Writers in the United States. 2012. ISBN 978-1-59954-041-2. Volume 7.
Peter Covino & Dennis Barone, Editors
Essays on Italian American Literature and Culture. 2012. ISBN 978-1-59954-035-1. Volume 8.
Gianfranco Viesti
Italy at the Crossroads. 2012. ISBN 978-1-59954-071-9. Volume 9.
Peter Carravetta, Editor
Discourse Boundary Creation (LOGOS TOPOS POIESIS): A Festschrift in Honor of Paolo Valesio. ISBN 978-1-59954-036-8. Volume 10.
Antonio Vitti and Anthony Julian Tamburri, Editors
Europe, Italy, and the Mediterranean. ISBN 978-1-59954-073-3. Volume 11.
Vincenzo Scotti
Pax Mafiosa or War: Twenty Years after the Palermo Massacres. 2012. ISBN 978-1-59954-074-0. Volume 12.

Anthony Julian Tamburri, Editor
Meditations on Identity. Meditazioni su identità. ISBN 978-1-59954-082-5. Volume 13.

Peter Carravetta, Editor
Theater of the Mind, Stage of History. A Festschrift in Honor of Mario Mignone. ISBN 978-1-59954-083-2. Volume 14.

Lorenzo Del Boca
Italy's Lies. Debunking History's Lies So That Italy Might Become A "Normal Country". ISBN 978-1-59954-084-9. Volume 15.

George Guida
Spectacles of Themselves. Essays in Italian American Popular Culture and Literature. ISBN 978-1-59954-090-0. Volume 16.

Antonio Vitti and Anthony Julian Tamburri, Editors
Mare Nostrum: prospettive di un dialogo tra alterità e mediterraneità. ISBN 978-1-59954-100-6. Volume 17.

Patrizia Salvetti
Rope and Soap. Lynchings of Italians in the United States. ISBN 978-1-59954-101-3. Volume 18.

Sheryl Lynn Postman and Anthony Julian Tamburri, Editors
Re-reading Rimanelli in America: Six Decades in the United States. ISBN 978-1-59954-102-0. Volume 19.

Pasquale Verdicchio
Bound by Distance. Rethinking Nationalism Through the Italian Diaspora. ISBN 978-1-59954-103-7. Volume 20.

Peter Carravetta
After Identity. Migration, Critique, Italian American Culture. ISBN 978-1-59954-072-6. Volume 21.

Antonio Vitti and Anthony Julian Tamburri, Editors
The Mediterranean As Seen by Insiders and Outsiders. ISBN 978-1-59954-107-5. Volume 22.

Eugenio Ragni
After Identity. Migration, Critique, Italian American Culture. ISBN 978-1-59954-109-9. Volume 23.

Quinto Antonelli
Intimate History of the Great War: Letters, Diaries, and Memoirs from Soldiers on the Front. ISBN 978-1-59954-111-2. Volume 24.

Antonio Vitti and Anthony Julian Tamburri, Editors
The Mediterranean Dreamed and Lived by Insiders and Outsiders. ISBN 978-1-59954-115-0. Volume 25.

Sabrina Vellucci and Carla Francellini, Editors
  Re-Mapping Italian America: Places, Cultures, Identities. ISBN 978-1-59954-116-7. Volume 26.
Stephen J. Belluscio
  Garibaldi M. Lapolla: A Study of His Novels. ISBN 978-1-59954-125-9. Volume 27.
Antonio Vitti and Anthony Julian Tamburri, Editors
  The Representation of the Mediterranean World by Insiders and Outsiders. ISBN 978-1-59954-113-6. Volume 28.
Philip Balma and Giovanni Spani, Editors
  Translating for (and from) the Italian Screen: Dubbing and Subtitles. ISBN 978-1-59954-141-9. Volume 29.
Antonio Vitti and Anthony Julian Tamburri, Editors
  Mediterranean Memories/Memorie Meditterranee. ISBN 978-1-59954-142-6. Volume 30.
Anthony Julian Tamburri, Editor
  Interrogations into Italian-American Studies. The Francesco and Mary Giambelli Lectures. ISBN 978-1-59954-143-3. Volume 31.
Giose Rimanelli
  Cesare Pavese's Long Journey. A Critical-Analytical Study. Edited with an Introduction by Mark Pietralunga. ISBN 978-1-59954-133-4. Volume 32.